LA PSICOLOGÍA

DE LA

SOCIEDAD INTEGRAL

LA PSICOLOGÍA

DE LA

SOCIEDAD INTEGRAL

DR. MICHAEL LAITMAN

responde preguntas formuladas por

DR. ANATOLY ULIANOV

ARI Publishers

LA PSICOLOGÍA DE LA SOCIEDAD INTEGRAL

ISBN: 978-1-897448-76-2

Traducción: Esther de Hortega
Revisión: N. de Neumann, Gloria Cantú
Diseño: Benjamin Ivry
Portada: Inna Smirnova
Coordinación: Ariel Ershkovitz
Editor Ejecutivo: Chaim Ratz
Postproducción: Uri Laitman, Norma Livne

PRIMERA EDICIÓN: MAYO 2012
Primera impresión.

ÍNDICE

INTRODUCCIÓN

El mundo en el que vivimos hoy es global e integral.

Esto significa que todos sus componentes y sistemas son completamente interdependientes, y que cada elemento determina el destino de todos los demás elementos en el mundo. Este estado es el resultado del progreso, y desde ahora en adelante, ya no hay espacio para la discordia entre las diferentes partes del mundo, ya que todo lo que vaya en contra de la integración se interpone con el progreso, la evolución, y fundamentalmente, con la ley de la Naturaleza.

Todos debemos comprender que la conexión absoluta entre todas las partes del mundo es un hecho.

Una persona en concordancia con esta integración tendrá éxito *porque estará provista con las habilidades necesarias para sobrevivir.*

Hoy en día los individuos más fuertes no son los que sobrevivirán. Más bien, la supervivencia dependerá de la capacidad que cada uno tenga para comprender y apreciar que la integración, la cooperación, la interconexión, la responsabilidad mutua, las concesiones y la unificación son las demandas de la Naturaleza. El objetivo es llevar a la humanidad a una equivalencia de forma con la Naturaleza misma, a una máxima armonía entre todas sus partes y de esta forma llegar a la perfección.

ACERCA DE LOS AUTORES

Michael Laitman es profesor de Ontología y de Teoría del Conocimiento, Doctor en Filosofía y Cabalá y Máster en Biocibernética. Es fundador y presidente del Instituto ARI de Educación e Investigación, una organización sin fines de lucro cuyo objetivo es poner en práctica ideas innovadoras en las políticas educativas, con el fin de resolver los problemas sistemáticos que se producen en los modelos educativos y de enseñanza modernos. Ha escrito más de cuarenta libros que han sido traducidos a más de diecisiete idiomas.

Anatoly Ulianov es experto en terapia *Gestalt,* acreditado por la Asociación Europea de Terapia *Gestalt* (EAGT), profesor de Psicología en el Instituto de Educación Estética en Moscú, preparador e instructor en la Academia Internacional de Liderazgo en San Petersburgo y consultor de varios programas de televisión.

LA LLAMADA DE LA NATURALEZA A LA UNIDAD

NIÑOS DE OTRO MUNDO

— AU: Han pasado ya varios meses desde que comenzamos a hablar sobre la psicología integral y durante este tiempo hemos intentado aplicar el método que usted describe. En base a esta experiencia, tengo algunos comentarios que exponer y algunas preguntas que me gustaría plantearle hoy.

Podríamos deducir que los niños están mucho más dispuestos a aceptar el método de la psicología integral que sus padres.

— ML: E incluso los niños están más capacitados que los propios instructores; los niños nos llevan ventaja a todos.

—AU: Los padres no solo tienen que estar dispuestos a garantizar que no interferirán en el desarrollo de sus hijos, además tienen que comprender que este método también les ayudará a ellos. Por lo tanto ¿qué función desempeñan los padres en este método?

— ML: Los niños de hoy en día son completamente diferentes. Nosotros no conocemos las características del nuevo mundo, así que los niños de hoy nos parece que son extraños y excéntricos. Sin duda no son como nosotros. Nos parecen raros porque han nacido con rudimentos precursores del próximo estado social del mundo, uno que es global e integral, acorde con el desafío que la Naturaleza nos está planteando en nuestros días. Presionándonos desde dentro y desde fuera, la Naturaleza nos está forzando a aceptar un nuevo modelo de conexión entre nosotros, por el cual los adultos no sentimos deseo alguno.

Sin embargo, los niños de hoy nacen ya con una tendencia para la percepción integral y mientras a nosotros la nueva realidad nos puede parecer extraña, para ellos es completamente natural e incluso deseable. Los niños entienden esto hasta tal punto, que bien pudiera parecer que han llegado a nosotros procedentes de otro mundo, y que en realidad no fueran nuestros hijos en absoluto. Perciben todo como algo normal porque el modelo de percepción integral es verdaderamente natural. Es la naturaleza de la realidad la que progresivamente nos está siendo revelada en nuestros tiempos.

Por lo tanto, no son los niños quienes tienen un problema sino los padres y profesores que están intentando aplicar un nuevo método de conexión entre las personas, un método ofrecido por la Naturaleza. Los adultos todavía están en una fase de transición, mientras que los niños ya están maduros para ello.

Ahora vivimos un tiempo muy especial. Nos encontramos en medio de una transición, pasando de un nivel egoísta, basado en la propiedad y el individualismo -en el que las relaciones entre nosotros están sustentadas en un interés personal-, hacia un nivel altruista, integral y global, en el que todos seamos conscientes del hecho que estamos interconectados.

¿Cómo podemos llevar a cabo esta transformación? Sólo con el apoyo de los medios masivos de comunicación. Esta transformación será posible si los representantes públicos y las personas influyentes del mundo comprenden la necesidad del cambio y lo asumen para salvaguardar a la futura generación.

Pero, como siempre, todo recae sobre las espaldas de los profesores y de los departamentos de educación, que aún no enfocan su atención en la formación de los niños sino únicamente en la instrucción académica. Es debido a esto que todo el sistema educativo mismo se está desmoronando.

Creo que Internet, que está evolucionando paralelamente al llamado para pasar a ser integrales, junto a la propia llamada de la Naturaleza a la humanidad, es la respuesta a la pregunta de "¿cómo lograremos una formación y una educación global?" Sólo se puede hacer a través de Internet. Internet es la plataforma más económica; sin embargo, ofrece el mejor acceso y puede facilitar la creación de un ser humano nuevo, que no esté limitado por ninguna barrera. Es más, no sólo estaremos formando a un ser humano nuevo, sino todo un mundo nuevo, que se materializará dentro de él.

¿Cómo se define "el mundo"? El mundo es lo que percibimos. En efecto, si nuestras sensaciones cambian de un plano egoísta a uno altruista, el mundo también se transformará, ya que lo percibiremos de un modo diferente. Al fin y al cabo, el mundo es percibido a través de la sensación, lo que significa que puede aparecerse ante nosotros de un modo completamente distinto.

Este es el enfoque materialista habitual, el modo científico. Observamos que nuestra percepción o postura frente a la realidad cambia completamente el modo de percibirla; por lo tanto la realidad es relativa.

Engels, Einstein y todas las últimas teorías, incluidas las psicológicas, coinciden con esto. No estamos asegurando nada nuevo. Simplemente estamos invitando al mundo a que vea este modelo de educación global e integral como nuestro nuevo nivel evolutivo humano, mediante el cual realmente entraremos en el mundo de la relatividad de Einstein, el mundo del siguiente nivel.

No existen distancias en este mundo del próximo nivel ya que la separación se mide por nuestras impresiones y éstas dejarán de repelerse mutuamente; por el contrario, tenderán a unirse entre sí. Es como si salváramos las diferencias entre nosotros. Psicológicamente quedan reducidas a cero porque aprehendemos el principio "Ama a tu prójimo como a ti mismo".

Así, alcanzamos un estado donde el tiempo se restringe. Ahora mismo el tiempo se interpone entre nosotros debido a nuestro egoísmo. Pero si todos estamos inmersos en un campo único de deseo, entonces, y hablando en términos generales, el tiempo no existirá. Al estar en este campo aceleramos el tiempo progresivamente, contraemos el espacio y pasamos de la sensación de un mundo físico a la sensación de uno virtual.

Esta es la llamada de la Naturaleza a la unidad. La convocatoria no es sólo para superar la repulsión que existe entre nosotros, sino para elevarnos hacia un nuevo nivel perceptivo de la vida.

Muchas personas ya están empezando a ver el mundo de esta forma. Y también observamos cómo los jóvenes anhelan llegar a este mundo y adentrase en él.

CREANDO UN NUEVO SISTEMA DE INTERNET HACIA LA UNIDAD

— AU: Los niños están preparados para la nueva realidad, pero ésta asusta a los padres. Cuando ensayamos con los padres, parecían mostrar interés por el método integral, pero tan pronto como tuvieron la oportunidad de ponerlo en práctica, se activaba el hábito de la prohibición. Además, los padres sienten temor hacia Internet y sus posibilidades y tratan de controlar la información a la que pueden acceder los niños. Y, en efecto, muchos sitios en la red ofrecen información perjudicial, por lo tanto ¿cuál es la fórmula correcta para permitir que un niño navegue por Internet?

— ML: Internet es un entorno absolutamente libre y esto lo convierte en una espada de doble filo: puede ser un elixir de vida o un veneno letal.

Naturalmente, los jóvenes, con sus elevaciones hormonales, su sensibilidad ante la opinión pública, sus intensos estados emocionales y una inherente inestabilidad psicológica están sujetos a todo tipo de riesgos. Pero creo que la juventud se siente atraída por la comunicación. En nuestros centros son realmente capaces de relacionarse libremente y esta forma de relacionarse les aporta una sensación de "trascender" las influencias negativas, incluyendo aquellas que se encuentran en Internet.

Realmente no hay opción en esta cuestión: debemos unirnos a la competencia que ya existe en Internet y creo que esto es bueno. Todos aprenderemos con ello y seremos capaces de sortear los obstáculos de tal forma que suscitemos más interés, al proporcionar a los jóvenes mejores respuestas a sus dudas.

Estamos inmersos en una guerra contra poderosos rivales, cuyo objetivo es vender a nuestros hijos cualquier cosa que les reporte beneficios. Y usualmente todas estas cosas son perjudiciales para los niños. Pero esta guerra es precisamente el medio que nos capacitará para hallar la manera correcta de expresarnos y realmente poder acercarnos y llegar a la nueva generación.

Estos obstáculos, ante todo, están dirigidos hacia nosotros más que hacia nuestros hijos, porque así comenzaremos a comprenderlos. A través de los padres que tratan de acercarse a sus hijos participando en diferentes sitios web –atractivos por su fácil acceso, simplicidad y exposición– aprenderemos a comprender la esencia de la nueva sociedad que estamos intentando crear. Nosotros, los adultos, estamos empezando a entender el desafío de la Naturaleza. Somos la generación anterior mientras que nuestros hijos son la futura generación. La transición del pasado al futuro ocurre precisamente a través de la lucha por el nuevo espacio virtual, donde verdaderamente se unirá la humanidad.

Además no estamos, en absoluto, en contra de que las personas estén expuestas al sexo en Internet. El único problema que veo son los sitios web que promueven la violencia. En realidad incluso estos tampoco son un gran problema, porque ellos mismos caerán por su propio peso. Estos violentos sitios web despliegan su codicia, su amargura y su negatividad y la gente empezará a notarlo y dejarán de sentirse atraídas por ellos.

Creo que tenemos que explicar nuestra visión del mundo progresivamente, así como la forma en que es activada por la ley de la Naturaleza. No podemos cambiar sus leyes. Simplemente tenemos que explicarle a la gente las leyes de la evolución, los límites que marcan nuestra existencia, los cuales debemos acatar de una manera o de otra. Y cuanto antes lo hagamos mejor será para todos, ya que así no tendremos que esperar a que las adversidades nos obliguen a cumplir las condiciones de las leyes de la Naturaleza.

LA REVELACIÓN DEL NUEVO MUNDO RADICA EN LA COMUNICACIÓN

— AU: ¿Qué tienen de especial estos espacios de Internet que tratan del nuevo mundo? ¿Qué diferencias fundamentales deben tener con respecto a los que existen ahora?

— ML: Tienen que ofrecer a la nueva humanidad, a los niños y a los jóvenes, la oportunidad de conectarse entre sí de un modo que les permita realizar análisis psicológicos continuos de sí mismos y del mundo. Es un tipo de conexión que necesita mostrarles lo mucho que depende el mundo de su modo de percepción psicológica. Entonces, su cercanía creciente, el salir de sí mismos y el ponerse en el lugar del otro, les hará sentir un nuevo mundo. Serán cautivados por este tipo de comunicación porque tendrán una gran necesidad de ella.

El juego de revelar este nuevo mundo es verdaderamente fascinante. Necesitamos crear   cursos diversos de formación psicológica y juegos interesantes que demuestren el método educativo adecuado y cómo el mundo cambia en función de cómo lo observamos. El mundo es relativo, la Naturaleza es relativa, como lo son la distancia, el espacio y el tiempo. Todo se revela en nuestras impresiones. Esto es lo que tenemos que mostrarle a todos.

Nuestro mundo actual es estático, árido, rígido y determinado porque lo percibimos a través de una cualidad –el egoísmo– en vez de hacerlo mediante dos cualidades paralelas: egoísmo y altruismo. Cuando estas dos cualidades operan de forma alterna y constante en una persona y se imbrican de diversas maneras, se produce un proceso muy potente a medida que la persona comienza a vivir una nueva aventura virtual.

Necesitamos crear espacios en línea donde jóvenes y adultos, con mentalidades diversas, puedan comunicarse libremente, incluso si hablan idiomas diferentes (utilizando por ejemplo sistemas de traducción automáticos). Entiendo que puede ser difícil, pero es lo que tenemos que lograr –un lugar donde la humanidad se erija por encima de las barreras idiomáticas, y de hecho ¡por encima de cualquier diferencia! Después, mediante este modo de comunicación, las personas descubrirán nuevos estados de existencia.

Este proceso se hará aún más fascinante para todos que cualquier película que se haya visto, porque nos acercamos a las películas como meros espectadores y sólo nos identificamos superficialmente con ellas. En el nuevo marco de comunicación, las personas experimentarán nuevos estados *dentro* de ellas. Pasarán por aventuras internas y experimentarán tales cambios, que no podrán llegar a percibir en ningún otro lugar.

Naturalmente los diversos impulsos físicos permanecerán, pero sólo complementarán a esta otra experiencia. En principio nosotros consistimos sólo del deseo de disfrutar y de lograr la satisfacción. La satisfacción que las personas sentirán a partir de estos intensos estados psicológicos internos ¡será la revelación de un mundo nuevo! Será tan potente que si no anula nuestros deseos físicos, al menos desviará la atención de las personas – incluso la de los jóvenes– de lo hormonal (aunque no estamos en contra de ello) hacia la conquista del nuevo mundo y conmigo mismo dentro de él.

INTERNET POR ENCIMA DEL CONTACTO FÍSICO

— AU: ¿Es aconsejable hacer una división por género o edad en los lugares de encuentro "en línea" donde la gente se reúne? ¿O puede el público allí ser completamente diverso, como sucede de forma espontánea, donde cada uno simplemente busca el lugar que le es más afín y más interesante?

— ML: Todo depende del grado en el que podamos adaptarnos a Internet, a este espacio virtual. Actualmente se encuentra en un estado elemental. Será ardua la tarea de crear allí nuevas y adecuadas formas de comunicación. Aún no hay programas que permitan a miles de personas participar simultáneamente en un foro, relacionarse y sentirse en un espacio virtual como si estuvieran en una misma sala. Esto todavía es muy difícil de realizar.

Internet nos tiene que elevar por encima de la impresión del espacio físico. Tiene que crear una ilusión o una sensación de espacio, la sensación de estar incluidos unos en otros. No disponemos aún de estos instrumentos, pero espero que se desarrollen.

Tenemos que usar lo que tenemos. Creemos que la Naturaleza está liberada de errores, que nos está empujando hacia adelante, dándonos de forma precisa las oportunidades necesarias para avanzar. Debemos utilizarlas a modo de ejercicios para que de forma progresiva nos preparemos para los futuros estados. Más adelante estos estados llegarán y estimularán la aparición de nuevas tecnologías adaptadas a dicho estados.

— AU: Dentro de este sistema de comunicación virtual ¿hay cabida para los talentos y habilidades de la persona a nivel individual?

— ML: Creo que la distinción ocurrirá por iniciativa propia. Las personas se reunirán como lo hacen en una sociedad común, según sus afinidades, intereses y así sucesivamente. Además, creo que no es necesario establecer distinciones entre hombres y mujeres. Cuando les damos a las personas la oportunidad de relacionarse, no debemos ponerles ningún tipo de límites.

Por supuesto, sería mejor que los hombres se relacionasen más entre ellos y las mujeres más entre ellas. Por otro lado, es muy difícil para las mujeres relacionarse en un entorno meramente femenino.

Los hombres tienen que desarrollar conexiones que no estén basadas en intereses físicos, sino de un nivel superior: el nivel humano en vez de uno animado. Tienen que tener una oportunidad para comunicarse, conectarse, hacerse amigos y unirse entre sí, apartados del colectivo femenino.

Vemos que esta división ocurre en todas las sociedades: hay un sector masculino para los hombres y una sección femenina para las mujeres. Por ejemplo, incluso en Hollywood, sin importar lo liberal que sea, hacen ciertas películas destinadas principalmente a los hombres y otras a las mujeres.

No se puede hacer nada para cambiarlo. Somos parte de la Naturaleza y estamos divididos de conformidad con sus leyes. Esta división entre sexos es de la más instintiva y estricta. Separa todo de arriba a abajo, en todos los niveles de la Naturaleza: inanimado, vegetativo, animado y humano.

Por lo tanto creo que nuestra educación también diferenciará a las personas por género. Pero tienen que hacer este análisis por su cuenta y encontrar el mejor lugar para relacionarse y decidir hasta qué punto deberá evitar al sexo contrario con el fin de alcanzar la unidad, es decir, la unión de hombres con otros hombres. Quizás las mujeres también puedan unirse de alguna forma, pero en un grado diferente, ya que la unificación de los hombres es inherente en la Naturaleza, al contrario que entre las mujeres.

LA FUNCIÓN DEL INSTRUCTOR EN LA EDUCACIÓN

— AU: Si los niños entre nueve y doce años encuentran un lugar y comienzan a relacionarse en él ¿es necesario que un instructor participe en este proceso para guiarlos?

— ML: El instructor es necesario porque de lo contrario no se estará llevando a cabo ninguna educación. El proceso de educar sucede cuando una persona mayor conoce los estados por los que pasarán los jóvenes, está presente y les ayuda a conformar dichos estados. Además el instructor deberá actuar de forma progresiva y de forma desapercibida, como, por ejemplo, ofreciéndoles sugerencias.

El educador o instructor debe ser invisible; él debe estar en el nivel de los niños. Sin embargo, esto es así porque descendió hasta el nivel de niño desde un nivel propio más alto, para así elevar a sus alumnos hasta su propio nivel. Es como un ascensor que baja para luego subirlos. Esta es la función del instructor.

No obstante, cuando el instructor desciende, se encuentra al mismo nivel que los niños. Estos no perciben que el educador sea especial o mayor. Le ven como alguien que está ahí para ayudarlos. No hace nada especial, no da órdenes ni trata de dominarlos de ninguna otra manera. Deberían percibirle como "Ni más ni menos que nosotros".

Su destreza reside en su capacidad para irles influyendo gradualmente desde el interior, de un modo imperceptible para los niños. De esta forma, los reúne y en conjunto él los guía hacia la decisión de elevarse más. Despierta en ellos un interés tal que sus deseos internos, preguntas e inquietudes diversas, progresivamente se transforman en un deseo de unión y así alcanzan el siguiente nivel. Tiene que ofrecerles sugerencias acerca de cómo unirse. Por sí mismos, no tienen ni idea de hacia dónde les llevan sus deseos, pero el instructor con disimulo dirige sus tendencias mediante consejos y pistas, sin que los niños se den cuenta de ello. Entonces, de repente dicen, "Sí, esto es exactamente lo que necesitamos", y avanzan, sin poner en duda que han conseguido este progreso por ellos mismos.

Este enfoque es conforme al principio: "Educa a un niño según su forma de ser".

EL ROL DE LOS PADRES EN LA EDUCACIÓN INTEGRAL

— AU: Los padres quieren vigilar de alguna manera a sus hijos y participar en estos procesos. Tratan de introducirse en estas redes de trabajo bajo identidades falsas para observar lo que están haciendo sus hijos. ¿Es esto correcto?

— ML: ¿Para ser un amigo virtual de su hijo?

— AU: ¡Sí! Es como abrir el diario de tú hijo y leerlo mientras él está fuera de casa. Es fundamental comprender la función que deben desempeñar un padre o una madre y cómo deberían participar en este proceso. ¿Tienen algo que hacer allí? ¿Cómo deberían los padres acceder a esta información?

— ML: No veo a los padres con un rol en el espacio virtual. Ellos deben entender que tienen que ser amigos de sus hijos y debatir todo con ellos, pero no en un lugar donde el niño no desea verlos. Después de todo realmente ya no es un niño. Estamos hablando de adolescentes, quienes son ya casi adultos.

Todos los fundamentos de la futura persona se inculcan entre los seis y los nueve años. Después de los nueve años sólo desarrollamos lo que ya fue inculcado. Entre los nueve y los trece años es el período en el que se estructura la personalidad de cada uno.

Pasados los trece años no hay nada más que puede hacerse a una persona. ¡Es muy difícil generar algún cambio en ella! Toda la información y los valores que le fueron inculcados adquieren su forma definitiva.

Esto constituye un gran problema. ¡Los padres creen que todavía es su niño pequeño! Incluso cuando su hijo cumple los veinte, los padres aún están dispuestos a actuar por él y le dan órdenes en su afán por protegerle de todo. Los padres deben entender una regla muy simple: no pueden interferir en el proceso educativo que ofrecemos. Además deben aprender a implementar el mismo método de educación con sus hijos en casa. Esto supone comportarse de forma sencilla, sincera y afable con el niño y mostrarle que aceptan su método educativo. Así es como los padres se ganarán la aprobación del niño, sin considerarlos dinosaurios o algo peor, como sus enemigos. Los padres tienen que mostrar al niño que confían en él y de diversas maneras darle a entender que lo respetan por haber escogido el camino hacia el nuevo mundo.

La dignidad que se despierta en un niño con esta actitud hacia él es de suma importancia. Sería muy provechoso para los padres ver programas de influencia positiva por televisión o Internet junto a sus hijos, es decir programas que fomentan patrones de comunicación y de relación correctos, incluyendo aquellos que abordan todo tipo de problemas y sus soluciones, como una película para toda la familia que destacan el tema de "padres e hijos", con el trasfondo de la brecha generacional.

—AU: Observamos que los programas que más interés suscitaron en la gente para verse conjuntamente fueron aquellos en que los niños comentaban cómo percibían a sus padres. ¡Esto es muy interesante! Los niños que aparecían en el programa tenían doce años y por primera vez en sus vidas los padres escucharon las impresiones que sus hijos tenían de ellos.

Hay un dicho que reza "Todo el mundo sabe cómo curar a la gente, cómo dirigir el gobierno y cómo educar a los hijos". Lo que encontramos fue que los padres verdaderamente se esfuerzan por perfeccionar este método. Intervienen y dan sus propios consejos.

¿Cómo debería diseñarse la interacción correcta con los padres? ¿Cómo podemos ofrecerles un espacio para ser creativos?

UN MÉTODO PARA NIÑOS Y ADULTOS

— ML: Yo trabajo con padres que están aprendiendo el método integral y el sistema de unificación. Les resulta interesante participar en este proceso. No solo están interesados en ver el cambio en sus hijos, sino que están convencidos de que nacieron en un mundo nuevo que merecen experimentar y de que son dignos de existir en el sistema humano global e integral. Así, tanto los padres como los hijos acaban teniendo un interés común, que es transformarse a sí mismos para encajar en la nueva matriz que la Naturaleza les está mostrando. Por ello es fácil para nosotros encontrar un terreno común entre padres e hijos, ya que sus aspiraciones son prácticamente las mismas.

El hecho de que sea fácil para los niños y difícil para los padres no se puede cambiar porque es un período de transición. Los períodos de transición nunca son fáciles: hay todo tipo de fuerzas, fluctuaciones y alteraciones del equilibrio del campo.

Pero esta comunidad vive inmersa en un movimiento unificado, como si estuvieran pasando por una aventura extraordinariamente interesante o disfrutando de un pasatiempo y esto es igual tanto para los padres como para los niños.

Creo que no deberíamos privar a los padres de la oportunidad de realizar estos cambios positivos y de revelar el nuevo mundo. Su edad no es un obstáculo. Si los involucramos, en vez de ser meros espectadores pasivos o incluso oponentes, se convertirán en miembros activos. Este es nuestro objetivo.

Por eso tenemos que desarrollar y difundir el método integral de la educación global a todas las edades.

— AU: ¿En qué difieren los métodos para adultos y para niños?

— ML: Se diferencian un poco en la aplicación. El método para los niños consiste en estudiar con ellos durante muchas horas al mismo tiempo en vez de acudir a la escuela común. El programa escolar regular es reducido y remplazado por una "hora educativa", aunque no es realmente una hora, sino muchas cada día. Los niños participan en debates, foros, en todo tipo de actividades de socialización y juegos.

Todo está enfocado a mostrarle a la persona que sólo se pueden lograr resultados positivos cuando está unido con todos; todo lo que no se obtiene juntos es negativo.

Esto es un poco más difícil de mostrar a los adultos. Pero a los adultos no hay que enseñarles todo recurriendo a ejemplos de la vida cotidiana. Los adultos necesitan explicaciones lógicas utilizando ejemplos de la Naturaleza. Por lo tanto hay una diferencia en el método, pero en principio, la edad no importa.

— AU: Para llevar a cabo el método entre los niños ¿tienen que socializar y dirigir debates sobre lo que vieron y aprendieron?

Los adultos generalmente trabajan internamente, en su intención. La comunicación entre ellos y los discernimientos que hacen no se exponen. Pero ¿deberían también los padres sentarse juntos en círculo de forma física y debatir las cosas?

— ML: Vemos cómo los jóvenes enamorados no se separan y van de la mano a todas partes. Pero después su relación se consolida y entra en una fase de calma en la que sencillamente viven junto a la persona que aman y cada uno entiende al otro. Quieres reducir la distancia física que hay entre los dos, pero ya no se tiene esa necesidad de contacto físico entre ellos o de hablar sobre sus sentimientos.

En cierto sentido, su comunicación ha pasado a una fase "virtual". Ya se comprenden y se sienten mutuamente a distancia. Perciben la solidaridad que han creado en su relación, así que de forma natural se establece una fase de calma.

No es que se hayan dejado de querer o que no deseen sentirse físicamente el uno al otro. Es una conexión que ha surgido entre ellos, que ya no requiere un complemento, expresión y prueba física constantes; y lo mismo sucede aquí.

Cuando estás con un grupo de niños que acaba de empezar a asimilar el método, es necesario influirlos con canciones, danzas, juegos, comunicaciones, foros, debates y así sucesivamente. Pero cuando tienes a un grupo de personas que ya están avanzando hacia esta unificación, quienes ya lo están formando en su interior y que estudian a diario el método integral de la educación global, entonces no necesitan acciones físicas llamativas externas. Comprenden que todo está presente en esa estructura interna y su trabajo es llevado a cabo sin palabras. Sucede en sus sentimientos, igual que entre personas que están próximas y que se entienden entre ellas sin mediar palabras.

Así es como progresivamente las personas se unen, según está escrito: "Un hombre con un solo corazón". Después de todo, una persona no habla consigo misma. Todo sucede dentro de ella, de forma automática, incluso de forma inconsciente. Este es el tipo de conexión que tiene que surgir entre las personas.

UN ENFOQUE DIFERENCIAL E INTEGRAL HACIA LA NATURALEZA

Para los niños, el proceso de aprendizaje sobre la vida es activo y polifacético. Tienen que aprender cómo funcionan los bancos, los hospitales y los almacenes. Tienen que visitar el zoológico, los campos de cultivo donde crecen las cosechas, un planetario y así sucesivamente.

A continuación deben debatir sobre cómo todo ello está interconectado. Las impresiones concretas y fragmentarias del mundo, finalmente deben conectarse en una imagen única, integral, que les ofrecerá la impresión del mundo como un todo.

Nosotros somos quienes fragmentamos el mundo en partes, en los niveles inanimado, vegetativo, animado y humano. También lo dividimos en todo tipo de ciencias, pero ¿qué ciencias puede haber en la realidad? ¡Todo es Naturaleza! La Naturaleza es una. Somos sólo nosotros los que la dividimos en diferentes disciplinas como Biología, Zoología, Botánica y Geografía, porque debido a nuestra limitada percepción, no podemos captar todo de una vez.

Tenemos que demostrarle a la gente que hay un enfoque diferencial, uno integral. Tenemos que hacer evidentes estas dos vertientes y permitir que la gente comprenda que ahora el mundo está pasando desde la diferenciación y división en sectores y niveles, a un mundo integral y completamente interconectado.

Aunque recibimos impresiones fragmentarias sobre cómo funcionan las fábricas y los bancos, o los planetarios, almacenes y demás, después tenemos que integrar todo en un solo sistema humano. De esta forma cuando los niños vean cualquier fenómeno en el mundo, serán capaces de percibirlo como parte del todo común y así nunca tomarán la decisión equivocada.

Todas las crisis de hoy en día están sucediendo porque no podemos acercarnos al mundo de un modo integral. Por esto la humanidad continúa repitiendo los mismos errores. No podemos resolver un solo problema porque internamente no estamos integrados. La única manera de darle solución a los problemas del mundo actual es mediante una visión del mismo como un todo. Tenemos que hablarles a los niños sobre la unidad entre las personas y cómo ellos pueden crecer más porque este es el método de la Naturaleza. Al hacer esto, despertaremos a la única fuerza de la Naturaleza y los influirá. De acuerdo a la ley de la equivalencia de forma, suscitaremos en ellos la influencia de la fuerza superior de la Naturaleza, la fuerza que une y abarca todo, incluyéndonos a nosotros.

LA INTEGRACIÓN DEL HOMBRE EN EL ENTORNO ES LA CLAVE PARA EL ÉXITO

— AU: Toda metodología tiene un criterio para evaluar su eficacia.

En una escuela moderna normal, los méritos de un niño son evaluados por la cantidad de información que ha aprendido, su diligencia, sus logros en otros aspectos tales como competiciones y así sucesivamente.

¿Cuáles son los criterios para medir la eficacia y el éxito en el marco del método integral y cómo deben aplicarse estos criterios?

— ML: En primer lugar no damos calificaciones ni hacemos evaluaciones. Desarrollamos a las personas tal y como son. Cada persona tiene su propio ritmo de desarrollo y no se puede comparar a las personas.

Con los niños de hoy lo más importante es no reprimir las nuevas capacidades que se están desarrollando en ellos. Por esto debemos acercarnos a sin calificaciones u otro tipo de escalas de evaluación. El único criterio debería ser el grado de integración de la persona con su entorno integral.

Pero en este sentido todo es relativo también. Lo veo en los adultos: algunos aprenden deprisa y avanzan rápidamente, pero en algún momento dejan de progresar. Otros comienzan con muchas dificultades para aceptar y entender lo que es el estudio. Les lleva mucho tiempo, a menudo años, escuchar la llamada de unión con los otros en un único y completo deseo, equivalente a la fuerza común de la Naturaleza.

Tenemos que comprender que fuimos creados de esta forma, así que no podemos calificar a la gente. Cada uno de nosotros es absolutamente único.

Cuando un niño o cualquier persona participan en este proceso y dan lo mejor de sus cualidades, esto por sí mismo es digno de elogio y debería ser su única evaluación. Cualquier clase de implicación debe ser valorada porque ¡lo importante no es el éxito personal, sino su participación!

— AU: Supongamos que un grupo de niños hubiera celebrado diez reuniones. Un niño participó en las diez reuniones y se esforzó para crear un espacio común, mientras que otro niño apareció sólo en dos ocasiones y no estuvo muy activo. ¿Puede esto ser un criterio para evaluar la eficacia del trabajo?

— ML: Sin duda, porque somos el resultado de la sociedad. Si formo parte de esta sociedad por un largo período de tiempo, por supuesto que soy influido por ella y me vuelvo similar a ella. Diez encuentros con esta sociedad me influirán mucho más que dos asistencias esporádicas.

El número de reuniones tiene que ser fijo. Y en función de esto tenemos que considerar el progreso de una persona.

Sin embargo esto es más fácil y sencillo de aprender para algunas personas porque su ego no se expresa tan vivamente. Es más débil. Avanzan más rápidamente aunque hubieran participado menos en la comunicación con los demás.

Tenemos que entender que el éxito sólo puede lograrse mediante muchas horas de estudio diario que incluye juegos con actividad física, todo tipo de discusiones, lecturas, viajes, excursiones y otras formas que consigan familiarizarse con el mundo.

LA HABILIDAD DE ACTUAR EN LA EDUCACIÓN

El análisis de sí mismo es lo más importante. Por lo tanto, es fundamental enseñar a los niños la habilidad de actuar. Tienen que ser capaces de salir de sí mismos, dejar a un lado sus "yo" y desempeñar un papel diferente. Digamos que quiero convertirme en otra persona. ¿Cómo me imagino a esa persona? y ¿cómo la represento? ¿Cómo contengo mi "yo" y lo pongo de lado? Este es el arte de actuar y es muy importante para un niño. Esto le permite imitar a otros y por lo tanto comprenderlos. Cada niño tiene que aprenderlo, así como también debe aprender psicología y otras técnicas.

Tiene que haber una preparación dialéctica muy seria, especialmente durante los primeros años de vida, ya que los fundamentos de la futura persona comienzan a formarse a partir de los seis años y se completan entre los nueve y diez años. Después sólo se desarrolla.

— AU: ¿Se puede comenzar ya a actuar mediante juegos a los seis años?

— ML: ¡Desde luego que sí! Los niños adoran este juego porque a través de él llegan a conocerse a sí mismos. Un niño comienza a comprender: ¿cómo cambia mi visión del mundo y de las otras personas cuando soy yo el que cambio? Al hacer esto, los niños se están preparando a sí mismos para percibir un mundo cualitativamente nuevo.

— AU: Basándonos en su consejo, llevamos a cabo un juego llamado "Un caso judicial sobre el egoísmo" en el que los niños intercambiaban personajes. Los niños realmente disfrutaron con su participación, pero curiosamente, cuando les pedimos a los adultos que hicieran lo mismo, se asustaron y no quisieron jugar.

— ML: ¡Lo ven! Por esto tenemos que trabajar con los niños. Tienen que pasar por las diversas situaciones que surgen en este tribunal, sentir los diferentes personajes y de este modo se perciben a sí mismos desde diferentes ángulos: ahora estoy desempeñando el papel del acusado, ahora soy el fiscal, ahora soy su abogado, ahora sólo quiero averiguar lo que le está sucediendo y así sucesivamente. De esta forma ellos no tendrán miedo. Sin embargo, nosotros, los adultos, no entendemos esto. Estamos encasillados en nosotros mismos. Y aun así, tenemos que enseñar a nuestros hijos a liberarse de sí mismos.

CREANDO UN ENTORNO INTEGRAL

- La hiperactividad es un problema de los adultos, no de los niños
- Propiedad de recursos compartidos
- Necesitamos medios de comunicación adecuados
- Asegurándonos que la vida no nos enseñe a golpes
- La similitud con la Naturaleza es garantía de seguridad
- Cómo ocupar y alimentar a siete mil millones de personas
- ¿Qué hay de los ladrones y otros criminales?
- Los adultos son los mismos niños malcriados

— AU: Me gustaría hablarle sobre el concepto de "límite". Cuando los niños de hoy en día se reúnen, les ocurre algo sorprendente, es como si se convirtieran en animales salvajes. Los adultos se quejan constantemente de su desobediencia y de que no aceptan ninguna educación. ¿Qué está pasando y cómo deberíamos tratar con la hiperactividad infantil?

— ML: La hiperactividad es un problema de nuestros tiempos. Hace décadas que existe, pero inicialmente no lo identificamos como tal. Primero pensamos que era un tipo de enfermedad o trastorno, pero después notamos que se trataba de un fenómeno y no mucho después se convirtió en la norma. Ya hemos comentado que la nueva generación es diferente: egoísta e incitada desde el interior por pulsiones muy potentes, que son de una cualidad completamente nueva.

Por ello es erróneo interpretar estas conductas en base a los patrones de comportamiento anteriores, para discernir si su forma de actuar está o no dentro de la media, porque su punto de corte es nuevo. De hecho todo en ellos es nuevo. Nosotros lo llamamos hiperactividad, pero para ellos es normal.

LA HIPERACTIVIDAD ES UN PROBLEMA DE LOS ADULTOS, NO DE LOS NIÑOS

Ellos no encajan dentro de nuestros caducos y estrechos límites y esto no es culpa de ellos sino nuestra. Por lo tanto debemos revisar de inmediato nuestros patrones de conducta y desarrollar actitudes diferentes hacia los niños para evitar "encadenarlos" todo el día. Intentamos imponerles nuestros patrones de conducta y nuestras limitaciones. Pero ellos ya no pueden vivir así.

Antaño las personas se conformaban con vivir sus vidas en el mismo pueblo sin ni siquiera salir de él. Ahora incluso los campesinos han cambiado: sienten la necesidad de viajar, verlo todo y aprender, y así cuando vuelvan a sus pueblos, seguirán aún conectados con el mundo. ¡Las personas de hoy son diferentes!

Por lo tanto somos nosotros los que debemos refrenarnos, no los niños.

— AU: Pero esto es muy difícil porque son nuestros hábitos.

— ML: Sin duda. Y los niños son los más frágiles. Pero esto será inútil porque de esa manera estamos dañando a la Naturaleza.

La Naturaleza nos está mostrando la nueva fase de su proceso evolutivo. Nos está diciendo: "He aquí al ser humano del futuro. Aún está sin corregir, sin completar y sin moldear, pero estos son sus verdaderos atributos primordiales, sus deseos, propósitos e impulsos". Este es el reto que nos está siendo planteado y ante el que tenemos que reaccionar.

— AU: Usted se dirige a los niños de hoy como "las personas del mañana". Pero muchos padres y profesores opinan que se parecen más a los monos.

Conocí a una mujer que tenía un mono como mascota en su casa y pude comprobar de primera mano lo rebelde y tonto que es este animal, destrozando todo a su paso. Y ahora muchas personas están asignando precisamente este modelo de comportamiento a sus hijos.

— ML: Estoy seguro de que si alguien amaestrara correctamente a este mono, empezaría a comer con cuchillo y tenedor y se pondría una servilleta alrededor del cuello; estaría muy bien sentado a la mesa.

Si una persona no recibiera educación, actuaría como un salvaje recién salido de la selva. El entorno que nos rodea es determinante para todo. Por lo tanto, hay que crear un ambiente para los niños, acorde a las demandas de nuestra época.

No podemos decir, "es inútil intentar hacer algo con ellos porque son diferentes a nosotros". ¡Y qué! ¿Podemos realmente tratar así a nuestros hijos, lo más valioso que tenemos? Es asombroso lo egoístas que somos.

No existe un sistema educativo. El sistema de enseñanza existe porque con él nos quitamos a los niños de encima, les proporcionamos alguna profesión, y les dejamos hacer su vida. Pero la educación es algo que no les damos. No sacamos a la persona que hay en ellos. Cuando hacemos algo por los hijos, no nos preocupa su bienestar y no nos planteamos como objetivo coordinar nuestras acciones con sus naturalezas.

En nuestros días hay enormes deseos, impulsividad, desasosiego y falta de atención que se manifiesta en nuestros hijos. Internamente, funcionan a una altísima velocidad. ¿Qué podemos hacer para que las cosas les resulten sencillas y simples, para que se sientan a gusto y libres?

¿Qué más da el tipo de mundo que construyamos? Si los niños son felices cualquier mundo es válido. Esta debería ser la actitud de todos hacia sus hijos. ¿Entonces por qué no lo percibimos así? Nosotros, los adultos, somos egoístas deseando destruirlos según nuestra propia conveniencia y esto es todo lo que hay al respecto.

PROPIEDAD DE RECURSOS COMPARTIDOS

— AU: En psicología "un límite" se define como el espacio donde mis intereses chocan con los intereses de las personas que me rodean. Como suele suceder a menudo, el recurso deseado está limitado. En ese caso, pueden darse dos situaciones: o bien le cedo el recurso a otra persona, o lucho por conseguirlo. ¿El concepto de sociedad integral, el ser humano del futuro, radica en ceder o luchar?

— ML: En ninguno de los dos. Afianzar lo que se comparte y sólo lo que se comparte. No existe lo "tuyo" o lo "mío". Ambos debemos poseer los recursos juntos y esto no quiere decir que cada uno tenga su mitad, sino que el recurso es compartido. Este es el objetivo de la educación integral.

Cuando los norteamericanos trataron de civilizar a los indígenas, se toparon con un problema: estos no conocían la propiedad privada. No sabían lo que es "robar" o "quitarle al otro lo que es suyo" porque en su sistema comunitario se compartía todo.

— AU: Usted ahora describe algo parecido. ¿Significa esto que no debería existir la propiedad privada como tal?

— ML: Así es. Antes de que el egoísmo emergiera, los indígenas carecían de propiedad privada. Incluso en nuestros días, para la mayoría de ellos, el nivel evolutivo de sus egos es muy bajo. Estoy acostumbrado a tratar con algunas de estas personas e incluso tuve la oportunidad de observarlos en Canadá.

Pero hoy nos encontramos en el pico más alto del desarrollo egoísta. Nuestro egoísmo es inmenso, exige satisfacción constante, pese a quien le pese e incluso a costa de otros. Disfruto sintiéndome superior a los demás. Cuanto peor se sienta el resto, mejor me siento yo.

En nuestro estado actual, tenemos que crear una sociedad en la que yo pueda sentir que todo es de todos, incluso yo mismo, es decir que pertenezco a los demás y no a mí mismo. No debería haber nada en mí a lo que pudiera denominar mi propio "yo", sólo lo atribuible a "nosotros" y "nuestro".

Nosotros, no los indígenas, somos quienes tenemos que lograr esto en nuestros días. Esta labor requiere unos esfuerzos enormes, educación y formación, pero cuando suceda, supondrá una corrección fundamental de la naturaleza del hombre. A través del egoísmo corregido, percibiremos una realidad absolutamente distinta, ¡un mundo diferente!

— AU: Permítame ser más específico. Supongamos que hay cinco niños y tres sillas y los cinco quieren sentarse. ¿Cómo debería manejarse la situación?

— ML: Deberían ser educados de tal manera que si no hay suficientes sillas, ninguno deseará sentarse en una silla, sino que todos preferirán sentarse en el suelo, o al menos insistirán en que otro use la silla. Tenemos que inculcarles el concepto de que si otra persona se beneficia, entonces yo también obtengo beneficio.

Esto no es fácil, pero los niños lo aceptan de manera natural, sobre todo a la edad de nueve o diez años. Lo captan de forma mucho más espontánea que los adolescentes de doce o que los jóvenes de diecisiete o dieciocho años. A esa corta edad es posible crear en ellos las condiciones previas necesarias para superar los conflictos relativos a "lo mío", "lo tuyo" y "lo nuestro".

LA NECESIDAD DE MEDIOS DE COMUNICACIÓN ADECUADOS

— AU: La psicología social que estudia la sociedad occidental moderna, declara que esta sociedad funciona según la ley de la recompensa: "tú me das algo a mí y yo te doy algo a cambio". Dicen que incluso la amistad se define por este concepto "tú me das y yo te doy", solo que en este caso se extiende en el tiempo. Esto significa que el hombre contemporáneo está completamente imbuido en esta idea de recompensa y lo que usted está describiendo, es fundamentalmente un paradigma diferente, una visión del mundo diferente.

¿Cómo podemos nosotros, gente dominada por la ley de la recompensa, por el egoísmo, adoptar un paradigma diferente y transmitírselo a nuestros hijos?

— ML: Tenemos que crear los medios de comunicación de masas adecuados para influir a las personas. Los comunistas en Rusia soñaron con esto. Es por ello que levantaron el sistema socialista en la Unión Soviética. Pero no lograron nada porque quisieron imponer por la fuerza su visión del mundo.

Nosotros no imponemos nuestras ideas a nadie. Sólo estamos mostrándole a la gente el estado del mundo y de la Naturaleza, el reto que la Naturaleza nos presenta hoy y su condición de globalidad e integralidad. Nos obliga a ser similares a ella, mientras que de momento somos opuestos.

Sólo nos queda la opción de explicar que todo lo que está pasando en el mundo es el resultado de nuestra semejanza o diferencia con respecto al entorno que nos rodea. Somos los únicos que no estamos en armonía con el entorno y por ello provocamos todos los problemas y crisis en la Naturaleza.

Tenemos que crear un sistema educativo del que podamos obtener constantemente patrones positivos en cada momento, con libros, películas, Internet y televisión. Todo lo que observemos debe inequívocamente mostrarnos lo que es bueno y lo que es malo para nosotros, en qué sentido somos afines a la Naturaleza y en qué sentido no y de qué manera opera esta conexión recíproca.

La Naturaleza no conoce la piedad y la espada pende sobre nuestras cabezas, lista para atacar. La ley de la gravedad es inmutable. Puedes dirigirte a ella e implorar misericordia, pero si te tiras desde el tejado de un edificio de diez plantas, caerás desde un décimo piso, sin importar que seas una buena o mala persona.

En una sociedad donde todos están conectados como un todo único, todos están bajo la influencia de una misma ley, sin tener en cuenta cómo actúes. Existe una cualidad llamada "garantía mutua", en base a la cual todo el mundo depende de los demás, cada persona es responsable de las demás y nadie contrae ningún compromiso como ente separado.

A base de explicar constantemente en qué punto estamos y en qué clase de trampa estamos atrapados, a base de mostrarle a la gente que hemos agotado todas las opciones, crearemos un sistema educativo que les cambiará. Y que se haga de forma voluntaria o involuntaria, depende de nuestra percepción de urgencia al respecto.

Para nuestra supervivencia, debemos llegar a la afinidad con este sistema integral y conectado globalmente entre todos y con la Naturaleza, al igual que todas las demás partes integrantes de la Naturaleza, porque somos una parte de ella; no la gobernamos.

— AU: Lo que está usted describiendo ahora es evidente sólo para los investigadores que estudian la Naturaleza en profundidad.

— ML: Pero nos pueden presentar toda la información necesaria, y cuando las personas creativas comprendan estas leyes, las expresarán de diversas formas mediante los medios de comunicación masivos, así como a través de otros medios de comunicación. Crearán obras de teatro y películas basadas en estas leyes, que podrían figurar junto a las películas actuales que plasman un final horrible de la civilización. Esto puede ayudar a las personas a comprender específicamente por qué todo está sucediendo así y cómo podemos corregirlo todo. Esto les ayudará a ver que la Naturaleza ya dispone de las fuerzas para la corrección

ASEGURAR QUE LA VIDA NO NOS ENSEÑE A GOLPES

— AU: Usted dice que un niño tiene que ser criado de tal forma que se le permita percibir el mundo de manera holística desde la primera infancia.

— ML: Sí, sólo así. Al fin y al cabo estamos en un mundo global. Esto ya está claro para muchas personas; después de todo enseñamos a los niños a adaptarse al mundo.

— AU: ¿Sería una buena idea colocar un globo terráqueo delante de un niño de tres años y hacerlo girar?

— ML: Sin duda, incluso antes de cumplir los tres años. Aunque ni siquiera entienda todavía lo que es una esfera, déjenlo jugar con esta pelota. El niño retendrá una impresión de ella.

Puede que no estés consciente de ello, pero hay imágenes en tu subconsciente, recuerdos de una muy temprana edad, prácticamente desde el primer año de vida. Los puedes evocar: estás ahí acostado, durante el cambio del pañal, te alimentan y te bañan. Aún no percibes ni al mundo ni a ti mismo, pero ya hay algo allí. En cada bebé hay un adulto mirando desde el interior, mientras que el cuerpo aún es pequeño. No reparamos en ello porque sólo nos fijamos en su cuerpo.

Las imágenes e ideas que un niño aprehende antes de los nueve o diez años, son la base de su desarrollo. Después ello sólo les da forma y los ejecuta, pero ya es imposible cambiar nada.

Si no incorporamos los fundamentos adecuados en un niño, si no le damos la educación correcta durante estos años, será imposible después sacarle adelante. Ya tendrá otras creencias, otros modelos conductuales y relacionales. Por lo tanto esto ha de hacerse literalmente desde el nacimiento o como muy tarde comenzar a partir de los tres años.

— AU: Cuando profesores y padres interaccionan con niños, se encuentran con el problema de que es difícil trabajar con ellos porque son muy inestables. Muy pronto están correteando por ahí, o gritando, o tirados en el suelo y revolcándose. O bien pueden salir de la habitación porque es lo que de repente les apetece hacer. ¿Deberíamos ponerles límites o acompasar esta dinámica de alguna manera?

— ML: No deberían hacerles nada. Lo que tienen que hacer es crear de una forma deliberada, un entorno integral alrededor. Eso es todo. Esto supone que en dicho medio el niño depende de todos y todos dependen de él. El niño tiene que llegar a comprender esto sin darle explicaciones, pero si fuera necesario, se le puede explicar mostrándole el mundo.

¿Quién eres tú? Eres un guía para el mundo en el cual se encuentra. Esto supone tener que enseñarle este mundo y demostrarle cómo funciona. Enseñarle cómo tratar a los demás y cómo los demás lo tratan a él, cómo compartir con otros y hacer algo por los ellos. Él tiene que ver todo esto.

Y progresivamente, en base a estas interconexiones extremadamente sutiles, enseñarle que si no participa en todo junto a los demás y no los tiene en cuenta, si no desea estar interconectado integralmente con ellos, entonces los demás tampoco le tratarán a él como desearía. Esta es la razón de su malestar.

Entonces, el niño comenzará a comprender este sistema desde su interior, a estudiarlo de la vida. Al fin y al cabo, la vida nos está enseñando con una vara, con pequeñas decepciones: así es como fuiste tratado, esto es lo que hizo tu madre o tu niñera o los niños a tu alrededor. Es decir, tiene que ser castigado, pero también recibir el premio adecuado por tener la actitud correcta hacia el entorno integral.

— AU: Supongamos que durante una actividad cotidiana un niño fuera hasta el profesor y le diera una patada. Esto realmente pasa.

— ML: Si tomas a un niño de la calle que no está preparado y le introduces en este tipo de sistema, entonces seguro que experimentará estados terribles porque no entenderá nada.

Estamos hablando de niños que empezaron a recibir la educación adecuada desde su nacimiento. De alguna forma tenemos que hacer nuestras vidas más fáciles. No podemos alterar a niños que ya se han formado de un modo egoísta, así que tenemos que empezar con niños que han sido preparados.

Después de ello, sí es posible comenzar a aceptar a niños no corregidos en este entorno, es decir, niños que crecieron en ambientes incorrectos. Una vez que tenemos un entorno sólido, podemos introducir a otros y corregirlos. Esto es así porque la corrección sucede sólo bajo la influencia del modelo de los otros.

LA SEMEJANZA CON LA NATURALEZA ES GARANTÍA DE SEGURIDAD

— AU: Los padres temen que un niño que crece en este tipo de sociedad se vuelva demasiado dependiente de la opinión de los demás y que pueda perder su independencia.

— ML: Creo que eso es absurdo. La fuerza más poderosa que abastece de todo al mundo es la fuerza de la Naturaleza. Si soy similar a ella, entonces no tengo nada que temer. No seré débil, ni tendré que protegerme constantemente viviendo con miedo y esperando una desgracia. En verdad este tipo de vida es peor que la muerte. Por el contrario seré fuerte, independiente, sensato, sereno y equilibrado.

Además, no me puedo imaginar a un padre o a una madre normal diciéndole a su hijo: "Sé fuerte y defiéndete. Si alguien a solo un metro de ti ha escupido, ve y mátale. Si alguien por detrás ha maldecido, date la vuelta y dispárale". Enseñamos a los niños a ser amables con los demás porque es lo más seguro para ellos. Les decimos, "no repliques", "ve a alguna otra parte", "aléjate de estas personas", "trata a los demás con corrección y amabilidad". Esto crea un entorno favorable alrededor de un niño y reduce la probabilidad de que alguien le haga daño.

Los padres siempre han enseñado a sus hijos a ser discretos, amables, a eludir situaciones dañinas o malvadas y a relacionarse con las cosas buenas. Sucede en todas las sociedades, especialmente en una sociedad global e integral, que es en la que nos encontramos.

Incluso si una persona es un atleta y físicamente es fuerte, no utilizará esa fuerza de forma negativa. Habrá desarrollado su cuerpo porque quiere sentirse seguro, pero sin entrar en una mentalidad agresiva desde el principio.

— AU: Ahora que hemos comenzado a poner en práctica este método, se planteó la cuestión de los centros o locales de trabajo, lugares donde un niño pueda aplicar sus habilidades exclusivas como cantar, tocar instrumentos musicales, estudiar matemáticas o ciencias y así sucesivamente.

También a una determinada edad, los niños necesitan aprender algún tipo de arte marcial. ¿Tiene algún sentido el dar una clase de este tipo?

— ML: Nosotros pensamos que todos los juegos tienen que practicarse en equipos. Si gana todo el equipo, entonces me siento el ganador junto con todos los demás, pero nunca deberé sentir que yo destaco. Los juegos tienen que ser parte de la educación. Pero si posiciono a una persona frente a otra, esto es contrario a la demanda de la Naturaleza.

Quizás esta habilidad pueda ser útil en determinadas circunstancias. Pero sinceramente, no veo cómo las personas que conocen las técnicas de artes de combate pueden tener éxito, cómo se defenderán a sí mismos y cómo esto los capacitará para salvar sus propias vidas y las de los demás.

Creo que esto es sólo la publicidad hecha por los dueños de estos clubes. No hay ninguna prueba evidente en la Naturaleza que indique la necesidad de ser físicamente fuertes o de tener que imponernos sobre otros. No sólo las personas como individuos se diferencian unos de otros, sino que también las naciones: algunos son físicamente más resistentes y más fuertes y otros son más débiles. Pero esto no cambia nada.

Sólo la afinidad con la Naturaleza lleva a cada persona y cada nación en conjunto hacia un estado de bienestar.

CÓMO DAR EMPLEO Y ALIMENTAR A SIETE MIL MILLONES DE PERSONAS

— AU: En las diferentes sociedades las personas perciben el concepto de "lo mío" de maneras diversas. Algunos consideran como suyo sólo el espacio que ocupa su vivienda sin importarles lo que esté sucediendo en el autobús o en el metro, así que tiran su basura en el suelo. Pero para otras personas este concepto es más amplio y también incluye a su ciudad como propia. ¿La persona integral que usted describe considera al mundo entero como suyo?

— ML: Sí, pero llega a ello paulatinamente. No podemos pedirle a la gente todo de una vez. No deberíamos centrarnos en los individuos sino más bien en el entorno social, porque esto es lo que eleva al individuo. Tenemos que crear tal entorno alrededor de la persona que le dirija hacia el camino correcto.

Hoy en día hay una enorme cantidad de personas desempleadas en todo el mundo. Por otro lado muchos productos superfluos están siendo fabricados. Si liberamos a las personas que elaboran dichos productos, descubriremos que sólo necesitan trabajar quinientos mil millones de los seis mil millones y medio de personas que existen en el mundo, mientras que el resto no tiene nada que hacer. Por lo tanto ¿cómo se alimentarán?

A las personas se les pagará por crear el entorno social adecuado. Deberá haber organizaciones globales, regionales, municipales y de vecinos cuyo único propósito y actividad sea promocionar el concepto del estilo de vida integral

Si este es tu trabajo, entonces te conviertes en un educador para todos los demás. Tienes que hacer películas, anuncios, fotografías, libros sobre esto y hablar de ello. Tu trabajo consiste en recorrer las calles y sonreír a todo el que pase. ¡Eso es! Habrá trabajo para todos, mientras que quinientos mil millones de trabajadores abastecerán al resto sin producir en exceso ni contaminar el planeta.

Este enfoque posibilita a la gente la intención correcta. Comienzan a tratar de forma amable a los demás porque esa es su obligación, pero mientras tanto, otros perciben esto como la norma de la nueva conducta.

No importa si reciben o no dinero por actuar así. Lo fundamental es que conviertan el hábito en una segunda naturaleza, suscitando la influencia positiva de la Naturaleza sobre ellos porque se han vuelto similares a ella.

Es ahora cuando estamos empezando a investigar la influencia que ejercen nuestros pensamientos y deseos sobre la Naturaleza. Es sorprendente cómo incluso los animales y las plantas perciben la bondad y comienzan a tratarnos de forma diferente. Y las personas son incluso más sensibles que las flores y los animales.

Al hacernos semejantes a la Naturaleza, evocaremos una enorme influencia positiva sobre el mundo y verdaderamente cambiará. Para lograr esto necesitamos crear un buen sistema educativo, involucrando en ello a millones de personas que están desempleadas y que serán los que precisamente hagan este trabajo.

Para educar a la nueva generación se requerirá de alrededor de la mitad de población mundial. Esto no precisará de profesores de disciplinas diversas, sino educadores – personas que les muestren a los jóvenes los modelos de conducta correctos en una sociedad global. Tiene que haber tantos educadores como personas por educar.

Entonces nos encontraremos a nosotros mismos en ese mecanismo integral hacia el que nos está empujando la Naturaleza. De repente, como el embrague de un coche, comenzaremos a conectarnos como ruedas dentadas; "clic" y estaré conectado, sin poder ir a ningún sitio solo. ¿Ahora qué hago?

Este mecanismo debería incluir también engranajes apropiados que indiquen: "No tienes que girar junto con todos. Anúlate a ti mismo y verás que todo el mundo está rodando tal como tú deseas que lo hagan". Al hacerlo, es entonces cuando alcanzas la libertad.

— AU: Cuando usted describe esta imagen me hace recordar mi infancia. Había veces en que también actuábamos juntos. El ambiente era maravilloso cuando por ejemplo construíamos juntos castillos de nieve. Pero luego venían los bravucones, destruían todo lo que habíamos hecho y nos golpeaban.

¿Cree que si estructuramos bien este sistema no habrá bravucones?

— ML: Imagina que vas a contratar a tres mil millones de personas para trabajar y comienzas a capacitarlos. Todavía no hacen nada salvo estudiar en la universidad. Todos están sentados delante de las pantallas, estudiando a través de este canal virtual mundial. Cada persona está aprendiendo, en su propio idioma, sobre el mundo en el que habitan y se les paga por ello. Redactan escritos e informes y estudian igual que en la escuela, desde los veinte años hasta la vejez. Los hambrientos y sin techo reciben todo lo necesario y el trabajo por el cual se les paga es por estudiar y hacer los deberes.

Todos tienen que pasar por este tipo de enseñanza y obtener una diplomatura que les capacite para vivir cómodamente. Al cabo de seis meses, se les asigna a ellos la función de educadores de este sistema durante media jornada, mientras continúan estudiando durante la segunda mitad de la jornada laboral. Poco a poco se introducen en este sistema por sí mismos y empiezan a comportarse entre ellos y con los demás según la enseñanza que recibieron.

Proporcionando el trabajo necesario para todos, se crea un ambiente natural. La Naturaleza entra en equilibrio y deja de castigarnos con terremotos, tsunamis y huracanes. Nosotros mismos provocamos estos desastres porque la mente, los deseos y las pulsiones humanas, influyen a la Naturaleza más que cualquier otra cosa.

¿QUÉ HAY CON RESPECTO A LOS LADRONES Y OTROS CRIMINALES?

— AU: Como muchas personas no corregidas, aún tengo muchas peguntas, preocupaciones y temores: ¿qué pasará con los criminales, ladrones y otras personas que podrían aprovecharse de esta delicada realidad estructurada sobre un equilibrio ultrasensible? ¿Y si llegan y lo roban todo y se apoderan de todo el sistema?

— ML: ¿Usted comprende que la mitad de la población mundial está involucrada en este sistema? ¿Quién puede ir en contra? ¿Dónde están los ladrones, agitadores y criminales? Sencillamente serán neutralizados por las masas y no podrán meter sus narices. Además, a ellos también se les ofrecerá una vida digna, un salario igual al de todos los demás; no creo que surjan este tipo de problemas.

Habrá muchos problemas, pero son todos resolubles porque no hay otro camino para seguir adelante. La Naturaleza nos está forzando a encontrarles solución. Si no hacemos lo que nos dicta la Naturaleza y no entramos en equilibrio con ella, será nuestro final. Se puede intelectualizar y filosofar todo lo que se quiera, pero aquí está operando una ley de la Naturaleza.

Hoy la mitad de la humanidad está hambrienta y la otra mitad no sabe qué hacer con el excedente que tiene. Corrigiendo este desequilibrio se instaurará una sociedad humana normalizada.

Lo más importante es: la sociedad humana debe ser semejante a la Naturaleza, con un equilibrio interno, benevolente y bueno. Entonces desaparecerá el miedo de ser aniquilados.

— AU: Entiendo que no le gusta la palabra "castigo", pero ¿no debería haber algún tipo de mano firme presente o algo así como un castigo que si se evita se estará malcriando al niño? Por lo que dice parece que no hay cabida para esto en absoluto.

— ML: No, por supuesto que hay lugar para ello.

— AU: ¿De qué manera? ¿Cómo?

— ML: Con un gran reproche social. Pero tiene que ser sopesado para que no destruya "al humano" que hay en la persona, para que no aplaste su dignidad. Una persona ha de ser influida a través del respeto, por aprobación pública; no puede ser influido de ninguna otra manera.

Hasta el último y más famoso de los criminales también se siente orgulloso, "¡Soy ladrón por derecho propio! ¡Mira quién soy; fíjate en la cárcel donde estoy! ¡Respétame!"

No hay ningún medio con más fuerza sobre los elementos negativos de una sociedad, que ofrecerles las oportunidades para elevarse a sí mismos, o viceversa, colocarles en un entorno que los menosprecien.

Están exageradamente centrados en su propio "yo", con el que es fácil jugar. Verdaderamente son niños pequeños que pueden ser manipulados de cualquier manera si les das la oportunidad de lucirse, o por el contrario, censurarles ligeramente, mostrándoles que determinadas acciones les harán parecer inferiores a los ojos de los demás.

— AU: Yo soy un adulto que está rodeado de niños. De repente uno de los niños hace algo que me molesta, ¿puedo mostrarle al niño que me ha molestado?

— ML: Eso no sería educación. Un niño es educado por el entorno que le rodea y que es igual a él. Por lo tanto, tu malestar debes expresarlo a través de sus compañeros. Para él son un entorno de respeto y su opinión es importante, mientras que un adulto está en algún lugar por encima de él. Las emociones de un adulto son percibidas por un niño como un trueno del cielo. Tú "truenas" contra el mundo entero, pero no estás cerca de mí, no eres de los míos. Así que no te enfrentes al niño y no lo conviertas en un enemigo. Esto sólo hará que crezca su egoísmo. En vez de esto, sitúalo en una posición neutral y enséñale la forma correcta de actuar utilizando el ejemplo de otro compañero.

La forma de influir en los niños es haciéndoles deliberar, que se juzguen, se defiendan y se analicen mientras ven vídeos sobre su propio comportamiento. Muestren a los niños fragmentos de su comportamiento y déjenlos que deliberen sobre sus propios actos. Así es como un niño comenzará a comprender que si se encontrara de nuevo en esa situación, no actuaría de la misma forma.

Lo más importante en nuestro modelo de educación es enseñar a los niños mediante ejemplos. Esto les capacita para celebrar debates y analizar el comportamiento de otros y después referir esta experiencia a ellos mismos.

LOS ADULTOS SON LOS MISMOS NIÑOS MALCRIADOS

— AU: El modelo de escuela futura donde los niños interactúan de esta forma es muy atractivo para muchas personas que están familiarizadas con él. ¿Se pueden utilizar los mismos ejemplos para los adultos?

— ML: Los adultos son los mismos niños malcriados; simplemente no son conscientes de ello. Ve lo que hacen en la televisión y qué tipo de conversaciones sostienen: hablan sobre cómo casarse, cómo adelgazar o cómo cocinar algún alimento. Las personas se ven impulsadas a relacionarse.

Relacionarse es lo más importante para las personas, sobre todo la clase de relación que te permite fisgonear en la vida real. Por lo tanto, el tipo de debates que mantenemos con nuestros niños en nuestros centros educativos, son aquellos más útiles para la sociedad. Estas discusiones sólo tienen que ser constituidas correcta y elocuentemente, para que resulten atractivas y dinámicas. Si creamos programas así, serán los programas de televisión más solicitados, estoy seguro de ello.

Las personas que no recibieron la educación integral durante la infancia, no saben cómo es posible salir de uno mismo, situarse en un segundo plano y colocar al otro dentro de ti, cómo ponerse en el lugar de otro o asimilar en ti sus atributos. Si a las personas no les enseñaron estas técnicas, entonces no saben cómo interactuar correctamente, así que por supuesto se sienten desdichados. Vagan por ahí como si estuvieran en la oscuridad, tropezándose unos con otros, discutiendo y ofendiéndose.

Los niños tienen que ser instruidos en cómo "vestirse" en el otro, cómo comprender a otras personas, cómo acusar a otro, defenderle, ayudarle y dañarle, con el fin de que todo sea investigado por cada uno de los niños recurriendo a los ejemplos de la vida, tanto en grupos como en programas televisivos.

Tenemos que empezar a prepararnos para acercar a toda la población mundial a este nuevo sistema educativo. Sin esto no sobreviviremos. No importa la edad del estudiante, si es un niño o un adulto. Los niños estudian dentro este sistema durante todo el día y tenemos que hacer lo mismo con los adultos.

Los quinientos millones de personas que atenderán a todos los demás también estudiarán dentro de este sistema: estudiarán durante media jornada y llevarán a cabo los trabajos necesarios durante la segunda mitad del día. Tenemos que hacer esto porque de otro modo la humanidad no sobrevivirá.

Estamos entrando en un sistema en el que todos somos ruedas dentadas. Bajo la influencia del interruptor que activa el mecanismo –la Naturaleza– estamos empezando a hacer contacto unos con los otros. Pronto comenzaremos a girar juntos. Yo ya siento cómo estoy fusionándome con otros, pero cuando manifiesto incluso un poco de mi independencia, encuentro problemas.

La razón de todas las crisis es que no estamos girando al unísono. Como consecuencia de esto, el sistema comienza a bloquearse y dejamos de girar. Esto es la imagen del colapso, una crisis mundial en todos los sectores de la vida.

¿Qué nos quedará? ¿Cómo nos ayudaremos mutuamente? La Naturaleza comenzará a excluirnos. Ya prácticamente ha excluido a Japón, a los países del Cercano Oriente y a Rusia de la totalidad de la producción mundial. Vean lo que está sucediendo en Norteamérica, en la espiral descendente en la que está atrapada. ¿Y qué les pasará a otros países? ¿Llegaremos a un punto en que lo único que nos quede en el mundo como acción de progreso sea el terrorismo? Todo está en declive y sólo el terrorismo está resurgiendo y floreciendo. ¿En qué nos hemos convertido?

Creo que venceremos nuestra resistencia y comprenderemos que sólo una enseñanza y educación universales, donde toda persona esté obligada a estudiar, nos conducirá a un estado de armonía y paz.

CONOCERSE A SÍ MISMO

- Reconocerte a ti mismo
- Encuentra tus propias respuestas a tus preguntas
- No "te arrastres" por la vida
- El grupo debe ser homogéneo
- ¿Dentro de las aulas o al aire libre?
- La gratificación es el generador de energía
- La verdad sobre la vida no es tan terrible
- Aprendiendo a vivir de la propia vida
- El preferido del profesor

— AU: Me interesan los aspectos psicológicos del método educativo integral. La Psicología ha sido una ciencia aplicada durante los últimos cien años aproximadamente. Durante este tiempo los investigadores han desarrollado diversas metodologías y ensayos, pruebas proyectivas y capacitaciones. ¿Se puede utilizar la experiencia adquirida por la psicología materialista en el programa de educación integral para los niños?

— ML: Es curioso que la humanidad haya existido durante cientos de miles de años y la psicología, la ciencia que estudia al hombre y lo que éste es, sólo se haya desarrollado desde hace un siglo. ¿Puede imaginar el tiempo que nos llevó tan solo empezar a plantearnos quiénes somos? Evolucionamos de forma enteramente inconsciente, bajo la influencia de fuerzas internas, deseos y pensamientos, sin detenernos nunca a pensar, "¿Por qué estamos aquí? ¿Para qué estamos aquí? ¿Quiénes somos? ¿Por qué fuimos creados de este modo? ¿Cuál es el origen de nuestros pensamientos, sentimientos, deseos y anhelos?"

Hay una impresionante e incomprensible proporción entre los cientos de miles de años de nuestro desarrollo y los cien años del deseo por comprender quiénes somos.

Durante mucho tiempo todo transcurrió muy despacio. Incluso los grandes pensadores no se interesaron mucho por este problema y este es un elemento más que evidencia que sólo recientemente hemos comenzado a reconocernos a nosotros mismos como entidades distintas en el mundo. Somos definidos y el mundo es definido pero ¿cuál es la conexión entre nosotros y el mundo?

— AU: Pero ahora la tendencia de las personas a preguntarse: "¿qué es el "yo?" "¿cómo interactuamos?" "¿cómo podemos mejorar nuestras interacciones?" está aumentando exponencialmente.

— ML: ¡Y las teorías sobre ello cambian a una velocidad asombrosa! Me imagino al psicólogo moderno como una persona muy inestable.

— AU: Esto es realmente así. Sin embargo, se han diseñado algunas pruebas muy interesantes. ¿Pueden los niños someterse a estas pruebas con el fin de conocerse mejor a sí mismos, comprender cómo están estructurados y de qué cualidades están dotados? ¿O no debemos dejar que se sometan a estas pruebas?

— ML: Tenemos que educar a la siguiente generación dotándola de la actitud correcta hacia la vida y hacia sí misma, para que las personas puedan evaluarse. Es nuestra obligación, el deber de padres y educadores, y de hecho, de cualquiera que se preocupe por los niños. ¡Al fin y al cabo son nuestro futuro! En quince o veinte años, esta generación tomará el relevo y nosotros pasaremos a la historia. Tenemos que filmarlos, mostrarles películas de ellos mismos y analizar su conducta desde ángulos diferentes, desde la perspectiva del estímulo, la defensa, la aprobación y la crítica.

RECONOCERTE A TI MISMO

Tenemos que capacitar a cada persona para analizarse a sí mima desde todos los ángulos posibles, a salir de sí misma, a evaluarse de forma objetiva y aceptar el hecho de que puede mostrarse bajo apariencias diferentes. Uno tiene que aprender a aceptar a todo el mundo: ayer era así y hoy es diferente. Es muy importante interiorizar que la percepción del mundo depende de mí, de mi estado de ánimo, de mi nivel evolutivo y de que puede cambiar por completo. Lo que se me permite a mí, también le está permitido a los demás. Pero todo esto requiere de un estudio muy serio.

Por cierto, la percepción de los niños es mucho más flexible que la de los adultos. Deberíamos simplemente inculcar sutilmente en ellos un "ligero" punto de vista de las cosas y lo aplicarán correctamente. Todo depende del criterio que podamos inculcarles sobre sí mismos, sobre el mundo y sobre otros.

— AU: Volviendo a la pregunta de las evaluaciones, cuando manejamos sus resultados hay un problema de confidencialidad. Dijimos que en un grupo pequeño de niños, nada debe ocultarse. ¿Entonces deberían ponerse sobre la mesa los resultados de las pruebas para debatirlos abiertamente?

— ML: Creo que la pregunta no debería plantearse de esa manera en absoluto. Si bordáramos el problema de forma integral, entonces todos los niños en todos los colegios del mundo pasarían varias horas al día analizándose, en debates internos y en el conocimiento de sí mismo. La mejor expresión es "conócete a ti mismo" porque a través de ti mismo percibes el mundo, comprendes quién eres y acorde con ello adquieres tu impresión del mundo. En un estado así no hay cabida para preguntar si debemos ocultar o no los evaluaciones.

Estas no son evaluaciones, son sólo un debate. Pueden mostrarse libremente en cualquier parte, incluso en televisión. ¿Qué es lo que hay que ocultar? Así es como actúan los niños y así es como piensan.

Creo que hoy en día los programas que más gustan a los adultos son los que tratan sobre ellos mismos. Se les llama *reality shows*. La gente se sienta en un escenario y habla de todo tipo de problemas.

No creo que los resultados y su análisis debieran convertirse en algo oculto. ¿Por qué hacerlo? ¿Qué secreto podrían guardar? De hecho ¿qué secreto podría tener una persona en general? ¿Los psicólogos no entienden esto?

La persona tiene tanto instintos animales como deseos sociales innatos y no deberían ocultarse. Al contrario, deberían ser revelados y debatidos. Una persona debe comprender lo útiles que pueden ser estos impulsos para él en relación con los demás y consigo mismo, para así poder evaluarse de manera correcta y llegar a sentirse bien consigo mismo.

En vez de ocultar las cosas, todo debería estar expuesto a todo el mundo para aprender de ellas. No se trata de hablar sobre alguien, sino un proceso general de aprendizaje para que cada persona se convierta en su propio terapeuta y así no tener que consultar a otros terapeutas más adelante.

— AU: Que por cierto, no ayudan a nadie en absoluto.

Estamos hablando del concepto de los procesos de grupo. Pero, ¿qué sucede si de repente le sucede algo a alguien y el educador se lleva al niño aparte y trata de averiguar lo que le sucedió en una charla íntima con él? ¿Esto tampoco tiene cabida en este sistema?

— ML ¡Rotundamente no! Hay que sacar al niño de la esfera de su individualidad e incluso referirse específicamente al grupo. Todo debería ser entendido como un fenómeno. Quizás ni siquiera debería ser analizado o abordado en el mismo día. Por lo tanto, el enfoque debería depender del nivel de preparación del grupo y de su grado perceptivo, de la capacidad de los niños para percibirse a sí mismos de formas diversas y de la capacidad de comprender que "todo lo que sucede es una proyección de lo que somos".

— AU: Hay dos enfoques conceptuales, uno es actuar siguiendo un guión dispuesto de antemano y el otro es proceder según se va desarrollando el proceso. Por ejemplo, el segundo enfoque se da cuando algo le acaba de suceder a un niño y discutimos lo que es relevante justo en el momento. ¿Es mejor actuar así o hacerlo de acuerdo a un guión previamente establecido?

A propósito, la pedagogía y la psicología discrepan radicalmente en esto. La psicología prefiere el proceso: "Si a una persona le está ocurriendo algo en el momento, entonces será de esto de lo que hablemos". Y los pedagogos dicen: "No, todo está ya planificado. Estudiemos de acuerdo al programa". ¿Cuál es la forma correcta de organizar este proceso?

— ML: Creo que todas las incidencias deberían ser grabadas. Hoy en día hay cámaras por todas partes – en las ciudades, en las calles y parques. Nosotros, también, deberíamos ponerlas en todas partes, en todos los sitios donde vayan los niños, incluyendo los colegios y sus patios de recreo.

Tenemos que intentar organizar sus relaciones y sus conductas, o dejar que sean los niños quienes propongan debates, tales como "Tengo una determinada relación con una persona o con otra. Yo pienso de esta forma y otros piensan de modo diferente, no están de acuerdo conmigo. Hablemos de ello".

A cada niño se le debería pedir que represente papeles opuestos, que ejerza el papel de la derecha, el de la izquierda y el neutral: "Tengo razón" y luego "Estoy equivocado", es decir "me convierto" en otra persona y desde allí me observo a mí mismo y argumento o lo juzgo. O si soy una "una persona neutral", actúo como un jurado en la sala.

Pienso que estos debates son el factor más importante en el proceso de formación de una persona porque le permite desarrollarse internamente. Amplían el conocimiento de sí mismo. Aprende lo siguiente: "Yo puedo ser de una manera y el mundo puede ser completamente diferente en función de la visión que yo tenga de él y sucede lo mismo con otras personas". Todo se vuelve polifacético, fluido y relativo. Y el mundo es realmente así.

— AU: ¿Podemos profundizar en esto? Por ejemplo, supongamos que tenemos prevista una reunión en la que hemos planeado hablar sobre algún fenómeno en el mundo, pero uno de los niños llega con un ojo morado. ¿Qué hacemos? ¿Seguimos con el debate según lo previsto, digamos sobre las mariposas, o nos centramos en su hematoma y hablamos de ello?

— ML: ¿Deberíamos comentar de forma conjunta e inmediata con él lo sucedido? Pero no sabemos si será capaz o no de salir de su estado y razonar sobre ello. Quizás debería abordarse de otra manera: no prestamos ninguna atención a su hematoma y mantenemos una actitud de "y qué" hacia ello. Es decir, le aceptamos tal y como está: "Esto es asunto tuyo. Resuélvelo tú mismo. Para nosotros tú eres una persona normal. Ahora mismo estamos hablando sobre mariposas. ¿Puedes hablar con normalidad después de haberte peleado, o estás totalmente nervioso y perturbado?"

De este modo seguiremos prestando atención a lo que le está sucediendo, pero desde el lado opuesto. Aquí todo depende del educador; no te puedo dar ninguna fórmula. Pero esto tiene que valorarse desde el punto de vista pedagógico: hasta qué punto esto puede facilitar el análisis de uno mismo y del mundo. Quizá debería hablarnos ahora sobre las mariposas, después de haberse peleado en la calle. O quizás sea lo contrario: para apartarlo de sus pensamientos que distrajeron al grupo e impidieron que se conectara a él, debiéramos asignarle alguna tarea o papel especial y hacerlo sentir como un héroe y de esta manera lo llevamos hacia un estado completamente diferente. O, fijándonos en su ejemplo, demostrar cómo un solo incidente nos ha distraído a todos del tema a tratar. Es decir, que nos ha desbaratado casi todos nuestros planes. Un educador debe valorar todo esto y decidir.

ENCUENTRA TUS PROPIAS RESPUESTAS A TUS PREGUNTAS

— AU: La Psicología atribuye una gran importancia a dos conceptos llamados "mensajes contradictorios" y "mensajes directos". Un ejemplo clásico de mensaje contradictorio es contar un chiste, mientras que un mensaje directo es responder la pregunta de un niño de manera formal y directa. ¿Cuál es la mejor forma de interactuar con los niños? ¿Contestar directamente o hay lugar para chistes y juegos?

— ML: Lo mejor es que alguien haga una pregunta y que luego pueda encontrar la respuesta por sí mismo. Cuando un niño te hace una pregunta, podría no tratarse de una pregunta en absoluto, sino una forma de distraerte o distraerse, o puede que la pregunta ni siquiera se la haya planteado él sino que la haya escuchado en algún sitio.

Una pregunta es una necesidad de recibir cierta satisfacción cognitiva o sensorial. ¿Existe esta necesidad en él? ¿Se ha generado en él o no?

Por lo tanto, el mejor enfoque es llevar a un niño —o a cualquier persona, en realidad— a un estado en el que encuentre por sí mismo la respuesta a su pregunta. Esto quiere decir que realmente ha madurado internamente como para recibir la respuesta, para comprenderla plenamente, para asimilarla y después, aplicar las conclusiones a las que llegó por sí mismo.

Por lo tanto, yo nunca le daría respuestas a   nadie. Es precisamente mediante todo tipo de debates, juicios, discusiones, conversaciones y foros que los niños mantienen entre sí, apoyados por los educadores, además de excursiones a diferentes sitios, seguidas de debates sobre lo que vieron y de cómo y por qué cada uno vio las cosas de diferente manera, que los niños aprenden a hallar sus propias respuestas. También escuchan las preguntas que otros formulan y esto suscita preguntas en ellos. Desarrollan aquellas preguntas, las entienden y encuentran respuestas a ellas. Este planteamiento amplía la percepción del niño y genera en él un mundo abierto, mediante el cual experimenta el mundo externo de forma correcta, de un modo polifacético.

— AU: ¿Así es como esencialmente un niño pasa por el proceso de auto comprensión y auto análisis?

— ML: Sí, debatiendo las cosas con los demás. Una persona nunca puede conseguir nada sola, mediante el logro personal. Tiene que integrarse con los demás. Es precisamente la diversidad y contrariedad de opiniones que acumula lo que impulsa el desarrollo de sus capacidades perceptivas.

NO TE "ARRASTRES" POR LA VIDA

— AU: Otro concepto importante en psicología es "el ciclo de la experiencia", la preparación y elección de una conducta, el acto mismo y la realización e integración de la experiencia resultante.

¿Qué importancia tiene asegurarse que los proyectos iniciados por los niños lleguen a su conclusión? Si los niños empezaron a hacer algo ¿deberíamos animarlos para concluir el proceso?

— ML: ¡Terminar las cosas es un deber! Y durante el proceso todo debe estar descrito, grabado, completado y documentado. Se deben sacar conclusiones muy claras de todo ello que deberían ser muy concisas para que todo el mundo las pueda comprender, incluso cuando se expresan con pocas palabras.

De ese modo capacitamos a un niño para exigir que toda situación de la vida se convierta en algo concreto y real. Más tarde esto les será de gran ayuda para garantizar que ellos mismos no se "arrastren" por la vida, sino que siempre usen sus experiencias al máximo y aprendan de ellas.

Los niños salieron de excursión y después tuvieron un debate. Quizás crearon algún nuevo marco de referencia con nuevas normas de comportamiento para ellos mismos. Todo esto tiene que ser documentado y los debates deberían ser breves. Lo más importante es la conclusión. Esto hace que una persona sea práctica y la capacita para desempeñar cualquier tipo de actividad en la vida.

— AU: La identidad profesional de una persona es una parte en extremo importante de su identidad general. ¿Debería un niño hallar su identidad profesional también en este grupo?

Quiero decir, los niños se sientan y deciden: "Tú Juan, te iría mejor ser fontanero. Y tú serás un buen científico…" ¿Debería un niño resolver este tipo de cuestiones en el marco grupal también?

— ML: Si no hacemos que un niño se desarrolle en conexión con otros, entonces nunca apreciaremos cuáles son sus tendencias. Eso es así porque por sí misma, una persona es un pequeño animal. Sus inclinaciones se expresan precisamente en sus conexiones con la sociedad, con el entorno que le rodea.

Cualquier forma de actividad que desarrollamos está enfocada a la conexión entre nosotros. Incluso si estoy estudiando las mariposas, quiere decir que de alguna forma la sociedad "me encomienda" esa actividad. Tengo que comprender lo relevante que soy, el hecho de que alguien necesita que esto sea así.

En primer lugar tenemos que pasar varios años estudiando con niños de entre cinco o seis años hasta la edad de diez u once años. Esto implica conseguir que se incluyan unos en otros, así como visitar diversos lugares –industriales, científicos, médicos y sociales—, que progresivamente les harán comprender las diversas áreas en que se desenvuelven las actividades de las personas.

Todas estas salidas van seguidas de un debate posterior y toda la información debe registrarse. Cada niño escribirá una pequeña crónica, a través de la cual empezaremos a ver las tendencias del niño y a percibir sus inquietudes. Por ejemplo, le podría gustar conectar y e instalar cañerías, así que quizás se convierta realmente en fontanero. O quizás está interesado en cómo curar a las personas. O le gusta coleccionar plantas o mariposas y así sucesivamente.

En función de cómo describe lo que ocurre –desde la óptica de la física o las matemáticas, o bien impregnado de sensibilidad- seremos capaces de ver sus tendencias, tanto hacia las humanidades como hacia materias concretas. Progresivamente todo se irá clarificando y los debates constantes harán que emerja a la superficie lo más destacado: yo en relación a los otros. Esto es la profesión de una persona.

Al fin y al cabo lo que implica una profesión es: "El servicio que yo presto de alguna manera a otras personas y a la sociedad". Esto define mi sitio en la sociedad, mi salario y mi posición. Sólo puedo encontrar ese sitio después de muchas discusiones, impresiones y sensaciones obtenidas de todo cuanto me rodea.

El hecho de sólo preguntarle a un niño "¿quién quieres ser?" es un enfoque incorrecto. Pero entre los cuatro o cinco años y hasta la edad de once o doce (no más tarde) ya podemos ver la inclinación de una persona con absoluta claridad.

Una buena edad para comenzar los estudios universitarios son los trece años. Creo que como parte de nuestro sistema educativo, alrededor de los trece años, un niño debería empezar a estudiar un programa universitario. A los diecisiete o dieciocho años debería graduarse de la universidad, obteniendo así lo que hoy en día se llaman estudios superiores. Después de ello será apto profesionalmente para ejercer una tarea específica.

Un niño debe ser educado para desarrollarse él mismo, para observarse a sí mismo y a los demás y cómo comunicarse con ellos. Pero lo más importante es enseñarle a comprender el mundo en el que vive. Una persona tiene que entender cuál es su esencia y su meta en la vida.

La educación integral, global, o mejor dicho, la formación, desarrollan tanto a una persona, que no le resultará difícil estudiar cualquier tipo de disciplina científica. Eso es así porque en primer lugar, la gente le habla sobre el mundo como un todo, sobre la Historia General y sobre el sistema global mundial. Y en segundo lugar, les explican que la Física, la Biología y la Química son fragmentos de un inmenso sistema global: la Naturaleza. No seremos capaces de entenderla y asimilarla de una sola vez, pero podemos asimilarla por partes. Si cortas una gran tarta en pequeños trozos, puedes ir comiéndote la tarta. Pero no puedes consumirla de una sola vez. Esto es lo que son las diferentes disciplinas científicas por separado, como cuando estudiamos biología, que estudia la materia viva a partir de la célula, los tejidos y así sucesivamente.

Un niño se vincula con el estudio como con un campo específico que no le resulta tan intimidatorio. Observa todo desde fuera. E incluso si profundiza más y más, no se pierde ni acaba confundido con ello: "¿Dónde estoy yo y dónde está sucediendo todo esto?" Lo ve todo de una forma objetiva. Puede aprehender todo el conocimiento en vez de sentirse abrumado por ello ¡y esto es fundamental para los niños!

A menudo veo cómo los niños se sienten abrumados por la enorme cantidad de información que volcamos sobre ellos. Cada día se encuentran con un sinfín de fórmulas, pasando de una lección a otra. Después de la clase de física, viene la de matemáticas, luego la de biología y después la de historia. El niño sencillamente se encierra en sí mismo y al final no asimila nada. Oficialmente termina el colegio y retiene algunas impresiones, pero la mayoría de ellas son de situaciones que ocurrieron durante los recreos más que en la propia aula.

Lo importante es precisamente este enfoque integral y global que le revela el mundo a una persona. Los niños tienen que comentar las lecciones ellos mismos así como la forma en que se imparten, además de todas sus excursiones y sus impresiones sobre todas estas cosas. Desde una edad temprana, los niños deberían tener la oportunidad de participar en el mundo de una forma correcta, ir a distintos eventos al menos dos veces por semana para conocer cómo funcionan las cosas: a un aeropuerto, un hospital, un almacén, una enfermería, las residencias de ancianos, a las fábricas y así sucesivamente. De esta forma los niños sentirían que se están preparando ellos mismos para el mundo real.

Los niños estudian en el colegio y al mismo tiempo aprenden sobre el mundo exterior. Se les muestra el tipo de conocimiento que es necesario para vivir en él. Así es como se clarifica la tendencia profesional de uno, así como su actitud hacia el mundo. En un colegio normal a los niños simplemente se les obliga a estudiar. Pero en nuestro caso ya entienden por qué necesitan este conocimiento.

Y aunque incluso no necesite saber realmente cómo se hace el yogurt, sí sé que necesito yogurt y eso significa que me interesará ver cómo se hace. Al fin y al cabo, alguien lo producirá, mientras tanto yo me dedicaré a los motores, por ejemplo. ¡Esto significa mucho! No necesito ser un médico, pero sé por qué y cómo funciona un hospital.

Lo fundamental es enseñar a los niños que formamos parte unos de otros y que todas nuestras profesiones existen en pro de la creación de la interacción social correcta. A partir de aquí mostrarán una actitud muy serena hacia sus estudios. Los niños no se sentirán molestos ni asustados ante la perspectiva de iniciar sus estudios universitarios a los trece años, incluso considerando que son niños normales y de ninguna forma excepcionales. Simplemente han ampliado sus limitaciones, su actitud hacia el mundo, de modo que el mundo no les asusta. Lo fundamental es sobreponerse al miedo.

EL GRUPO DEBE SER HOMOGÉNEO

— AU: Actualmente el proceso de educación y enseñanza académica está estructurado en ciclos sucesivos, de forma que si un niño queda fuera del ciclo, en alguna fase, por una enfermedad o por alguna otra circunstancia, a menudo es muy difícil o incluso imposible para él reincorporarse.

¿Es el método del que estamos hablando abierto? Es decir, ¿puede un niño empezar a participar en él en cualquier momento? ¿O deberíamos asegurarnos que el nivel de preparación de los niños sea aproximadamente el mismo?

— ML: ¡Sin duda tenemos que tomar en cuenta el nivel de preparación de un niño! Si un niño se enfermara o le sucediera algo que le obligue a ausentarse por un tiempo, entonces tenemos que hacer que todo el grupo, que toda la clase, sea partícipe de ello. Es mejor no llamarla "clase" porque crea una asociación negativa con la clase social, con algún tipo de segregación. Un grupo hace referencia a algo más acogedor, un marco donde todos son amigos y son iguales. Siempre que una persona quede rezagada, todo el grupo debería apoyar a su amigo.

El grupo debería ser más o menos homogéneo. E incluso si alguien se une a él después de haberse formado el grupo, sólo debería hacerse cuando no haya otras opciones y habiéndolo valorado cuidadosamente. Será necesario darle a ese niño un tiempo de preparación, impartirle un "curso intensivo", para que pueda incorporarse al ritmo y al método general y pueda entender la actitud del grupo ante la vida. Y esto no es fácil de hacer.

Pero hemos tenido casos de niños procedentes de entornos externos que se han unido al grupo con éxito. Pasan por una etapa algo conflictiva, pero lo superan y se convierten en parte del grupo.

Aun así creo que este período traumatiza tanto al niño como al grupo. Y queda claro lo difícil que esto es para todos y para él. Deja una cicatriz que permanece pase lo que pase.

Entendemos que la vida es la vida y que estamos en una fase de transición del mundo egoísta al mundo integral, pero tenemos que intentar proteger a los grupos que estamos creando y dirigirlos con cuidado para que estén abiertos a todos, pero abiertos precisamente porque sus miembros se conocen y se entienden entre sí. Sin embargo, es muy difícil para ellos permitir que simplemente alguien se una.

¿DENTRO DE LAS AULAS O AL AIRE LIBRE?

– AU: Cuando nos referimos a este método, subrayamos que el mejor resultado se obtiene cuando un niño pasa por todas las etapas del desarrollo comenzando con una concepción correcta, pasando por el período prenatal, seguido por el período de lactancia y así sucesivamente.

— ML: Y es así como está organizada la Naturaleza. ¿Te das cuenta cómo empieza? Evolucionamos a partir de una gota de semen y tenemos que considerar esto también en nuestro desarrollo posterior.

Examina las primeras sociedades primitivas: un niño crecía y de forma natural era incluido en el proceso de la vida. Cuando alcanzaba una cierta edad, podía mezclarse con los adultos. Según crecía, iba participando cada vez más en sus actividades. Así es como de forma natural se unía al proceso junto con sus coetáneos.

Pero lo que sucede con nosotros es que llevando a un niño al colegio, le separamos de la vida que le rodea, creando unas condiciones artificiales y desagradables. Y además, prolongamos el ciclo de estudio escolar. Empezando a la edad de seis años los sentamos detrás de un pupitre por los siguientes doce años. Cuando yo era niño sólo había diez cursos. Y tan pronto como los niños terminaban el colegio, tenían que ir a la Universidad. Y después de ésta había estudios complementarios. El resultado final es que una persona no es participe de la vida social en su más amplio sentido y sólo a la edad de veinticinco, incluso a veces a los treinta, es cuando se une al sistema común.

Hay que organizar las cosas de tal forma que el estudio esté totalmente integrado con su participación en la vida de la sociedad. Y eso no debería ocurrir cuando el niño ya se ha convertido en un adulto (teniendo en cuenta que a los dieciséis o diecisiete años ya se es un adulto), o cuando termina el ciclo escolar y es arrojado a la vida, sin saber lo que ésta es. Ello le lleva a estar bajo una enorme presión.

Hasta ahora al niño se le perdonaba todo, cualquier cosa que hiciera era digna de alabanza y todos hacían todo por él: aquí tienes la comida en la mesa, ropa limpia y algún dinero para gastar. Durante muchos años recibió un servicio completo y de repente se le dice: "Ve, haz todo por ti mismo y gánate la vida". Pero nadie le preparó para ello. Lo llenaron con algún tipo de conocimiento inútil (en el mejor de los casos, porque pudiera ser que se limitara a estar sentado en clase durante años sin ni siquiera escuchar).

¡Todo este tiempo debería emplearse para educar a una persona en sociedad! Pero esto no se está haciendo. A una persona se le enseña artificialmente entre las cuatro paredes de alguna institución de enseñanza y después de ello en distintos clubes y equipos, que a su vez también son artificiales. Esto no es suficiente. Tenemos que dejarle que tome parte en el trabajo real.

Tenemos que hacerle sentir como un adulto mucho antes de que realmente lo sea y antes de que entre en la vida adulta.

Yo abriría una cuenta bancaria para los niños a partir de una determinada edad y les contrataría para hacer trabajos sociales por los que recibirían un salario. Esto es, deberían comenzar "el juego de la vida" de la forma más parecida posible a la realidad. El beneficio de esto sería enorme, tanto para ellos como para la sociedad. Comprenderían mejor a sus padres y desarrollarían el sentido de la responsabilidad. Así es como logramos hacer un ser humano.

— AU: En la Rusia Soviética había un educador llamado Makarenko que trabajó con niños de la calle y delincuentes juveniles. Él es relevante por haber demostrado que la corrección de un niño sucede bajo la influencia de una actividad constructiva y creativa. Bajo su supervisión los niños ensamblaban las cámaras FED, que fue lo único que le dio algún tipo de resultado.

En el marco de su sistema educativo, ¿pueden los grupos de niños o niñas formar parte de algún proyecto, crear ciertos valores y ganar dinero por ello?

— ML: Los proyectos en los que trabajen deben ser necesarios. Les dejamos grabar cosas, después editar el vídeo y los materiales de audio, así como trabajar con textos sobre educación y enseñanza.

Por un lado, esto les convierte en expertos: aprenden a trabajar con ordenadores, material de vídeo y de audio y con textos. Trabajan con los contenidos y publican los resultados de su trabajo en Internet. Y en el proceso de trabajo, en la creación de estos materiales, adquieren habilidades específicas que más adelante les serán de ayuda en su campo profesional. Además se vuelven creativos.

Por otro lado, esto les ayuda a comprenderse a sí mismos. Esto es así porque los niños están trabajando con su propio material y lo experimentan en ellos mismos.

Por ejemplo, visitaron una fábrica, luego un planetario y después un hospital. Tienen que filmarlo todo, debatir sobre ello y editarlo. Así que tienen bastante para mantenerse ocupados. No tenemos tiempo para darles cualquier tipo de trabajo "irrelevante". Esto se parece a lo hacíamos en el colegio cuando era un niño. Teníamos una clase llamada "manualidades" y era una clase que me gustaba mucho. Este tipo de actividad desarrolla a una persona.

Además, realizamos grandes eventos de unidad durante los cuales los niños trabajan junto a los adultos. Esto les motiva muchísimo y les permite sentir que estar junto a todos los demás es importante. Así es como trabajan y así es como está organizada la vida.

EL GENERADOR DE ENERGÍA ES LA RECOMPENSA

— AU: Supongamos que un grupo de niños realizara y terminara algún tipo de proyecto. ¿Deberíamos premiarlos de alguna forma? ¿Puede un adulto elogiar a un niño?

— ML: ¡Por supuesto que puede! Nos aseguramos que esto sea así siempre que los adultos se juntan para algún tipo de encuentro en el que los niños participan conjuntamente con ellos. Pedimos a los niños que suban al escenario y de forma cariñosa les damos las gracias a ellos y a los educadores. Se ponen frente a nosotros, junto a sus educadores, mientras les aplaudimos y les decimos que les "admiramos", por así decirlo.

— AU: Es decir, se ganan el reconocimiento social.

– ML: ¡Indudablemente! ¿¡Cómo si no!? Debe haber un premio. Es la energía que impulsa a la persona a seguir adelante. Si una persona no es recompensada ¿cómo continuará trabajando?

— AU: Supongamos que observo las cosas desde la óptica de un experto (a espaldas del instructor) y veo que un niño ha hecho algo muy bien y ha superado una situación difícil. ¿Puedo ir hacia él, felicitarle y decir: "¡Buen trabajo, eso me ha gustado de verdad!?" ¿O debería abstenerme y dejárselo al grupo?

— ML: Se puede hacer. De hecho yo mismo lo hago también. Pero la cuestión es que ha de hacerse cuidadosamente, de una forma amistosa y de manera que no suscite vanidad. Existe el riego del orgullo, de hacer que el niño se sienta superior a los demás porque entonces podría empezar a mandar a las personas que hay a su alrededor, pensando: "Ahora sé cómo deberían funcionar aquí las cosas". Todo depende del grado de preparación del niño y de las circunstancias.

— AU: En el transcurso de los últimos cien años, la Psicología ha desarrollado un método de toma de conciencia y de trabajo con las emociones "negativas", tales como el rencor o el sentimiento de culpa. ¿Tiene algún sentido develarle a un niño cómo funciona este mecanismo para que así sea capaz de superar su susceptibilidad, por ejemplo? Esto es también un mecanismo conductual. Si un niño sabe cómo funciona, quizá pueda ser más fácil para él corregir este defecto o usarlo constructivamente.

— ML: Sin duda debatimos y les explicamos a los niños las razones por las que emergen emociones negativas. Pero intentamos no acatar las doctrinas de hoy en día porque mañana éstas cambiarán. En lugar de ello, simplemente señalamos los fenómenos que resultan de forma natural a través de nuestras observaciones. Esto es lo más importante. No se le dictan fórmulas preestablecidas al niño, sino que las buscas junto a él: "¡Caramba! Mira cómo suceden las cosas en la vida". Y conjuntamente con él descubres lo dependiente que es de algunas de sus cualidades y de cómo las expresa.

Desde este punto de vista, verdaderamente me gustan los museos de ciencias naturales donde el niño puede realizar pequeños experimentos, observar algunos fenómenos que él mismo pone en marcha y observar los resultados. Quizás ocurra algo inesperado y después obtenemos una explicación de por qué sucede esto en la Naturaleza

Después el niño puede anotar lo que observó y ahí tienes una lección de física. No necesitan aulas, ni sentarse delante de un aburrido profesor, una pizarra, ni siquiera una pantalla de ordenador. Esta es la mejor forma de aprender siempre que sea posible. Pero si no tenemos esta posibilidad, existe la opción de ver las muchas películas científicas que hay. Pero siempre es mejor hacerlo en la vida real y debatir sobre ello después.

LA VERDAD SOBRE LA VIDA NO ES TAN TERRIBLE

— AU: ¿Hay algunas normas asociadas a la edad? Por ejemplo ¿deberían los niños de entre nueve y doce años recibir más información sobre el reino animal, mientras que a los de más edad es mejor hablarles sobre los fenómenos sociales?

— ML: ¡Desde luego que sí! ¡Es algo natural! A cada edad las mismas cosas se estudian de modo diferente. Los niños están más familiarizados con las plantas y los animales que los adultos porque están más cerca de ellos. Por supuesto, todo depende de la edad.

Por ejemplo, recientemente, llevamos a un grupo de niños a visitar una fábrica que produce medicinas. ¡Esto es muy interesante! En este proceso intervienen la física, la química, la biología y la mecánica. Incluye el procesamiento de materiales y también el discernimiento de qué ingredientes son necesarios para cada medicamento y por qué.

A primera vista la fábrica parece un pequeño edificio, ya que las plantas farmacéuticas no suelen ser grandes. Todo allí funciona de forma automatizada y se van añadiendo los ingredientes uno a uno. Después se mezclan, las píldoras se producen en masa y salen pre-envasadas. Luego los trabajadores que hay allí te indican para qué enfermedades se prescriben estas medicinas: cuáles son para el dolor de cabeza y cuáles para otras cosas. Y todo se presenta de forma práctica.

Los niños se forman la impresión correcta de esta experiencia. Inmediatamente entienden que hay una enorme variedad de profesiones implicadas en este proceso, integradas unas en otras, incluyendo la mecánica, la electrónica, la química, la biología y más.

Sin embargo, esto no es adecuado para niños pequeños. Es más apropiado para un adolescente responsable.

— AU: Observamos un suceso curioso cuando preguntamos a los niños entre nueve y trece años si querían ir de excursión a una cárcel…

— ML: A eso me iba a referir ahora. No sólo deben aprender de los fenómenos positivos. Tenemos la intención de llevar a los niños a las cárceles y centros de rehabilitación. Sin duda se les deben mostrar ¡y hay que hacerlo a menudo! Los niños tienen que retener las impresiones de todas las facetas de la vida, para crear así una predisposición diferente ante las cosas.

Al fin y al cabo, todo el problema radica en que el niño no siente las consecuencias de sus acciones negativas. Si las conociera de antemano, entonces podríamos tratarle como a un adulto.

¿Por qué mostramos una actitud tan indulgente hacia los niños? Porque ellos no pueden ver o prever su futuro. Por esto decimos que no podemos responsabilizarles de sus actos.

Pero cuando un niño observa las consecuencias negativas de las acciones perniciosas de otro, como cuando una persona es confinada en la cárcel o está enferma o no puede dejar su adicción a las drogas o al alcohol, y ve lo que le acaba pasando a esa persona (a uno le sale un cáncer de pulmón por fumar, otro muere al caerse desde un tejado), así, mediante los ejemplos de otros, podemos enseñarles y decir: "Consideren las consecuencias". De este modo evitamos que repitan estas conductas erróneas.

No hay que empezar a tratarlos como adultos después de ver estas cosas. Sino que ya se habrán hecho adultos.

— AU: ¿A partir de qué edad podemos empezar a implicar a un niño en este proceso de observación de conductas negativas, tales como llevarles a un centro de traumatología infantil donde haya niños hospitalizados de su misma edad y condición?

— ML: A la misma edad que la de los niños hospitalizados. A la edad de cinco o seis años ya comprenden esto. "Mira a ese niño. Deja que te diga lo que hizo. Saltó una valla y ese de ahí se subió a un tejado. Aquel fue atropellado por un coche y ahora yace ahí con un brazo o una pierna heridos". ¡¿Se da cuenta cuán importante es esta lección para la vida?! Sin duda hay que tener cuidado con las lesiones graves como en las que se puede perder un ojo o una pierna. Esto hay que hacerlo de forma muy progresiva, pero con el tiempo se les debería mostrar todas las consecuencias negativas.

Y cuando sean un poco mayores, pueden visitar los pabellones de maternidad y así sucesivamente. Es decir, tenemos que mostrarles todo sobre la vida de forma apropiada. ¿Qué lograremos con esto? Esto les ayudará a relacionarse correctamente y a posicionarse con propiedad frente a todas estas consecuencias.

– AU: Creo que en este punto muchos padres peguntarían, ¿No asustaremos o incluso paralizaremos a un niño con esta cruda realidad?"

— ML: Pero no le estamos hablando a un niño a partir de la nada: "Hoy vamos de excursión a un hospital y vamos a ver piernas y brazos rotos". Nuestros niños están inmersos en un proceso educativo constante, en un proceso continuo de conocimiento sobre sí mismos y el mundo y en un incesante estudio de todo cuanto les rodea. Por eso somos capaces de ver el orden en que podemos ir mostrándoles las cosas para que lo puedan percibir de forma adecuada.

APRENDIENDO A VIVIR DE LA VIDA MISMA

¿Qué es lo que esperamos de las visitas a estos lugares? Los niños deberían identificarse ellos mismos con la persona o con el fenómeno que les mostramos, tanto positiva como negativamente. Deberían sentirse involucrados. Entonces habremos conseguido un efecto positivo, incluso por visitar una cárcel, por ejemplo. Una persona quiso robar o quebrantar alguna una ley y esto es lo que le ha ocurrido como consecuencia.

— AU: Digamos que los niños fueron a un hospital y observaron algún fenómeno negativo. ¿Cómo es procesada esta información y cómo son elaboradas las conclusiones?

— ML: Normalmente sostenemos debates. Volvemos del hospital donde hemos filmado todo y grabamos todo en el mismo día, para dedicar toda esa jornada a ese mismo tema. Además, antes de la salida tenemos una sesión informativa, donde enseñamos y decimos a los niños lo que van a ir experimentando. En el hospital un médico o guía especializado nos explica dónde estamos y qué le ha pasado a cada quien. Nos acompaña a ver a los niños que están hospitalizados y nos explica qué tratamiento están recibiendo y también lo que les está pasando. Los propios niños también cuentan lo que les ha sucedido. Lo grabamos todo en vídeo y cada uno de los niños toma sus apuntes. Incluso les proporcionamos batas blancas y en general todo transcurre de forma atractiva y fascinante.

Cuando regresamos comenzamos a hablar de todo este proceso, pero desde una perspectiva más amplia: por qué existe el hospital, cómo funciona, en qué se especializa cada médico, cómo llegan hasta allí los niños y así sucesivamente.

Pero lo fundamental es que también ven el servicio que presta todo el personal del hospital, los médicos, enfermeras, auxiliares, así como los fármacos y así sucesivamente. Les enseñamos cómo la humanidad depende de diversas profesiones y formas de actividad y cómo todo esto se reduce en ayudar a la gente. Pero por otro lado, ven que una persona tiene que cuidarse a sí misma para no acabar en un hospital, convertida en una carga para los demás que ahora tienen que cuidarle.

Tenemos que pensar sobre qué podemos hacer para no convertirnos en una carga para los demás. Esto en sí mismo ya es una conclusión correcta: cuando quieras subirte a un sitio peligroso, primero piensa que no sólo serás tú el que se rompa una pierna, sino que otras personas tendrán que cuidarte. Y esta es una carga "pesada" de llevar. Esta es una buena conclusión a la cual llegar.

EL PREFERIDO DEL PROFESOR

— AU: En el proceso de la interacción con niños, normalmente uno de ellos se convierte en el "preferido" del profesor. Es decir, los profesores suelen sentir preferencia por unos niños más que por otros. ¿Cuál es la forma correcta de manejar esta situación?

— ML: ¡Los instructores no pueden hacer eso! Si lo hacen, entonces no son instructores. Además, debemos inculcar en los niños una percepción absolutamente integral del grupo y del mundo. ¡Nadie puede ser mejor que otro! La Naturaleza nos creó a todos por igual, sólo tenemos que aprender a utilizar nuestras tendencias y cualidades correctamente. Esto es una condición necesaria para la interacción integral. Es lo que la Naturaleza nos exige.

Precisamente porque somos tan diferentes, la conexión entre nosotros genera un mundo tan polifacético y hermoso. Por ello nunca debiéramos eliminar ningún atributo de nadie sólo porque creamos que no es apropiado.

El único patrón que existe es el de proporcionar la educación adecuada a cada persona. Después cada uno encontrará su lugar adecuado en la sociedad y tendremos el mosaico completo: una sociedad en armonía.

— AU: ¿Esto quiere decir que mi simpatía o antipatía hacia una persona es sólo una proyección de mis propios problemas?

— ML: No ¡esto no debería ocurrir en absoluto! Si sucede, entonces esa persona no puede ser un instructor. Éste tiene que controlarse y trabajar en ello constantemente.

— AU: ¿Cómo debería trabajarlo?

— ML: Debe trabajarlo consigo mismo individualmente, así como con otros instructores, para aprender a tratar al mundo de forma integral. Integralmente significa que en mi actitud hacia el mundo, no clasifico a las personas por sus cualidades externas. Inicialmente las veo – así como a mí mismo – como seres creados correctamente y con los que sólo tenemos que conectarnos de la forma adecuada. Entonces todo saldrá bien.

Verá que no hay nada pernicioso en nadie, sean cuales sean sus tendencias, siempre que se utilicen correctamente. Estos son los principios fundamentales de una sociedad integral y creo que la humanidad llegará a comprenderlos.

—AU: ¿Tiene algún sentido aplicar los fundamentos desarrollados por la Psicología Materialista a un grupo de niños?

– ML: La Psicología Materialista se encuentra de forma natural en los cimientos de nuestro enfoque del mundo. Simplemente no aceptamos sus cánones como inamovibles y sagrados. Cuando empezamos a trabajar en la educación integral en nuestros grupos, observamos que emergen nuevas leyes, conexiones y normas. Y éstas también cambian. Mediante el estudio de estas leyes y conexiones, desarrollamos progresivamente un nuevo conjunto de reglas para el comportamiento de una persona en una sociedad integral, porque nos hemos topado con esta sociedad de forma involuntaria y desconocemos sus leyes. Tenemos que aprender a vivir de la vida misma.

Espero que la humildad poco a poco se adapte a las nuevas leyes naturales con las que nos hemos encontrado y trataremos de ayudar a quien quiera que desee hacerlo.

EL EDUCADOR COMO DIRECTOR DE ESCENA

- La apariencia variable del educador
- Rotaciones, dinámica y creatividad
- Convierte el mundo que te rodea en una "una madre"
- ¿Hay que supervisar al educador?
- El educador como el Director de escena
- La edad anterior a los nueve o diez años es crítica
- Los niños son los educadores de la próxima generación
- Los padres y madres no deberían ser educadores
- ¿Quién puede ser un educador?

— AU: Quién es el "educador"? ¿Cómo debería ser preparado y cómo debería relacionarse con los niños y los padres?

— ML: En el sentido común de la palabra, un educador es aquel que instruye. Es decir, hay una serie de instrucciones precisas y él se encarga de que éstas se cumplan al pie de la letra.

Sin embargo, en nuestro caso estamos proporcionando una educación a los niños. Esto significa que hacemos lo contrario: ofrecemos a una persona la posibilidad de que encuentre todo por sí misma; alcanzar, tocar, oler y saborear todo y después llegar a sus propias conclusiones de forma independiente. Esto es lo que hace el educador.

— AU: ¿Incluso si el educador es sólo tres años mayor que el niño con el que está trabajando?

— ML: Esto no importa. Lo eleva, lo ayuda a encontrar perspectivas, en vez de simplemente cumplir las instrucciones. La palabra instructor hace alusión a algo rígido y de carácter militar, por así decir, mientras que educador es un concepto mucho más flexible.

LA APARIENCIA VARIABLE DEL EDUCADOR

— AU: Si un educador prefiere a unos niños más que a otros ¿esa persona no debería ser un educador?

— ML: En ese caso tiene que empezar a trabajar sobre sí mismo rápidamente (en la medida de sus posibilidades), o de lo contrario debe apartársele de este grupo de niños.

Cuando trabaja con niños el educador cambia y evoluciona constantemente. Todos somos humanos, de modo que todos evolucionamos constantemente. Cuando trabajamos con otros, aunque uno ostente el título de "el educador", éste también "es educado", gracias a los demás.

Si el educador consigue utilizar su desequilibrio y trato desigual hacia los niños como material de trabajo personal y desarrolla una actitud equilibrada y equitativa hacia todos, eso es algo muy bueno. Sin embargo, en verdad es muy difícil. La mejor forma de abordarlo es crear un entorno en el cual su actitud no atraviese por cambios bruscos en ningún sentido.

— AU: Cuando describe a este tipo de educador, siento cierto paralelismo con mi profesión. Como psicoterapeuta no debo mostrar simpatía por las personas con las que trabajo. De lo contrario mi labor acabaría ahí. Sin embargo, sí tengo un grupo de supervisión donde me reúno con personas como yo, otros psicoterapeutas. Nos apoyamos mutuamente y resolvemos problemas que no puedo comentar con mis clientes. ¿Para el educador del sistema integral existe un grupo de educadores similares a él en el cual poder resolver sus dudas?

— ML: Los educadores se reúnen. Estudian constantemente con el fin de mejorar más y más, comentar sus dudas y resolverlas entre ellos. Aún más, estudian continuamente todo tipo de textos originales para así avanzar. Además de trabajar con niños, tienen que sintonizarse para seguir en la dirección correcta. Sólo después pueden ponerse a trabajar con un grupo de niños.

Antes de que un educador llegue al grupo, tiene que leer, escuchar y ahondar en algún material nuevo. En otras palabras, tiene que sintonizarse. No puede simplemente despertar y dirigirse hacia el entorno de los niños. Tiene que adoptar un aspecto determinado, crearlo dentro de él y sólo entonces puede entrar. Esto requiere preparación y un ajuste preciso en cada momento. Y esta sintonización precisa por lo general ocurre entre un grupo de educadores, profesores e instructores.

— AU: ¿Cuál es el atuendo que tiene que ponerse?

— ML: La imagen de una persona que está al frente de un sistema. Es como si no fuera una persona, sino un sistema que genera "un producto sin terminar" de cada niño.

El educador debe pensar constantemente en cómo "tirar" del niño y guiarle hacia la dirección necesaria mediante preguntas contrarias, influencias positivas o negativas, a través de otros y con la ayuda de la influencia colectiva en cada persona.

No sólo debería manipular a un niño de forma automática. Más bien debe buscar constantemente la mejor forma para que el niño actúe según la elección de una meta específica: así es como tengo que conectar con los otros; así es como tengo que posicionarme.

Lo fundamental es que deberían acumular el mayor número de patrones conductuales posibles —los más polifacéticos y contradictorios, positivos, negativos y los más diversos.

Después, mediante debates, juegos y relacionándose entre ellos, deberían entender qué modelo es el más apropiado y con cuál sintonizar, para ponérselo y en cual permanecer. Uno debería imaginar un estado en el que todos somos iguales y después quedarse con la imagen necesaria acorde con esa visión.

ROTACIONES, DINÁMICA Y CREATIVIDAD

— AU: Previamente dijimos que el número ideal de personas en un grupo debería ser entre ocho y diez a lo sumo, no con uno sino con dos o incluso tres educadores trabajando con ellos.

— ML: Creo que un grupo de diez niños con dos instructores es el conjunto ideal.

— AU: ¿Debería un instructor estar siempre con los niños o deberían rotar entre ellos?

— ML: Creo que deben rotar. Desde luego, los niños se sienten más cómodos con un instructor, pero acostumbrarse a las cosas los limita, creando patrones que se mantienen día tras día. En su lugar deberíamos continuamente "desconcertar" a una persona joven para que tenga que estar continuamente recomponiendo las piezas de su vida como si se tratara de un rompecabezas. Esto hará que tenga que encauzarse de una forma más precisa.

Tendrá que averiguar en qué dirección y en qué sentido debería posicionarse con respecto a los amigos y a los instructores y cómo debería actuar bajo las nuevas condiciones.

Es decir que tenemos que educarlo de modo que sea lo más flexible posible y mantener los instructores fijos no facilita esta tarea.

Pienso que con muchos educadores al mismo tiempo en un grupo grande, puede crearse esa sensación. Pero aun así es un espacio más bien limitado. El enfoque más adecuado es que todo varíe todo el tiempo, incluso el decorado, la combinación de niños y el instructor que está al lado de cada uno de ellos.

— AU: ¿De cuántos instructores estamos hablando en esta rotación? ¿Son diez personas o es una persona diferente cada vez que los niños se reúnen?

— ML: Lo más importante es que roten. Es mejor tener cuatro parejas de instructores que roten constantemente en un grupo de diez niños. Estos pasan de un grupo a otro y las parejas de instructores también.

Así habrá una alternancia suficiente del marco y se podrá observar la dinámica. Además, el grupo de niños también se combina.

Tienen que sentir que todos nosotros – todas las personas de la Tierra – formamos parte de una comunidad única, integral y global. Y realmente no me importa quién esté a mi lado, tengo que ser capaz de comprender a todo el mundo y establecer una relación con todos.

Debe haber las menores barreras posibles, ya sean cualitativas o cuantitativas, temporales o humanas. Las temáticas a su vez también deben variar constantemente. ¡Todo absolutamente debe variar!

Así una persona sentirá cómo suceden cambios continuos dentro de él. Se verá obligado a analizar constantemente el entorno, a él mismo, a los otros y a revisar los criterios que previamente parecían claros y válidos y a los que ya se había acostumbrado. El hábito no es bueno. Debe haber una creatividad incesante.

— AU: Esencialmente lo que usted acaba de sugerir es que se retiren todas las fuentes de las que depende la pedagogía.

— ML: Eso es porque así es más fácil para los pedagogos. Crean un escenario o sistema estancado para ellos mismos porque se sienten cómodos en él. ¿Pero qué espacio deja eso a la creatividad?

— AU: En ese caso ¿de qué fuentes beberá un niño? ¿De este sistema general?

— ML: Sí. ¿De qué otro modo puede funcionar? Hay siete mil millones de personas a mí alrededor y tengo que sentirme cómodo con todos ellos. Tengo que estar dispuesto a asimilar la totalidad de sus representaciones dentro de mí.

Si estoy dispuesto a hacer esto sólo con un grupo pequeño, entonces nunca podré salir de mi casa, del patio de recreo o del jardín de infantes. En principio, esto es lo que le está pasando a la gente hoy. Experimentan cosas agradables en su infancia y a veces en su juventud tardía (aunque para entonces su círculo de amigos se vuelve considerablemente más estrecho) y entonces no quieren ir a ninguna parte.

¿Por qué es tan popular la web *"classmates.com"*? ¿Qué es lo que atrae a las personas? ¡No tienen nada! Por eso sólo quieren regresar a sus patios de recreo y escuelas. ¿Por qué? Es porque allí tenían límites y se sentían bien. Así que piensan: "Seamos niños otra vez". En otras palabras, siguen siendo niños. Nunca crecieron. Y no recibieron ninguna herramienta para adentrarse en el mundo y encontrar en él sus puntos de referencia.

¿Pero en qué cualidades me fijo para seleccionar a mis amigos en *"classmates.com"*? Cuando era joven, era amigo de ellos. Pero hoy soy mayor y no tengo a nadie, así que vuelvo a ellos.

¿A dónde hemos llegado? Esencialmente, a ser una persona que nunca dejó su infancia y la echa de menos. ¿Pero qué clase de infancia fue? También estuvo limitada por el marco de un sistema rígido. El sistema no le enseñó a ser flexible, así que al menos quiere volver a él para sentirse bien. Es un pequeño elemento en una pequeña caja y se siente bien allí

— AU: Durante los tres primeros años de la vida de un niño, está al lado de su madre y en estrecho contacto con ella. De repente hay un cambio brusco cuando el niño comienza a relacionarse con otros. ¿Cómo podemos hacer más suave esta transición?

— ML: Ha sido dispuesto de antemano por la Naturaleza. Vemos cómo de pronto, a los tres años, el niño empieza a jugar con otros. Antes ni siquiera había notado la existencia de los demás. Todo lo que tenía era a sí mismo, su madre y su juguete. Eso era todo; no tenía ninguna iniciativa social.

Pero después comienza a sentir: "Quiero jugar con alguien". "Quiero mirar a esa persona y aprender a hacer algo juntos". Comienza a fijarse en otros niños. Esto sucede de forma automática y comenzamos a desarrollar este instinto tan pronto como aparece.

CONVIERTE EL MUNDO QUE TE RODEA EN "UNA MADRE"

— AU: Un niño siente la necesidad de volver a un lugar que ya conoce. Juega en algún lugar en principio neutral pero después quiere volver a sumergirse de nuevo en esa misma sensación. Los adultos también lo hacen.

— ML: Queremos volver con nuestras madres. Esto es natural. Forma parte de nuestra naturaleza. Pero ¿qué podemos hacer para que el entorno, que constantemente se expande ante nosotros, se convierta en nuestra "mamá"? Incluso aunque se expanda y absorba más y más imágenes externas ¿qué podemos hacer para que se mantenga tan agradable, tierno y acogedor como el útero en el que nos desarrollamos y al que seguimos anhelando, igual que un niño corre hacia su madre para esconderse debajo de sus faldas?

Tenemos que aprender a transformar el medio que nos rodea en un "útero". Si creamos un entorno que contenga los atributos de otorgamiento y amor, será como una madre.

En principio, esto es a lo que el gran mandamiento "Ama a tu prójimo como a ti mismo" se refiere. Fuiste creado con un instinto que permite sentir lo que es una madre – el lugar más seguro y acogedor del mundo. Puede que sea ya mayor, pero instintivamente anhelamos esta sensación igual que un niño.

¡Así que logren que el mundo sea así!

— AU: La gente realmente lo anhela. Lo que usted dice suena maravillosamente bien, pero no parece realista.

— ML: Eso significa que debemos pensar en qué hacer para que suceda. Además, nuestra naturaleza nos obliga a llevar esto a cabo de cualquier modo. El mundo ahora se está comenzando a revelar como un sistema integral y global. ¿Qué significa eso? Significa que el mundo nos está presionando para tratar a los demás como nuestras madres nos trataron a nosotros. Después juntos conseguiremos exactamente este estado de estar "en el vientre de la madre".

— AU: ¿Está diciendo que la globalización que asusta a la gente en realidad es una "mamá grande y cariñosa" saliendo a nuestro encuentro?

— ML: Esto es una revolución y cómo vamos a pasar por ella depende completamente de nosotros. Podemos recorrerla por el buen camino y con esfuerzos conjuntos, consciente de a dónde vamos o nos cruzaremos con ella totalmente desorientados, como un niño que ha perdido a su madre. La Naturaleza nos obligará a formar una sociedad que se corresponde exactamente con la imagen de nuestra madre, la Naturaleza, "La Madre Naturaleza".

— AU: Normalmente las madres se sienten muy mal cuando un niño adquiere independencia, cuando su necesidad de estar junto a ella disminuye.

— ML: Desde un marco educativo ideal, cuando un niño quiere empezar a separarse de su madre, hasta el punto que él quiera, debería crear un entorno (con nuestra ayuda) que sustituya a su madre y poco a poco transferir su función a la sociedad que le rodea.

La Naturaleza ha dispuesto las cosas para que un niño se separe de su madre. Esto es inevitable. Sólo tenemos que conseguir que el mundo que nos rodea logre sustituir a la madre de cada niño, pero exactamente en la medida en que el niño tenga la actitud correcta hacia el mundo circundante.

Una madre acepta a su hijo tal y como es. Es suyo. Y con relación al mundo, él es "del mundo" o "no es del mundo" dependiendo de lo correcta que sea su relación con éste. Tenemos que crear un entorno que enseñe al niño la actitud correcta hacia el mundo. Entonces, el mundo sustituirá a su madre por él.

La madre es la madre para la parte corporal del niño, mientras que el mundo es la madre del ser humano que hay en una persona, cuando ésta forma la imagen correcta de sí misma. En la medida en que "aún no es una persona", es decir, en la medida que no vive en otorgamiento y amor hacia lo demás, la relación del mundo con él será diferente, no como una madre.

— AU: Una de las definiciones de trastorno psicológico es un exceso de sensibilidad hacia uno mismo y la falta de sensibilidad hacia el mundo exterior. Si creamos esta estructura, ¿criaremos niños sanos en este sentido?

– ML: Más importante aún, estarán sanos en el sentido espiritual. Y, naturalmente, esto se manifestará en su bienestar físico.

¿HAY QUE SUPERVISAR AL EDUCADOR?

— AU: Dijimos que el educador tiene que sintonizarse a sí mismo con la interacción general. Y es inadmisible que prefiera a unos niños más que a otros. Pero aun así ¿qué pasa si siguen apareciendo estos sentimientos?

— ML: El educador tiene que elevarse por encima de sí mismo. De otro modo no es un educador. El educador sólo debe trabajar con el conjunto. No tiene sentimientos ni opiniones personales.

Sólo se hace notar en este entorno como un elemento estabilizador o un desestabilizador deliberado. Tiene clara su dirección y el objetivo por el que actúa. Es como una máquina que trabaja sólo para el desarrollo de los componentes del equipo o grupo, sin activar ningún deseo propio.

— AU: Cuando una persona está atravesando un momento desagradable, intenta ignorar y eliminar este estado. Considerando esto ¿es necesario supervisar al educador?

– ML: Por supuesto. En nuestros grupos, donde llevamos a cabo investigaciones y desarrollamos metodologías, todo es filmado. Esto nos permite observar la dinámica que se da allí. Los instructores hablan de los problemas que encuentran en ellas o en el grupo, pero aun así hay cosas que podemos manejar con perspectiva y otras que no; es un proceso.

Sin embargo, el instructor encuentra rápidamente su orientación en esta práctica. Es algo simple y no requiere teorías "ingeniosas" y surge de la integridad, globalidad, unidad, conexión y flexibilidad.

Aquí lo que entra en acción es el deseo natural de una persona. Y eso es algo que no requiere de muchas teorías o metodologías. El educador asimila los procedimientos necesarios muy rápidamente. Vive inmerso en ellos, se orienta y se vuelve sensible a ellos. Comienza a adquirir sus propias técnicas y a sentir cómo sensibilizar mejor a los niños hacia el modo correcto de interacción entre ellos. Hay mucho margen para las variaciones, pesquisas y estados. Durante este proceso, uno siente cómo por medio del estudio de nuestra naturaleza, nos manejamos a nosotros mismos y a la Naturaleza con el fin de dirigirnos hacia la unidad, que es la meta.

— AU: ¿Se reúnen los educadores para ver los vídeos en los que aparecen y los comentan con otros? ¿Tiene cabida la crítica constructiva?

—ML: Los educadores también deberían tener su propio grupo en el que puedan comentarlo todo entre ellos. Tienen que examinar la experiencia de cada uno, así como la experiencia conjunta, los datos e impresiones. Después de todo ¿por qué deberíamos cometer todos los mismos errores? Si en un grupo sucedió algo, deberían repetirlo en otro grupo y ver qué pasa en éste. Deberían tratar este proceso como algo actual y vivo y comprender que así como los niños son como plastilina, nosotros también.

Intentémoslo de nuevo. No puede resultar dañino. Todo está bajo nuestro control y si lo ponemos a prueba con nosotros mismos, tendremos más impresiones de lo que es correcto y lo que no y ésta es una experiencia valiosa que necesitamos.

El progreso en un grupo debe incluir la sensación de estar inmersos en imágenes negativas, fenómenos, conexiones y conflictos. Debemos aprender constantemente de ellos.

Las cosas positivas surgen sólo de las negativas, después de vivirlas y diferenciarlas. Tenemos que sentir nuestra naturaleza en su negatividad más profunda. Sólo entonces seremos capaces de construir algo positivo sobre ello.

EL EDUCADOR COMO DIRECTOR DE ESCENA

— AU: Si un educador llega a involucrarse tanto en el ambiente de los niños, entonces literalmente se funde con él. ¿No será un problema que él sea igual que los niños, una disminución para el educador?

— ML: No creo que se vea disminuido. Una persona que se ocupa de educar niños tiene que estar a su misma altura. Si constantemente se controla a sí mismo, dirigiéndoles hacia un estado concreto, entonces estará simultáneamente al nivel del educador y de los niños.

Tiene que retener estos dos planos dentro de él y entender claramente: este soy yo y estos son ellos. ¿Cómo los manejo? ¿Qué hago para que se controlen ellos mismos? ¿Qué hago para que sean conscientes de sus comportamientos, naturalezas y deseos? ¿Hasta dónde tienen que desarrollarse y por encima de qué? ¿Cómo pueden sobreponerse a sí mismos y para qué? ¿Con qué objetivos?

Él siempre está con ellos, analizando lo que está pasando y experimentando todos los estados junto a ellos. Pero se encuentra allí como un director de escena o productor. Modela el grupo utilizando situaciones conflictivas, incluso aquellas que son artificiales. A fuerza de crearles todo tipo de problemas, provoca una mayor concordancia entre ellos.

Después de todo, el grupo entero funciona en base a la compatibilidad, aunque los niños puedan ser muy diferentes. Por ejemplo, pueden incorporarse al grupo niños nuevos, o los instructores pueden cambiar, las cosas se pueden poner tensas, o puede haber algunas interrupciones y surgir problemas.

Constantemente colocamos a los niños en estas situaciones y vemos cómo las resuelven y cómo hallan un "denominador común" en cada uno de ellas.

El educador tiene que ser el director de escena o el productor de este proceso y tiene que hacerlo de forma dinámica y manteniendo constantemente el control de la situación.

— AU: ¿Deben los niños sentir que el educador está funcionando en esos dos planos?

— ML: Sí, por supuesto, tienen que comprenderlo. Él está con ellos, pero sabe y entiende más que ellos.

En realidad, no veo ninguna diferencia entre el papel de un instructor, un educador, un profesor o un profesional que se encarga de regular el comportamiento de las mayorías o multitudes, que controla a la sociedad, a una nación o incluso a la humanidad. En principio esta es la misma profesión. Es sólo que en el primer caso estoy educando a un grupo pequeño de niños y en el segundo caso hay un gran grupo de personas a las que también tengo que educar.

¿Cómo podemos llegar a los adultos, a la mayoría o a la multitud? No creo que haya grandes diferencias entre el instructor de un grupo pequeño y una persona que necesita controlar a un gran número de personas, es decir, no con la intención de controlar, sino de educar.

LA EDAD PREVIA A LOS 9-10 AÑOS ES CRÍTICA

— AU: Supongamos que hemos reunido a un conjunto de niños en un mismo sitio donde tienen que aprender a encontrar "un denominador común" en diferentes situaciones. Llenamos un salón entero de niños, digamos, quinientos o mil de diferentes edades. ¿Cómo deberíamos interactuar con ellos?

— ML: Está empezando directamente con un número grande de personas, pero eso no es correcto.

Vemos cómo se desarrolla un niño de forma natural: primero está en el vientre de su madre, después está al lado de ella, más tarde gatea alejándose un poco, más tarde da unos pasos más allá y después se separa más de ella pero dentro de la propia casa. Posteriormente sale al mundo circundante, pero aún está cerca de ella, en un cochecito o envuelto en una manta (dependiendo de la cultura).

Vemos que un niño le gana terreno al entorno progresivamente, sólo en la medida de su capacidad para interactuar correctamente con él. Así es como amplía su círculo.

Lo mismo debería ocurrir aquí. Simplemente no se puede reunir a mil niños y pensar que va a ser capaz de manejarlos apropiadamente; esto es imposible.

Lo único que será capaz de hacer es reprimirlos. Puede hacer que se sienten, apagar las luces y ponerlos delante de una pantalla para que vean una película de dibujos animados. Pero esto no es educación y no conseguirá nada haciendo eso. Simplemente los separa de sí mismos. Pero la educación tiene que basarse en el desarrollo.

Si ya tienen grupos de niños que se entienden entre sí y son capaces de unirse como un solo niño, entonces puede intentar asociar varios grupos. Así, tres o cuatro grupos serán como tres o cuatro niños juntos.

Puede hacerlo cuando ya existe una comprensión mutua entre ellos, una vez que haya terminado el trabajo preliminar con cada niño en cada grupo para que sientan este compañerismo entre ellos.

— AU: ¿Qué puede decir sobre los límites de edad?

— ML: A los nueve o diez años los fundamentos de una persona ya están totalmente inculcados. ¡Totalmente! Después de esta edad sólo desarrolla lo que le ha sido inculcado de forma consciente e inconsciente, incluidos los instintos y la información genética. Todo lo que ya está en él se desarrolla de aquí en adelante, pero prácticamente no se añade nada.

Tiene que haber un plan muy preciso sobre cómo trabajar con niños durante la etapa en que están acumulando sus primeras improntas del mundo que les rodea, lo que sucede antes de los nueve o diez años a más tardar. Después de ese período es muy difícil hacer algo con un niño.

Desde luego, copiará nuestras normas y reglas de comportamiento. Pero éstas serán más bien instrucciones en vez de algo que es personalmente suyo. No será igual como cuando absorbe gradualmente de ti una actitud hacia el mundo, haciéndola suya, justo después de nacer y durante el proceso de crecimiento. Si aprende algo por primera vez después de los nueve o diez años, ya no será algo propio.

— AU: Permita que me explique. Si preparamos a un niño desde su primera infancia y pasa por diferentes estados, entonces a los nueve años ¿ya debería tener experiencia de unión con grupos grandes?

— ML: Tiene que comprender por qué se hace esto. Tiene que conseguir capacidades concretas en esta área. Tiene que experimentar sensaciones positivas y negativas, relaciones, acciones y obtener resultados en su nivel cognitivo, perceptivo e instintivo.

Tenemos que retener todo esto y acumular todas estas representaciones en él. Tienen que estar presentes en él a modo de datos: yo estoy junto a todos; yo estoy contra todos; esto es bueno; esto es malo. Tienen que acumularse en él como fotogramas en una secuencia cronológica.

Entonces incorporará estos fotogramas a su vida. Estos patrones estarán constantemente presentes en él como puntos referenciales tanto conscientes como inconscientes. Estarán actuando en él continuamente y con su ayuda se orientará a sí mismo, a menudo sin ser consciente de que lo está haciendo.

Es necesario llenarlo con impresiones positivas y negativas sobre la unidad, la globalidad y la integralidad desde la más temprana edad y lo más posible. Esta será su boleto de entrada para el nuevo mundo.

LOS NIÑOS SON LOS EDUCADORES DE LA PRÓXIMA GENERACIÓN

– AU: ¿Debería el educador relacionarse con los padres del niño?

— ML: Es preferible mantener el mismo escenario y la misma actitud en casa. Desafortunadamente, esto sólo es posible si los padres también pasan por este sistema educativo. De lo contrario simplemente no sabrán qué se requiere de ellos.

Impondrán algunos límites de forma mecánica, el niño notará lo artificiales que son y pensará que sus padres no entienden nada. Internamente será mucho más flexible que ellos. Será socialmente más sabio y comprenderá mejor lo que es una sociedad, las relaciones humanas, sus motivaciones, objetivos y disposición mental. Esta sabiduría seguirá desarrollándose en él incluso aunque dejemos de suministrarle procedimientos y matices psicológicos.

Si lo padres no evolucionan a la par del niño, él los verá simplemente como si pertenecieran al grado animado de desarrollo. La actitud que uno tiene hacia la sociedad y su capacidad para crear el entorno adecuado, son lo que diferencia a una persona de un animal.

— AU: Suponga que lo padres estudian el método de la educación integral a su propio nivel en cierta medida.

— ML: Tienen que seguir nuestros cursos incluso antes de pensar en tener hijos. Y esto no se refiere sólo a los padres y las madres. En principio todo el mundo debe pasar por ello: jóvenes, ancianos y niños. Pero es especialmente importante para aquellos que están pensando en ser padres. ¿Están planificando dar a luz a un ser humano del futuro o sólo a un "cachorro"?

— AU: Entonces ¿tenemos que diseñar cursos para personas que no pasaron por todas estas etapas durante su infancia? ¿Es posible prepararles ahora?

— ML: Sólo a través de los medios de comunicación, sobre todo por Internet y la televisión. No hay otros modos. Los materiales impresos casi se han extinguido, quedando Internet y la televisión como los medios de comunicación más importantes.

Tenemos que comprender que toda la humanidad está a las puertas de un nuevo mundo y necesita pasar por un período de transición en la educación y la enseñanza, de modo que a la vez que van aprendiendo se van adaptando al mismo.

Pronto no nos quedará nada más por hacer. No tendremos las materias primas necesarias para producir todo lo que hacemos hoy, para tirarlo tan solo seis meses después de haberlo comprado. Las personas poco a poco comenzarán a dedicar más y más tiempo a organizar estas sociedades educativas, así que estoy seguro de que la profesión más sustancial en la próxima generación será la de educador, instructor o profesor. Pero primero, hay que entrenarles de forma adecuada para ello.

Espero que los niños que actualmente están estudiando en nuestros grupos se conviertan en los primeros profesores de la futura generación.

LOS PADRES NO DEBERÍAN SER EDUCADORES

— AU: Supongamos que hay padres que siguen el curso, estudian este método y tienen un hijo que va a este tipo de colegios. ¿Puede describir cómo se relacionará esta familia entre sí? El niño llega a casa después de pasar casi todo el día en un entorno de iguales. ¿Cómo debería ser su relación con sus padres y abuelos? ¿Dónde está el lugar del niño? ¿Dónde quedan los hermanos y hermanas? ¿Cómo lo imagina?

— ML: Los niños no se sienten atraídos por sus padres o abuelos. Se sienten atraídos por sus compañeros o por sus actividades personales. Necesitan abuelos a modo de un entorno que les ayuda y les sirve, pero nada más que para eso.

Por lo tanto, pienso que no habrá ningún problema en esta área y los padres incluso no tienen que pasar por esta modalidad concreta de educación. Lo que es necesario conseguir aquí es que ellos no interfieran. Ellos no deberían educar a los niños.

Ellos sólo tienen que mostrar la reacción correcta para que un niño pueda entender que no importa dónde se encuentre, siempre está en un entorno que le ayuda y que continuamente le exige el tipo de desarrollo concreto, el tipo de comprensión y relación correcta con el entorno que le rodea. No se requiere nada más de ellos. Los padres no deberían ser educadores.

La razón para esto es que la educación sucede en un entorno de personas que son como tú, con quien se es un igual y con quien interactúas constantemente. Los padres son percibidos como algo grande que está por encima, como algo que te sirve, que te protege y te cuida. Por lo tanto, no son considerados educadores.

La evolución sucede en un gran entorno social, no en un pequeño rincón donde las únicas personas que me rodean son mamá, papá y yo. Esto es bueno sólo hasta los dos años.

— AU: Pero supongamos que un niño llega a casa llorando porque ocurrió algo malo. ¿Cómo deben reaccionar los padres frente a esto?

— ML: No creo que los padres puedan verdaderamente entender el estado del niño y ofrecerles el análisis adecuado de lo que está pasando. Esto es algo que tiene que hacerse en el grupo, mediante debates y discusiones.

Tenemos que abordar el mundo de manera realista. No estamos viviendo aún en el mundo corregido, donde a un niño se le deja entrar en el proceso correcto de desarrollo en casa y en cualquier otro sitio a donde vaya. Todavía no estamos en esa situación.

Idealmente, todos los problemas deben resolverse en el lugar donde surgen, en el mismo entorno en el que se educa al niño. No debería tener ningún otro ambiente en absoluto.

— AU: ¿Pero qué es lo que deberían hacer los padres? También tengo niños y sé que cuando mi hijo llega disgustado a casa, quiero abrazarlo y consolarlo. ¿Puedo hacer esto o es incorrecto?

— ML: ¿Por qué consolarlo? No deberías hacer eso, pero sí abrazarlo. Cuando te encuentras con una persona que te es cercana, lo abrazas; esto es natural.

Sin embargo, creo que alcanzaremos un nivel de comunicación donde no tendremos la necesidad de percibirnos unos a otros a través del tacto. Nuestras sensaciones internas y las capacidades para percibirnos unos a otros se intensificarán hasta tal punto que el cuerpo no será necesario como órgano o medio de contacto.

— AU: Eso es difícil de imaginar porque mientras tanto es una fuente de placer enorme.

— ML: Por el momento todo pasa por el cuerpo porque aparte de éste no tenemos ninguna otra sensación. Pero cuando poco a poco desarrollemos la capacidad de salir de nosotros mismos y de conectarnos con los demás para percibir el mundo a través de ellos, el cuerpo se aleja y comienzo a percibir mi conexión directa y mi inclusión en los demás. Mi representación acaba incluida en la representación de los otros y simultáneamente se convierte en una imagen que comparto con ellos.

Entonces emergen sensaciones conjuntas, pero ya no son corporales, como tener que abrazar a otros o dejar que otros prueben mi comida, o que cuando participamos conjuntamente en una comida intercambiemos algún tipo de contacto físico. En su lugar surge un nuevo tipo de contacto, incluso en el aspecto sexual. Es decir, todo crece en un campo de sensaciones, combinaciones y relaciones mutuas completamente diferentes, hasta el punto en que nuestro mundo, en el nivel animado, pierde su importancia. Esto es lo que sucederá progresivamente. Por supuesto, esto todavía está por delante de nosotros y nos parece poco realista hablar de ello ahora mismo, pero quiero señalar que esta es la dirección hacia la que nos dirigimos.

— AU: Definitivamente tenemos que enterarnos de esto. ¿Sabe por qué estoy tan interesado en los padres? Porque la mayoría de las preguntas sobre el método las hacen ellos. Una de las funciones de los padres es proporcionar seguridad a sus hijos.

— ML: Esto es lo más importante y sucede lo mismo con los animales. Lo único que les empuja es salvaguardar su descendencia.

— AU: Influidos por esta imperiosa necesidad, los padres quieren averiguar más sobre lo que están haciendo sus hijos en estos cursos, cómo se desenvuelve en este ambiente y así sucesivamente.

— ML: Sus hijos son filmados constantemente por cámaras para que ellos puedan ver todo desde casa. Y no sólo ellos. Actualmente estamos poniendo esto en práctica en nuestro centro educativo. Tenemos muchos grupos por todo el mundo que forman parte de nuestro sistema educativo. Algunos de ellos son los principales, en el sentido de que gestionan un trabajo continuo, debates y estudios sobre sí mismos. Se graban constantemente y muestran este material a todos los demás. Puede ir a la red de Internet, escribir la URL y observar a un grupo concreto y ver lo que está haciendo en cualquier momento.

Hay unos horarios concretos en que nuestros grupos principales, donde llevamos a cabo el trabajo fundamental, simplemente retransmitan todo lo que pasa en sus centros. Y los otros grupos se sientan, observan, escuchan y analizan esta experiencia en vivo desde sus ubicaciones.

— AU: Con todo, quisiera preguntar sobre los padres otra vez. Supongamos que un padre y una madre vieron uno de los videos…

— ML: Pueden observar a su querido hijo sin interrupciones, veinticuatro horas al día.

— AU: ¿Pero pueden participar de algún modo?

— ML: Aún no hemos puesto esto en práctica. Ello requeriría un sistema adicional de interrelación entre padres e hijos y pienso que esto será posible en el futuro. No obstante, me gusta hablar sólo de lo que es factible en el presente o en un futuro a corto plazo. Creo que el sistema de interrelación entre padres e hijos no se establecerá en un futuro inmediato. Todavía no disponemos de la oportunidad para cumplir esto.

Por lo tanto ¿de qué manera pueden participar? Para ello tendrían que estar a la altura de los educadores. Y ¿qué significa "participar"? Si no se pueden separar de su propio "yo" y controlarse ¿cómo van a tomar parte en la educación?

— AU: Aun así podemos proporcionar a los padres algunos consejos prácticos. Por ejemplo, cuando un niño llega a casa ¿los padres deberían expresar de algún modo su punto de vista?

— ML: La educación no debería continuar en casa. Lo que se requiere de los padres es que sean amables, atentos y cariñosos, eso es todo. No deberían estar educando al niño. Sólo tienen que cubrir sus necesidades instintivas y fisiológicas, proporcionarle la confianza suficiente que necesita y eso es todo. No creo que la tarea de los padres sea convertir a un niño en un ser humano. Eso sólo lo puede hacer el entorno que le rodea. Sólo la sociedad puede formar una persona porque ésta es parte de la sociedad.

Los padres no pueden crear un entorno o una representación a su alrededor que le permita convertirse en una persona. A fuerza de intentarlo, sólo conseguirán que siga siendo un niño grande para siempre. Esto es lo que a menudo vemos hoy, cómo un adulto con cuarenta años no puede separarse de su madre.

¿QUIÉN PUEDE SER EDUCADOR?

— AU: ¿Importan las aptitudes personales o el nivel de preparación del educador? ¿Quién puede ser educador y quién no debería serlo?

— ML; Esta es una pregunta fundamental. Ante todo, un educador tiene que ser educado él mismo de manera que pueda elevarse por encima de sí mismo y estar por encima de cualquier atributo personal, en el sentido de ser lo más objetivo posible en su interacción con los niños.

Desde luego, a sus ojos, ninguno de los niños debe ser bueno ni malo o atractivo o poco atractivo. Sabe muy bien lo mucho que esto influye en nuestra actitud hacia los niños. Al educador no le puede parecer que alguien sea inteligente o estúpido y así sucesivamente. Tiene que tratar a todos sólo desde la panorámica de su desarrollo: ¿Cómo puedo contribuir a que cada uno de ellos sea espiritual, moral, física y, sobre todo, socialmente saludable?

El educador debe estar agradecido a los niños porque ellos le facilitan su desarrollo. Le proporcionan un ambiente generoso en el que trabajar constantemente consigo mismo y en el que poder perfeccionar su nivel de desarrollo espiritual conjuntamente con ellos. Al fin y al cabo, trabajar con uno mismo es la más maravillosa de las acciones.

El educador debe mantener debates constantes con otros educadores y ampliar continuamente sus conocimientos sobre el método educativo global integral. Él tiene que estar inmerso en este sistema de aprendizaje y análisis personal, las veinticuatro horas del día.

Es muy importante para él estar en una sociedad de educadores a quienes sólo les interese esto, que le influyan y que se esfuerzan constantemente en hacer de cada niño un ser humano, igual que él. Al mismo tiempo, esta sociedad debe influirlo a él de un modo que lo transforme en un ser humano.

Es decir, tiene que ser una persona que esté constantemente creciendo espiritual y moralmente y para quien el desarrollo espiritual sea el propósito de su vida.

En principio, este es el objetivo de nuestra existencia; es la meta para todos, para toda la sociedad humana. Esta es la tarea que la Naturaleza nos ha encomendado. Este es el desafío que se le plantea a nuestra generación y el educador sólo tiene que hacer que suceda en la práctica.

Por supuesto, sus cualidades personales son relevantes. Los niños necesitan tener educadores con una variedad de cualidades y expresiones externas. Los niños tienen que percibir esta expresividad de forma muy vívida y tangible y discernirlas, comprendiendo que los educadores no son algún tipo de máquinas que andan por allí. Más bien, los educadores han de ser individuos destacados.

En un determinado momento comenzamos a mezclar a los niños con los adultos para que los niños puedan adaptarse a los adultos y no sólo a sus compañeros. Entonces los educadores simplemente se fusionan con el entorno externo y circundante.

Al menos una o dos veces a la semana debemos celebrar actos en los que se reúnan niños y adultos. Cuando los niños participan en estos eventos conjuntamente con los adultos, comienzan a comprenderlos mejor, a aceptarlos y ven que los adultos también les apoyan, ofreciéndoles un espacio y dejándoles sitio para que los niños se expresen ellos mismos igual que los adultos hacen entre ellos.

CRECEMOS POR MEDIO DEL JUEGO

- Cinco atributos de un juego
- La vida es un juego
- Las reglas del juego
- Jugando hasta que logremos el equilibrio completo con la Naturaleza
- "La buena Babilonia": un juego de Internet.
- Un vuelo por encima del Universo
- Revelando la Naturaleza de la bondad

– AU: Otro tema del que me gustaría hablar es sobre los juegos que llevan a cabo niños y adultos. Hace unas cuantas décadas Johan Huizinga, un historiador de la cultura y filósofo, publicó un libro titulado *Homo Ludens,* (*El hombre lúdico*), que se convirtió en una especie de libro de culto. Después de publicarse, la gente comenzó a hablar mucho sobre la influencia de los juegos en la evolución del hombre y en la vida en general. Entonces ¿qué es un "juego"?

— ML: La gran influencia de los juegos en la evolución del hombre es conocida desde la antigüedad. Nos gusta jugar. Y en la práctica, pasamos gran parte de nuestras vidas jugando. Incluso mi examen de doctorado en Filosofía incluyó una pregunta sobre los juegos.

Los juegos están en todas partes, inclusive en las matemáticas y en la Naturaleza. Los juegos desempeñan un papel muy importante en el desarrollo de los animales y hasta de las plantas. El elemento del juego está presente en cualquier cambio, en cualquier avance de un estado a otro.

— AU: No obstante existe la idea de que los juegos se refieren sólo a la infancia y que cuando una persona crece no es adecuado que juegue porque tiene que ser más formal.

— ML: Desafortunadamente esta noción existe. Pero sin duda, esto es una percepción aburrida del mundo. Cuando una persona deja de jugar, detiene su desarrollo.

CINCO ATRIBUTOS DE UN JUEGO

— AU: Cada juego consta de cinco atributos o características fijas. La primera característica de un juego es que uno es libre de jugar y participa voluntariamente. Huizinga escribió que un juego es una liberación.

En el método integral estamos hablando sobre un grupo de niños. ¿Cómo podemos organizar las cosas para que sus actos sean voluntarios? ¿Puede un niño participar en un juego y dejarlo cuando desee, o no?

— ML: "Voluntario y libre" se refiere a la elección de las propias acciones y hechos hasta que la persona (ya sea un niño o un adulto) esté seguro de que está actuando de acuerdo a su convicción, al análisis que ha realizado y a la decisión a la que ha llegado. Mientras no esté convencido del próximo movimiento, no lo hace.

Y cuando actúa en la vida, o "hace un movimiento", igual que en un juego, sabe con certeza que lo está haciendo él mismo. Ha llegado a esta conclusión por sí mismo y está actuando así por sí mismo.

— AU: Así que este es el primer atributo: participar voluntariamente y tener la libertad de entrar y salir.

El segundo: un juego es siempre "una simulación". El niño tiene que saber que es un juego.

El tercero: el juego tiene un marco espacial y temporal, en el sentido de que hay un inicio y un final del juego y determinados límites espaciales.

El cuarto: el juego siempre tiene normas.

El quinto y último: lo importante es el proceso del juego, mientras que el resultado del mismo es secundario. Huizinga dijo incluso que tan pronto como aparece un resultado en el juego, deja de ser un juego.

— ML: Si el resultado se fija de antemano, limita la libertad de elección.

— AU: Usted ha comentado que hay juegos en el reino animal e incluso entre las plantas. ¿Podría explicarse?

— ML: Observamos los elementos de un juego incluso en el nivel de desarrollo celular, de los organismos y en los propios organismos vivos.

No hay crecimiento ni desarrollo posibles sin la presencia de varias posibilidades. Siempre tiene que haber una opción específica que se desarrolla y se hace efectiva y esta elección se hace siempre a través del juego. Esto se puede explicar desde la teoría de la probabilidad, la teoría matemática y otras teorías. Es decir, vemos que la Naturaleza está jugando.

LA VIDA ES UN JUEGO

— AU: Por alguna razón acabo de recordar un juego de azar que solía ser popular. ¿De dónde viene la esperanza que la gente pone en los juegos de azar?

— ML: Cuando no podemos prever de manera exacta cuál es la decisión correcta, nos ponemos en manos del destino, con la esperanza de que haya un destino, una fuerza superior impredecible que nos controla y nos entregamos a ella. Por supuesto, en los juegos no lo tomamos en serio.

En la vida, sin embargo, vemos que incluso cuando planificamos algo por adelantado y queremos que todo suceda según nuestros planes, las cosas se desarrollan por medio de leyes diferentes. Ahí es donde aparece la discrepancia entre el sentido común, mis ideas preconcebidas y lo que de verdad ocurre en la vida.

¿Cómo puedo abandonar mis dogmas y fundirme con los hechos que están realmente sucediendo fuera de mí, bajo la influencia de una fuerza externa y superior de la Naturaleza?

La humanidad está entrando en un estado integral y global, gobernado por la Naturaleza. Antes no lo habíamos notado, pero se fue desarrollando a través de las generaciones de acuerdo a nuestro nivel de egoísmo, transformándonos a nosotros mismos, a la sociedad y a los órdenes sociales.

Pero hoy en día nosotros –individualistas, egoístas– estamos empezando a encontrarnos en un formato totalmente diferente. Formamos parte de un mecanismo que funciona integralmente, como un sistema analógico donde todas las piezas están completamente interconectadas, sus estados mutuamente determinados y ninguno tiene libertad de acción. Una persona influye a todo el mundo con sus pensamientos y deseos, esto sin mencionar sus actos físicos. A esto se le llama "el efecto mariposa".

Hay una discrepancia entre cómo fuimos creados, cómo configuramos el mundo en base a nuestra naturaleza y cómo funciona de verdad la Naturaleza en la realidad. Surge una discrepancia entre los dos sistemas. Y aquí es cuando surge el deseo de jugar.

Jugar significa entregarnos a la voluntad de la Naturaleza integral que nos controla, la que no podemos comprender y con la que no podemos actuar al unísono. Por lo tanto, una persona aparenta entregarse a una fuerza, a una gobernación que proviene de la Naturaleza. En cierto sentido, lanza los dados pensando: "El resultado no depende de mí. Simplemente me estoy entregando al capricho de la casualidad". Entonces ¿qué debemos hacer?

Si intentáramos "formar equipo" con la Naturaleza, ganaríamos. Por supuesto, no "lanzaríamos los dados" irreflexivamente, sino que intentaríamos infiltrarnos en el gobierno integral. Y aunque vaya en contra de nuestro sentido común, si intentáramos acercarnos más a este gobierno integral, veríamos que a veces merece la pena actuar de esa manera integral y que la ventaja de hacerlo es obvia.

— AU: Si nos fijamos en un juego tradicional habitual, inmediatamente aparece un estereotipo, la idea de que es una competencia y que al final unos ganarán y los otros perderán.

Cuando habla de "ganar" en el juego global e integral ¿qué quiere decir? ¿Cuál es el objetivo y el resultado de este juego?

— ML: El objetivo no es actuar de una manera que esté condenada al fracaso porque está totalmente desconectado de las acciones que están inculcadas en la Naturaleza y que Ella hará de cualquier modo.

Si actuamos, incluso en una dirección ligeramente diferente a la de la Naturaleza, sufriremos en la medida de nuestra desviación del programa de la Naturaleza. Si me desvío diez grados de la ley de desarrollo integral de Ésta, o si mi desviación es de veinte o treinta grados, entonces habrá terremotos, tsunamis, huracanes, desastres financieros o incluso guerras.

Si comenzáramos a analizarnos con respecto al gobierno integral bajo el cual existimos hoy en día, podríamos prevenir muchas catástrofes y gradualmente aprenderíamos a percibir y analizar nuestras acciones, a discernir si son o no convenientes. Un dicho antiguo dice: "Si no sabes cómo actuar, es mejor que no hagas nada", porque si actúas sin saber cómo, te desvías del rumbo correcto, mientras que si no actúas, simplemente fluyes de forma pasiva con la corriente.

LAS REGLAS DEL JUEGO

— AU: Las reglas son muy importantes en cualquier juego. ¿Puede describir las reglas de este juego global e integral?

— ML: En el campo de la tecnología existe un concepto de sistema "integral, analógico", donde la entrada y la salida están conectadas a través de todo el sistema y todas sus partes están totalmente interconectadas como ruedas dentadas en un mecanismo cerrado.

Según evolucionamos, el vínculo entre nosotros se está volviendo más y más rígido. En el pasado éramos capaces de "colarnos por los agujeros" de algún modo y acoplar nuestras pequeñas ruedas respectivamente entre nosotros muy tenuemente. Pero hoy en día, estamos entrando en un estado donde cada persona está necesariamente girando en un engranaje rígido con respecto a los demás, determinando así si la humanidad se dirigirá en una dirección favorable o desfavorable.

Por lo tanto, si configuramos nuestras vidas menos conformes a nuestro egoísmo y de forma más integrada, llegaríamos a la conclusión común de que es necesario crear un sistema conjunto de gobierno, un gobierno mundial que unificará todas nuestras formas de funcionar en un sistema único. De ese modo se lograría una mayor comprensión de este sistema integral y se impedirían muchas catástrofes.

Vemos los tremendos cambios que están ocurriendo hoy en el mundo, como las revoluciones en los países del Cercano y Medio Oriente, y no sólo allí. Así es como se forma un gobierno mundial de forma progresiva. La vida nos está forzando a ello. Pero sería mejor si todo pasara de una forma más humanitaria y el acercamiento hacia ese gobierno fuera más pacífico.

— AU: Si suponemos que el hombre juega y actúa según las leyes de la Naturaleza, entonces ¿quién será su contrario?

— ML: Una persona corregida es lo opuesto a un egoísta. En primer lugar es necesario actuar de modo menos egoísta.

Hoy en día cualquier juego proteccionista trae consigo terribles consecuencias. Es como si hiciera girar las ruedas dentadas en sentido contrario. Esto ante todo es perjudicial para uno mismo. Por eso es necesario detener de alguna forma este movimiento separado y egoísta de cada persona al ir por su propio camino. Este mundo se tiene que convencer de que la colaboración es necesaria; y hoy podemos hacerlo.

¿Qué significa esta colaboración? Tenemos que lograr que todo el mundo acate las decisiones globales. ¡Pero primero empecemos por acercarnos más! Imaginemos que no existe América del Sur con sus dictadores, ni los soberanos de Oriente, ni Estados Unidos o Rusia, ni Europa y ninguna China con su creciente población y que estamos todos en un solo país global e integral.

Hoy día tenemos la fuerza para hacerlo porque económicamente, políticamente y, sobre todo para abastecernos de materias primas, dependemos unos de otros. Podemos alcanzar ese grado de cooperación y luego introducir el elemento de juego.

— AU: Acaba de mencionar un tema que está directamente relacionado con la educación. Mi generación fue educada en la creencia de que si no te gusta algo o no puedes hacer algo, tienes que esforzarte y finalmente lo lograrás. Pero lo que usted está describiendo suena bastante diferente. Entonces ¿tengo que esforzarme o debería parar y mirar a mí alrededor para ver dónde estoy y qué es lo siguiente que debo hacer?

—ML: La mayoría de nuestras acciones conducen a resultados contrarios, así que no deberíamos insistir y causar así más daño. Primero, debemos discernir si estamos o no en armonía con la Naturaleza. Es decir ¿hasta qué punto la Naturaleza secunda nuestros planes y actos? Entonces nos tenemos que preguntar: "¿Qué se requiere de nosotros?"

Evolucionamos bajo la influencia de los impulsos internos que la Naturaleza infunde en nosotros y que sólo ejecutamos. ¿No sería mejor revelar primero qué planes son inherentes a nuestra evolución y después edificarnos a nosotros mismos de acuerdo con ellos?

La Naturaleza puede   desarrollarnos compasivamente o con dureza, en función de cómo nos posicionemos. Este posicionamiento favorable es nuestra primera tarea.

— AU: En muchos de los juegos conocidos, además de los jugadores hay una figura objetiva, un árbitro. Si estamos hablando de los juegos globales e integrales ¿hay también un árbitro, alguien que actúa de un modo más objetivo que nosotros?

— ML: Sería agradable si esto fuera una reunión de investigadores, científicos serios, sociólogos, políticos y economistas que trabajaran juntos. Eso es así porque constituimos un solo sistema único, en el que todo está interconectado. Comprendemos que las decisiones no se pueden tomar de forma forzada. Pienso que hoy está claro para todos. Las nociones de estructuras de poder que deciden, gobiernan y actúan de forma unilateral, se están desmoronando. Por lo tanto, tiene que haber un árbitro, un grupo formal de investigadores que ofrezca sus decisiones y soluciones después de observar lo que está sucediendo y que de verdad puedan cotejar la sociedad con la Naturaleza, discernir los errores, proporcionar valoraciones, haciendo que nuestras acciones posteriores sean más correctas.

JUGAR HASTA QUE ALCANCEMOS EL EQUILIBRIO COMPLETO CON LA NATURALEZA

— AU: De acuerdo a la teoría del juego, el componente más importante de un juego son sus normas. ¿Estás normas deberían ser fijas o susceptibles de cambio?

— ML: Cambian constantemente porque continuamente ahondamos en nosotros mismos y en el mundo que nos rodea, descubriéndonos todo el tiempo como globalmente conectados en planos más profundos. La Naturaleza es global e integral en cada uno de sus niveles; no hay un solo átomo en el universo que no provoque cambios en el universo entero cuando se produce algún cambio en él. Esta globalidad es absoluta. El problema es que aún no podemos percibir este sistema y por lo tanto no podemos gobernar a la sociedad humana.

¡¿Puede imaginar que el estado ideal que la Naturaleza ha dispuesto para nosotros es tal que cualquier movimiento que hagamos – físico, integral, en el nivel del deseo o en nuestras mentes– deberá estar en total armonía con el universo entero?! Simplemente es inconcebible para nosotros entender lo que tenemos que alcanzar, cómo tenemos que percibir la Naturaleza al final de nuestra evolución. Pero la Naturaleza nos llevará hasta ello.

Si nos comparamos con esta Naturaleza global e integral, y nuestro continuo avance hacia Ella, vemos que hay un elemento de juego porque hay mucho que desconocemos. No sabemos cuál es nuestro siguiente paso. De alguna forma tenemos que preverlo y representarlo. Quizás podamos personificarlo y aplicarlo de alguna manera en nuestra sociedad, posiblemente en lugares de la misma donde estamos investigando este fenómeno, que queremos incorporar en nuestro entorno inmediato o en la sociedad humana en general.

Hay muchos elementos de juego como ese que están más relacionados con la investigación que con un juego. Pero la investigación también es una especie de juego. Y ya que estudiamos la Naturaleza y a nosotros mismos en niveles cada vez más y más profundos, puesto que el carácter integral de las cosas se está revelando cada vez más, vemos que el juego es una constante a lo largo del camino hasta llegar a la equivalencia total con la Naturaleza, un estado que hasta hoy no podemos imaginar.

Sin embargo, podemos suponer que esto es lo que la Naturaleza ha determinado y ha infundido, y que aquí es hacia donde la Naturaleza nos está llevando. Según parece el egoísmo fue creado deliberadamente en el hombre para que pudiera jugar, es decir, para desarrollarse, hasta llegar al punto de la comprensión, consciencia, adaptación e incluso participación en la gobernación de esta Naturaleza integral total.

— AU: ¿Hay alguna cualidad o característica de conducta que pueda derogar esta oportunidad que se nos brinda e impedir que uno evolucione?

— ML: Si no está de acuerdo; si se opone al sistema integral. Y lo veremos muy pronto, primero en el ejemplo de países cuyos regímenes reprimen brutalmente la capacidad de las personas para desarrollarse integralmente.

¿Qué significa "desarrollo integral"? En esta etapa, los regímenes fundamentalistas parecen estar más cerca de realizar la integración porque unifican la sociedad, dirigiendo a la gente bajo sus lemas, símbolos y banderas. En un punto concreto del camino, pueden parecer más airosos y estar más en concordancia con la integración, al menos con respecto a su país. Pero después empezarán a posicionarse contra todos los demás, contra el gobierno más global. En ese punto, y de forma natural, comenzarán a derrumbarse. Su desmoronamiento provocará cambios enormes, su reconstrucción interior. Como consecuencia, cada régimen y sociedad fundamentalista entrará en un estado de contacto consciente con su propio pueblo y con los demás. Y como estos regímenes son egoístas –pero conectados internamente con sus egos– por un lado parecerá que están trabajando con compañerismo y aparentemente de una forma afín con la Naturaleza. Pero por otro lado, su vinculación será sólo para triunfar en la destrucción de los demás, lo que les hace opuestos a la Naturaleza. Por esta razón los veremos conseguir logros efímeros, donde predomina la unión entre ellos, pero con el tiempo, veremos su destrucción una vez que se manifieste su oposición con la Naturaleza.

Deberíamos estudiar estos fenómenos, pero desde el punto de vista de cada parte y de todos como un todo que se va acercando a la unidad global.

"LA BUENA BABILONIA": UN JUEGO DE INTERNET

— AU: Si nos fijamos en la sociedad global e integral a lo largo del proceso evolutivo, entonces vemos que el propio campo de juego también pasa por un desarrollo gradual, desde el recinto de una habitación hasta el ámbito del mundo entero.

— ML: ¡Si tan solo pudiéramos crear ese sistema de juego en la red y ofrecérselo a toda la humanidad! En este juego las recompensas serían muy buenos premios o distinciones, cosas que nos atraigan a todos, como pequeños egoístas que somos. Creemos una sociedad humana única y llamémosle "Babilonia" a este juego. Pero no Babilonia en el sentido peyorativo de la palabra, sino en el aspecto positivo.

Este será un juego de colaboración. Y tiene que incluir los problemas egoístas que aparecen gradualmente en todos los niveles – emocional, personal, familiar – entre las personas y entre civilizaciones. Debería contener luchas por las fuentes de alimentos, materias primas, riqueza, conocimiento, fama y poder. Y la gente que juegue tendrá que encontrar las soluciones a estos conflictos. Expertos, incluidos los psicólogos, añadirán tantos elementos como sean posibles a este juego, es decir tendrán que diseñarlo para generar emociones reales en las personas.

El juego se convertirá gradualmente en una representación teatral donde el jugador comenzará a desempeñar el rol de una parte integrante de la sociedad global. Aunque virtual por el momento, sentirá de inmediato los cambios involuntarios que le están sucediendo y verá los efectos positivos de este juego en el mundo real. Observará cómo él mismo y el entorno se volverá más amable, más seguro y más acogedor. De hecho, este juego podría convertirse en un sistema de educación integral.

Espero que un juego así surja en la red de Internet. Por eso se llama "red": un sistema de conexión mundial y universal que nos conecta a todos.

— AU: No me gustan los juegos de ordenador, pero éste atrajo mi interés.

— ML: Es una oportunidad que tenemos para crear a una persona, ¡para modelarla! ¡Y lo hará por su cuenta! Al participar en este juego, comenzará a percibir las oportunidades de cambiarse a sí mismo en aras de la consecución de una meta específica, mientras recibe recompensas "a lo largo del camino", incluidas la aprobación y el respeto, es decir, todo aquello que le ayude a seguir hacia adelante.

Si un adulto participa en este juego, los niños verán el éxito que tiene y cómo esto le da fuerza para seguir hacia adelante. O al revés, si los jugadores son niños que se sienten satisfechos con el juego, los padres estarán contentos con ello y les mostrarán su aprobación. Tenemos que utilizar el egoísmo de un modo correcto para avanzar hacia la integración.

¡Fíjense en todas las comunidades de la red! ¡Todo es un juego! Así que ¿por qué no creamos un juego de este tipo? Pero tenemos que hacerlo productivo y enfocarlo en un sentido que nos resulte provechoso. Este tipo de juego formará una nueva clase de individuo quien de manera involuntaria sabrá cómo tiene que actuar exactamente en la vida. Después de todo, sabemos que nuestros actos nos transforman.

— AU: Entonces no tendremos que limitar el tiempo que los niños pasan delante del ordenador, no será necesario.

— ML: ¡El niño participará en ello y ese será su entorno! Bajo la influencia de este ambiente, cada uno de nosotros podrá someterse a prueba.

Y como la globalidad y la integralidad gradualmente se irán manifestando en este sistema, a través de ello podremos elaborar los modelos de comportamiento sucesivos. Puedo dirigirme a los siguientes niveles del juego que tengo que acometer como si consultara a un experto y, como resultado, cometeré menos errores.

Puede parecer que estoy creando un juego, pero en realidad estoy creando un modelo de sociedad correcta. Si voy por ahí como si fuera la ficha de un juego, situándome en niveles, acciones, cualidades, transformaciones y comunicaciones concretas, entonces podré ver de antemano dónde puedo prosperar y dónde no. Después de todo, las leyes de la sociedad integral, que progresivamente se manifiestan en este sistema, me proporcionarán la respuesta adecuada, ya sea positiva o negativa. Así es como elegiré el mejor movimiento posible hacia mi objetivo de estar en equilibrio con todo el sistema y hacia mi estado más estable.

— AU: ¿Y cuál es el centro de este sistema equilibrado? ¿Cómo puedo estar seguro de que me estoy moviendo precisamente hacia el centro?

— ML: Eso es fácil: allí me siento mejor que en ningún otro lugar. Por una parte, me siento absolutamente libre, y por la otra, absolutamente conectado con todos, lo que me proporciona aún más sensación de libertad

Es asombroso cómo al experimentar situaciones e influencias contradictorias, siento que estoy atrapado en un bucle con todas las demás ruedas dentadas, girando con ellas, ya que estamos en un juego de concordancia. Sentimos placer, desarrollo, logro, comprensión y alegría mutuos. Recibo todo y no oculto nada a nadie. Disfruto estando en armonía y otorgándoles a lo demás.

Es como en un juego de pelota donde los pases que se hacen crean la situación de un juego entre nosotros, donde interactuamos unos con otros de forma correcta. Lo mismo ocurre aquí, pero en toda su extensión y a todos los niveles, incluidos el animado y el humano. Comienzo a advertir que yo mismo estoy en la situación de un juego global, integral y maravilloso. Un constante flujo de comunicaciones circulan a través de mí como el pase de un balón en un partido. Sentimos el placer de jugar el juego, precisamente, en este estado de armonía.

UN VUELO POR ENCIMA DEL UNIVERSO

— AU: Ha mencionado reiteradamente la importancia que tiene para una persona salir de su "yo" e intentar desempeñar otro papel diferente, u observar una situación de la vida desde una perspectiva distinta. Si imaginamos que en este juego global hay hombres y mujeres de edades y profesiones diversas, ¿entonces me puedo registrar y ser un niño, por ejemplo, o debería siempre ser yo mismo?

— ML: Si me conecto a este sistema, entonces tengo que incluir dentro de mí a todos los que me rodean. De otra forma no seré capaz de relacionarme armónicamente con ellos. Por lo tanto, tengo que percibir y comprender a todo el mundo. Es decir, tengo que revelar todos mis atributos y tendencias que existen en mí desde el principio, pero que por el momento están ocultos o distorsionados por la Naturaleza. ¡Yo mismo me he convertido en un mutante egoísta! Pero si comienzo a revelar estos atributos dentro de mí, descubriré la capacidad para percibir a la Naturaleza en su totalidad –en sus facetas inanimada, vegetativa y animada– al igual que a toda la humanidad e incluso más allá.

Cuando incluimos todo dentro de nosotros, cuando todo el flujo de información, pensamientos y deseos fluye a través de mí, comienzo a sentir el siguiente nivel superior de la Naturaleza, su plan, su pensamiento total, la causa y el efecto, su meta y el estado final de mi existencia.

En cada pequeña manifestación de las acciones de la Naturaleza, vemos el desarrollo de una causa y su efecto con un objetivo específico en cada nivel. ¡Pero no vemos la meta final! En nuestros días esta meta final es definida como la armonía absoluta de todos los aspectos de la Naturaleza.

Mediante la unión entre nosotros y con la totalidad del mundo que nos rodea, comenzamos a intuir el plan de la Naturaleza y su estado final, la meta. Comenzamos a percibirnos existiendo simultáneamente en su próximo nivel, que es revelador, común y completo.

Una persona comienza a sentir la eternidad, el infinito, la perfección, aquello que existe más allá de nuestro universo, en el pensamiento infinito de la Naturaleza, lo que incitó a esta gota de energía a explotar y crear nuestro universo.

Y quizás llegaremos a percibir u observar nuestro universo como un concepto, desde fuera. Pero esto presupone ya una mente diferente.

Esto abre ante nosotros unas perspectivas enormes. Y eso es lo que debería ocurrir porque la consecución de la integralidad nos lleva más allá de los límites de nuestro universo. Es un gran avance hacia el próximo nivel de percepción, alcance y revelación.

— AU: Al participar e interactuar en este juego por la red, construyendo el sistema común, ¿seré capaz de imaginarme esta escena común?

— ML: La sensación de integralidad, la conexión universal en el nivel de un ser humano inteligente (*Homo sapiens*) nos lleva a un estado donde se integra el sistema completo de la Naturaleza dentro de uno mismo, incluyendo sus facetas inferiores – lo inanimado, vegetativo y animado. De este modo se comienza a comprender el plan, la fórmula interna de las interconexiones.

Cuando la integración se convierte en tu naturaleza, comienzas a sentir el plan de la Naturaleza. Al alcanzar el estado corregido, te conviertes en un fruto maduro y se comienza a comprender la razón de la existencia. Esto es cuando se asciende al próximo nivel.

— AU: ¿Todo esto puede hacerse a través de la red, mediante un juego?

— ML: Esto se logra cambiando al hombre. Y, en principio, por eso se nos dio el egoísmo. Con su ayuda, al ir sobreponiéndonos al mismo de forma constante y cambiándonos a nosotros mismos, a pesar de su influencia, que parece detenernos e interponerse en nuestro camino, nos desarrollamos integralmente y nos asimilamos en esta integración. En otras palabras, el egoísmo nos ayuda a evolucionar constantemente.

Del mismo modo, cuando se es un estudiante de primaria o un universitario, no se puede avanzar a no ser que se hagan ejercicios durante el proceso de estudio. Así es como nos desarrollamos en la Naturaleza, resolviendo constantemente algún tipo de problema.

Frente a nosotros hay una meta muy interesante. Nuestro egoísmo es como un ejercicio de constante desarrollo y actualización. Si intentamos resolver este ejercicio, nuestro egoísmo se transformará en conexión, amor mutuo, altruismo e integralidad.

Entonces veremos que fuimos creados de esta manera a propósito. Este egoísmo evolucionó de forma constante en la humanidad a través de la historia, precisamente con el fin de llevarnos, en la actualidad, hasta su desarrollo inteligente en nuestra comunidad. Entonces, precisamente gracias a él, a través de su trascendencia, actuando en la dirección que parece la contraria —en el sentido de la conexión y la integración entre nosotros— veremos que todo fue creado con un propósito, que este es precisamente la fase superior de la Naturaleza —la egoísta— y que nos está empujando hacia el siguiente nivel. ¿Qué nivel es ese? Lo descubriremos una vez que ascendamos hasta allí; sencillamente lo notaremos.

Esta información, energía, pensamiento y deseo se trasladarán a un nivel completamente diferente. Con su ayuda, logrando la conexión integral entre nosotros, ascenderemos a un nivel diferente de existencia. Supongo que esto será superior a los puntos iniciales y finales de nuestro desarrollo dentro de los límites de nuestro universo. Será un nivel por encima de nuestro universo.

REVELANDO LA NATURALEZA DE LA BONDAD

— AU: ¿Quién marca las reglas en este juego global e integral que puede darse en la red?

— ML: Nosotros. Lo significativo del juego es que casi no tiene reglas. Nosotros, los jugadores, progresivamente creamos estas reglas por nosotros mismos. Juntos las vamos gradualmente aceptando, aprobando y corrigiendo. Las cambiamos y mejoramos constantemente porque es un sistema vivo.

Estamos construyendo una comunidad integral a partir de nosotros mismos. Y en ella, tú y yo establecemos qué leyes y normas de comportamiento tendremos que guardar para que podamos girar como ruedas dentadas, funcionar de la mejor forma posible y prestarnos mutuamente el máximo apoyo.

Comencemos a desarrollar este sistema. Estoy seguro que todo esto es inherente a la Naturaleza. Tan pronto como empecemos a movernos de acuerdo a su plan, que desea tomar vida en nosotros, comenzaremos a recibir indicaciones. Las crisis están sucediendo porque vamos en contra de este plan. Es como si estuviéramos intentando ponernos constantemente nuestra propia zancadilla.

Cuando comenzamos a trabajar de acuerdo a la Naturaleza, empezaremos a tener los pensamientos y deseos correctos. Comenzaremos a entendernos mucho mejor entre nosotros y se formarán normas completamente nuevas. Incluso nuestros sentimientos y pensamientos pasarán de ser egoístas a ser integrales. Empezaremos a resolver las responsabilidades de forma diferente y apreciaremos planos totalmente distintos de la Naturaleza, que son más internos. Veremos desde dónde nos gobierna la Naturaleza.

Actualmente percibimos toda la Naturaleza a través de la lente de nuestro egoísmo, prestando atención sólo a aquello que nos resulta provechoso o nos supone una amenaza. No veo el resto de la Naturaleza.

Podrían estar sucediendo todo tipo de cosas a mí alrededor, pero observo la realidad que me rodea sólo en la medida del grado de desarrollo de mi ego – qué es bueno y qué es malo para él. Proyecto toda la información y todas las influencias que me afectan a través de este filtro.

¡Es como si todo lo demás no existiera! No percibo nada más. Supongamos que mañana mi egoísmo se hace más grande (de hecho no para de crecer). En ese caso, de pronto descubriré nuevos fenómenos y leyes de la Naturaleza. Todo está condicionado por el crecimiento de mi egoísmo.

Pero si además de nuestro egoísmo creciente, comenzamos a crear un sistema integral entre nosotros, entonces posibilitaremos que la Naturaleza nos transmita un conocimiento completamente nuevo, en esta conexión integral. Y este conocimiento será altruista y no egoísta.

Cuando esto sucede, comenzaremos a entender la segunda fuerza de la Naturaleza – no la fuerza egoísta que sentimos hoy y en la que vemos sólo una lucha entre opuestos. Detrás de esta segunda fuerza no veremos una lucha, sino una gran bondad, amor y reciprocidad, que es precisamente lo que permite que la vida siga adelante. La vida jamás habría surgido en la Naturaleza sin la existencia de una fuerza bondadosa que impulsa todo hacia la unidad y el crecimiento. Hoy parece que sólo apreciamos la fuerza malvada de la Naturaleza, pero también podemos descubrir la fuerza de la bondad.

Por supuesto, "la fuerza del bien" y "la fuerza del mal" son sólo palabras. Todo lo que se percibe es en relación al observador y vamos a descubrir una infinidad de cosas nuevas. En la conjunción de estos dos sistemas –percibiendo a la Naturaleza de forma egoísta o altruista– comprenderemos realmente el tipo de mundo en el que vivimos. Entonces podremos empezar a comprender cuál es nuestro estado antes de nacer y después de morir.

Hay muchas conjeturas aquí, pero en general todo esto se nos revela hoy como un posible campo de investigación.

—AU: ¿Me está diciendo que esta fuerza del bien potencialmente existe, y que nuestro cometido es revelarla mediante la interacción correcta? Soy un poco escéptico. La red de Internet lleva funcionando ya varias décadas. En Europa y América, toda una generación que ahora tiene cuarenta años, ya ha sido educada en ella. Como psicólogo, me encuentro con esta gente y sé que han perdido las habilidades elementales de la comunicación física natural. Por lo tanto, soy prudente y me estoy preguntando si el ser humano perderá estas aptitudes si se sumerge en nuestro sistema de juego virtual.

— ML: La evolución no depende de nosotros. En el mejor de los casos somos observadores, si acaso somos capaces de observar y valorar apropiadamente lo que está pasando, porque depende absolutamente del desarrollo de nuestra naturaleza.

Hemos creado la red de Internet porque nuestro desarrollo inherente nos presionó para hacerlo. No la creamos cien o mil años atrás porque nuestra conciencia y deseo egoísta internos aún no ejercían presión sobre nosotros.

Ha llegado el momento, por lo que las condiciones tecnológicas necesarias han sido creadas. La necesidad por este tipo de comunicación surgió y por ello apareció y ocurrió. No tiene sentido volver atrás o intentar ir contra corriente. Al contrario, yo miraría hacia adelante. Después de todo, a través de este sistema, la propia humanidad se está descubriendo a sí misma con una mayor conexión y no en el sentido físico. Además ¿qué nos puede aportar una conexión a través de nuestros cuerpos?

En la actualidad no estamos usando esta conexión al máximo, excepto para satisfacer nuestro mezquino egoísmo, obtener beneficios o manipular a las personas.

¿Y si empezamos a utilizar la red como una buena comunidad virtual, es decir, que a partir de la conexión virtual nos impulsáramos hacia la conexión integral espiritual? Entonces con el espíritu de la gente y la comunicación apropiada, se conseguiría una impresión absolutamente distinta de unidad y reciprocidad. Esto es imposible sin la red, por lo que veo todo esto como algo positivo.

En general no veo nada malo en la humanidad y en su evolución. Por supuesto, este progreso podría haber sido mucho más fructífero y compasivo, pero eso depende del comportamiento humano durante este proceso, en la medida en que nos oponemos, comprendemos y participamos en él lo mejor que podemos.

En mi opinión, la salida del contacto físico hacia el contacto virtual egoísta, seguido de la transformación del contacto virtual egoísta al altruista integral, nos llevará a un estado absolutamente diferente. Poco a poco verdaderamente perderemos la impresión del mundo inanimado, vegetativo y animado y cruzaremos hacia un estado donde todo está determinado por la energía, el conocimiento, nuestros pensamientos y deseos, en vez de la comodidad de nuestros cuerpos animales.

Esta es la próxima fase evolutiva del hombre. ¡No hay ninguna otra posibilidad! Aquí es hacia donde la Naturaleza nos está llevando. Las etapas por las que hemos pasado muestran claramente que la humanidad tiene que escalar hasta el nivel de los pensamientos, los deseos y el conocimiento donde estamos todos interconectados. Esto, en sentido estricto, es lo que define a una comunidad como humana. Esa comunidad no la forman nuestros cuerpos, sino precisamente la vivencia interna.

— AU: Hace unos días conocí a un joven que pasaba todo su tiempo en el espacio virtual. Como consecuencia, perdió su trabajo y fue desalojado de su apartamento. La pregunta es: si este espacio virtual es tan atractivo y se corresponde con las leyes de la Naturaleza, entonces ¿dónde está la correlación entre el espacio virtual y el físico? ¿Debería seguir dedicando tiempo y atención en ganarme la vida para no ser desalojado de mi apartamento?

— ML: Esto es un problema importante: ¿cómo aplicamos en nuestro día a día este sistema de comunidad integral? Yo, mi familia, mi trabajo, la sociedad y el mundo – nuestra unidad en la red, ¿cómo afecta esto a nuestro mundo y a nuestras vidas? y por consiguiente ¿cómo podemos cambiar paulatinamente a nuestras familias, las relaciones con nuestros familiares y amigos y con las personas cercanas a nosotros, el gobierno, nuestro país y el mundo? ¿Cómo se modifican nuestras relaciones sociales y económicas de acuerdo a ello, al igual que la industria y el gobierno? Esto es un tema importante que requiere una atención considerable.

Hoy en día la humanidad está empezando a sentir el desafío de la Naturaleza – que algo desconocido e inquietante está surgiendo ante nosotros. Esta llamada de la Naturaleza se está convirtiendo rápidamente en realidad y nuestro problema es sólo cómo tomar parte en esta misión con el fin de ir a favor de la corriente en vez de remando en contra, sufriendo así catástrofes y crisis insospechadas.

— AU: ¿Y si me entrego al azar de este juego virtual integral?

— ML: Pero has de participar en él de forma inteligente, comprenderlo y hacer jugadas independientes. Requiere tu participación activa. No puedes decir: "Me lanzo y dejo que la corriente me arrastre donde quiera que vaya". La corriente no arrastrará a nadie hasta ninguna parte porque la Naturaleza requiere que participemos de forma consciente, que ascendamos a un nivel en el que sintamos al mundo en su totalidad y que participemos en el proceso conjuntamente con todos los demás. ¡Hay que seguir intentando vincularnos con todo el mundo! Y es precisamente esto lo que la Naturaleza requiere de nosotros.

En la actualidad, nos están guiando por el camino duro, mostrándonos que si no insistimos en vincularnos con todo el mundo con el fin de actuar congruentemente, nos golpeará. Esta es la razón de la crisis actual, que nos fuerza a alcanzar la colaboración.

UNA PERCEPCIÓN MULTIDIMENSIONAL DEL MUNDO

- Excursiones: Descubriendo el mundo y eligiendo el futuro
- Un niño en busca de sí mismo
- La ventaja de una Educación Superior
- Solucionando el problema de las drogas
- Inmersión total en los juegos
- ¿Rivalidad o guerra?
- El campeonato mundial de fútbol
- Somos animales evolucionados
- Bondad infinita

— AU: Algunos padres prohíben que los niños jueguen a cierto tipo de juegos. ¿Existe algún tipo de juego perjudicial? Si es así ¿cuál es?

— ML: Un juego es una simulación de una situación futura. Imitando a los adultos o de forma independiente inventando escenas y situaciones, un niño imagina que está en estados futuros. Tiene la impresión de que es real.

Por supuesto, no entiende por qué surgen en él estos instintos o cómo lo determinan. Son inculcados en nosotros por la Naturaleza para que podamos evolucionar y prepararnos para estados futuros, mediante la puesta en escena de las más diversas situaciones y nuestras respuestas conductuales previas frente a ellas. Si un juego es o no correcto, útil o dañino, depende del tipo de niño que queramos formar.

Tenemos que vigilar estrechamente el tipo de juegos en los que participa un niño y con qué niños se relaciona, qué es lo que ve, de qué se da cuenta, qué entiende y qué es lo que lo influye. ¿Estos juegos se desarrollan en grupos mixtos de niños y niñas o los niños y niñas juegan por separado? ¿Los niños son de la misma edad? ¿De diferentes estratos sociales? Todo esto debe ser considerado.

Si queremos alcanzar una sociedad integral, nos damos cuenta de que esta meta ha sido dispuesta ante nosotros por la Naturaleza y sabemos que para lograrlo tenemos que superar nuestro egoísmo y establecer la relación correcta entre nosotros ¿tenemos que comprobar si todos los juegos de los niños conducen a ese estado?

Solo los juegos que enseñan cómo alcanzar este noble objetivo pueden ser considerados útiles.

— AU: La restricción más generalizada aplicada por los padres es con respecto a los juegos de "acción-aventura". Estos juegos se desarrollan de forma individual o en grupo y el jugador o jugadores deben superar varios obstáculos para avanzar de un nivel al siguiente. Los padres y las madres piensan que este es un juego peligroso y les prohíben jugar. ¿Es realmente dañino? Y si es así ¿qué es lo peligroso al respecto?

— ML: Veo que los niños se sienten muy atraídos por este tipo de juegos. En la vida también están constantemente arrastrándose, saltando, superando cosas y trepando hasta la cima de algún sitio.

Esto es útil para su desarrollo físico. ¡Si desean ver lo mismo en un juego virtual y ponerse a prueba con él, creo que es útil!

Todo el problema radica en qué es concretamente lo que el niño intenta superar. ¿Está golpeando o destruyendo a alguien, o está venciendo obstáculos conjuntamente con sus compañeros, aprendiendo a integrarse en este proceso con otros?

No creo que debamos suprimir por completo este tipo de interacción y la necesidad de vencer las dificultades. Al contrario, dejen que se desconcierten y encuentren una salida, porque esto es innato en una persona. Toda nuestra vida es una búsqueda por hallar la mejor opción posible entre varias y un continuo proceso de superación de obstáculos.

No hagamos de un niño un observador pasivo. Es muy útil interaccionar con lo que está sucediendo, así que este tipo de juego es necesario. Todo el problema radica en el sentido que le demos a estos juegos, sus contenidos, hacia dónde dirigen al niño y qué conclusión obtiene el niño al final.

EXCURSIONES: DESCUBRIENDO EL MUNDO Y ELIGIENDO EL FUTURO

– AU: Los niños salen de excursión al mundo real donde visitan fábricas y otras entidades. ¿Deberían quedarse con la impresión de que esto es un juego? ¿O deberían implicarse en la realidad seriamente y comenzando desde la infancia?

— ML: Por supuesto, tienen que ver la vida real. Las excursiones facilitan una percepción multifacética del mundo. Un niño observa las ocupaciones de los adultos e imagina cómo en el futuro él también tomará parte en los procesos productivos, mentales, morales, físicos y sociales participando en ellos.

Un niño debe ser colocado en situaciones que le inciten a hacerse preguntas: ¿Esto me conviene o no? ¿Cómo actuaría en este caso? ¿Me gusta o no esta profesión? ¿Qué tiene de particular? ¿Cuál es su objetivo y qué beneficio le aporta a la sociedad y a mí mismo? ¿Entra en conflicto con lo que estamos hablando? Tenemos que hablar sobre todo esto.

En este sentido es necesario hacer un seguimiento no sólo de la reacción del niño, sino también de las fases de su maduración y de cómo se percibe a sí mismo en este proceso. ¿Cuánto estudia sobre la producción efectiva y su importancia para la humanidad? Y en consecuencia decide: "¿Elijo esta actividad porque es un trabajo necesario para la gente?" "¿O la elijo porque me interesa a mí?"

Las excursiones tienen que ser comentadas desde todos los ángulos. Yo diría que no son sólo excursiones, sino la conquista del mundo la que le ofrecen al niño la oportunidad de verse a sí mismo en el futuro y de hacerse la pregunta: "¿Quién seré yo cuando sea mayor?". Los niños tienen que imaginarse a ellos mismos en cada uno de los roles que han visto. Esto es muy importante porque cualquier sitio que visitan les proporciona un enorme conjunto de sentimientos y sensaciones que son tan vitales para un niño.

Hay niños que llevan un ratón o una rana en el bolsillo, mientras que otros no soportan ni mirar a estas criaturas. Algunos se sienten atraídos por la tecnología y otros por la música, mientras que otros pueden hacer una labor física de sol a sol y otros sólo son capaces de pensar mientras están sentados. Al fin y al cabo comprendemos lo diversas que son las personas.

Cada niño tiene que probar todo con el fin de formarse a sí mismo y encontrar su propio sitio en la vida. Las excursiones proporcionan una información constante y de máxima familiaridad con todas las formas de actividad humana.

EL NIÑO EN BUSCA DE SÍ MISMO

— AU: Una de las características más importantes de un juego es su aspecto competitivo.

Hay un libro titulado, *How to Become the Parent You Never Had: A Treatment for Extremes of Fear, Anger and Guilt* (*Cómo convertirse en el padre o la madre que nunca tuvo: Una terapia para miedos profundos, ira y culpa*). Este libro empieza diciendo que todos somos triunfadores porque quinientos millones de espermatozoides compitieron y el ganador fue…

— ML: Yo.

— AU: Sí, yo gané. Ya que este rasgo competitivo fue arraigado en nosotros por la propia Naturaleza ¿cómo podemos usarlo correctamente?

— ML: No hablemos de la casualidad o de cómo lo ha programado la Naturaleza. En esta competencia concreta el ganador es el más fuerte, aquel que tiene cualidades especiales.

Una persona que participa en la vida de la sociedad o del entorno desde un plano multifacético, puede ser mejor que otros por un lado y peor que los demás por otro. Pero si cada persona encuentra la mejor manera de aplicar sus puntos fuertes y sus habilidades, entonces los defectos de una persona están "cubiertos" por los méritos de otra. Una persona feliz es aquella que ha encontrado la manera óptima de realizarse y esto es algo que tiene que discernir dentro de sí misma. Si es capaz de ser rápida, estar alerta y mantenerse firme, si puede sobreponerse a la adversidad y vencer a otros, entonces su victoria lo beneficiará a ella y a las personas de su entorno.

Me gustaría subrayar concretamente que el triunfo será ejemplar si su objetivo es utilizar las habilidades propias para proporcionar la máxima ayuda al entorno, a la sociedad. Entonces se manifestará en el sistema humano común y se mantendrá impreso ahí y será registrado en su cuenta.

Pero si una persona se realiza a sí mismo de forma incorrecta, entonces a pesar de tener habilidades maravillosas, obtendrá el resultado opuesto. Tenemos que conseguir sacar a la luz las capacidades de cada niño y estimular su desarrollo.

Cuando yo estaba empezando la universidad, estaba muy de moda especializarse en ciencias y en campos de la técnica y estos departamentos intentaban atraer a todo el mundo. Recuerdo lo impacientes que estaban los estudiantes y cuán grande era la decepción después.

Entiendo y recuerdo a varios de mis compañeros de clase que abandonaron los estudios y no porque no tuvieran éxito. Vieron que los estudios técnicos carecían del romanticismo con el que habían soñado. ¿Trabajar con impulsos y calculando parámetros? Se convencieron de que estos no eran en absoluto las profesiones que querían. Se marcharon sin muchas vacilaciones e hicieron bien porque encontraron su vocación en otro sitio.

En nuestro sistema educativo estamos intentando identificar las tendencias de un niño desde el principio para que no cometa errores. Tiene que ver y familiarizarse con todas las facetas de la actividad humana y encontrarse a sí mismo durante el período de formación en nuestro sistema. La búsqueda de la profesión adecuada es muy importante y consume mucho tiempo de nuestras vidas. Es una alegría cuando una persona se identifica con una determinada profesión.

— AU: Por lo tanto ¿no hay nada de malo en mostrar habilidades especiales y no deberíamos intentar igualar a los niños?

— ML: No. Al contrario, tenemos que poner de manifiesto sus habilidades durante el período de la adolescencia. Estamos preparando a los niños para que a los trece o catorce años comiencen a estudiar un programa de estudios universitarios, antes de que tengan que discernir claramente qué es lo correcto para ellos.

Nuestra labor es impulsarlos a escoger la opción que encaje con sus tendencias en lugar de estar dependiendo de las oportunidades de ascenso en la escala corporativa o de la magnitud de sus futuros salarios.

— AU: Pero ¿se valora siempre su contribución al bien común?

— ML: Por supuesto. De otro modo los propios parámetros internos no se corresponderán con la profesión elegida, no beneficiará a nadie y tampoco estará feliz consigo mismo. La solución correcta a este problema es buena tanto para el individuo como para la sociedad.

Recuerdo cómo en mis tiempos todo el mundo en general ingresaba en los departamentos técnicos porque había una gran demanda por parte del gobierno y los tiempos lo requerían. Todos los demás eran despreciados. Los departamentos pedagógicos y de humanidades se quedaron vacíos porque todo el mundo iba hacia la ciencia e ingeniería.

Como resultado, creo que el verdadero valor de esta generación nunca fue revelado. Muy pronto se agotó, dejando tras de sí un entorno desprovisto de corazón.

— AU: Sí, incluso existe un término, "la intelectualidad técnica" que muchas veces no se ocupaba de asuntos técnicos sino de artes liberales.

— ML: Cuando escribí mi tesis doctoral en el Instituto de Filosofía de Rusia, me encontré a muchos antiguos "técnicos" allí. Pero una vez que la gente hubo recibido una formación técnica, la dejaron y estudiaron otra profesión, porque en su juventud fueron atraídos hacia el lugar equivocado, así que más tarde cambiaron de profesión.

LA VENTAJA DE UNA EDUCACIÓN SUPERIOR

— AU: Ha mencionado varias veces lo importante que es para un niño recibir una formación superior tan pronto como sea un adolescente. ¿Por qué es importante y por qué debería un adolescente dedicarle tanto tiempo a esto?

— ML: Creo que es necesario. Además, la escuela moderna sólo puede perjudicar a la persona.

La formación superior instruye a la persona para trabajar con libros, visitar bibliotecas, participar en trabajos de investigación y examinarse. Lo mantiene activo. Tiene que participar en estos procesos, averiguar cómo tiene que estudiar diferentes materias, cómo elegir y estudiar libros de texto, cómo elegir los contenidos adecuados y escribir sobre ellos y cómo llevar a cabo trabajos de investigación. Esto le proporciona las capacidades para ser autosuficiente en la vida.

En la escuela los niños simplemente van a clase, se sientan, se les da todo procesado, asienten con sus cabezas, les ponen notas y vuelven a casa. La escuela de nuestros días destruye toda independencia. Cuando un niño acaba el colegio, es incapaz de ejercer un rendimiento activo y de estudiar por sí mismo. Pero un ámbito universitario, al menos en parte, le proporciona esta independencia.

Con solo cambiar un poco los métodos del colegio y la universidad, tendremos a una persona que puede desarrollarse de forma independiente durante el resto de su vida. Hoy día, las personas que acaban el colegio o la Universidad no reciben las habilidades necesarias para progresar en la vida de forma independiente. Simplemente siguen siendo actores.

— AU: En los colegios y universidades existe el concepto de "cerebrito". Esta es una persona que desempeña todas las tareas minuciosamente y hace todo "al pie de la letra". Al contrario que el "cerebrito", están los astutos, los hombres y las mujeres jóvenes que toman atajos, que encuentran modos poco convencionales, novedosos, para así llegar a la meta por el camino más corto. Desde su punto de vista ¿qué camino es mejor y preferible para educar a un niño?

— ML: Estas son tipologías de personas completamente diferentes. Tenemos que dar a todos la oportunidad de iniciar su propia investigación en los laboratorios de los distintos departamentos desde la edad más temprana posible.

Cuando era niño y me iba haciendo mayor, había un centro juvenil muy cerca de nuestra casa. Había muchos laboratorios en ese centro, de fotografía, de física, de botánica y de zoología. En aquella época, todas estas cosas eran novedades. Además de esto, había muchos clubes deportivos.

En mi opinión, como parte del proceso de estudio, es necesario dedicar tiempo adicional al trabajo científico para que los estudiantes puedan ponerse a sí mismos a prueba.

Lo que queda en la memoria de una persona después de la universidad son, precisamente, los proyectos de laboratorio en los que hizo algo práctico por su cuenta, donde obtuvo resultados, los calculó y así sucesivamente. Todo lo demás deja recuerdos muy vagos de fórmulas falsas que están desconectadas del trabajo real.

"Los cerebritos" y aquellos que "bajan las estrellas del cielo" tienen planteamientos diferentes frente a la vida. Hay que darles a ambos la oportunidad para desarrollarse.

No veo ninguna otra manera además de permitir que cada estudiante trabaje de forma independiente. Pero definitivamente tenemos que preguntarle: ¿Qué haces además del programa de estudio? ¿Participas en algo? ¿Dónde están tus logros científicos? El grado de su categoría científica no es importante. Lo importante es que esto obliga a una persona a buscar el material necesario en las bibliotecas y en las revistas científicas y se le ofrece una oportunidad para crear.

— AU: ¿Quiénes deberían trabajar como instructores, maestros y educadores en estos talleres y laboratorios?

— ML: El personal de la universidad.

Es muy bueno involucrarse en actividades científicas durante la etapa universitaria. Creo que también es necesario para aliviar la carga de los estudiantes, para liberarles de un exceso de asignaturas teóricas y darles la oportunidad de participar en la investigación científica.

— AU: ¿A partir de qué edad tiene sentido organizar estos clubes "científicos" para niños?

— ML: Yo me sentí atraído por la Ingeniería y quise estudiarla a partir de los nueve o diez años. Recuerdo claramente que en nuestra pequeña ciudad no encontré nada además del centro juvenil con sus clubes de aficiones.

Es durante la infancia cuando un niño comienza a mostrar interés por algo concreto. Por nuestra parte, tenemos que apoyarlo en todo lo que podamos.

Ahora mismo estamos hablando fundamentalmente de la educación. Pero la educación tiene que darse simultáneamente con la enseñanza académica. ¿Cómo? La enseñanza funciona conjuntamente con la educación en la medida que la enseñanza propia es de utilidad para el mundo. Sólo en la medida de su utilidad la enseñanza no será únicamente algo que los demás pidan, sino que también incitará al éxito y junto a ello, el niño será capaz de progresar. Su actividad útil para los demás será confirmada por la Naturaleza ya que será apoyada por la Ésta.

Una persona debe saber exactamente hasta qué punto su mayor afición o interés es necesario, si encaja en la corriente común y si está relacionado con las directrices principales del desarrollo de la sociedad. Si no es así, entonces todo su trabajo será insostenible.

SOLUCIONANDO EL PROBLEMA DE LAS DROGAS

— AU: Me gustaría mencionar el tema de las drogas. Éstas, en cierto sentido, también son un juego, porque a través de ellas una persona entra en un estado nuevo y cambia. Entonces ¿qué tienen de malo las drogas?

— ML: El hecho de que una persona se aleje de la realidad; nada más hay de malo. La persona se distancia de la sociedad y de la vida. No le hace mal a nadie y va tranquilamente caminando por ahí con la mirada vidriosa sin ver a nadie. No puede decirse que sea un elemento socialmente peligroso, pero causa daño por ir en contra de la Naturaleza y con esto no estamos de acuerdo.

En general las drogas son muy baratas. Es posible suministrárselas constantemente a los tres o cuatro mil millones de personas "extras" que hay en la Tierra para que el resto puedan vivir en paz. Podríamos aislarlos así de todos los problemas. Podríamos distribuir drogas entre las masas y la tasa de criminalidad descendería inmediatamente. Podríamos albergarlos en reservas y dejarlos estar allí tranquilamente, drogándose y pasándola bien.

Sin embargo, el hecho es que básicamente nos oponemos a esta actitud ante la vida. La humanidad no puede aceptar esto a pesar de que estas acciones son inofensivas para la sociedad e incluso útiles en algún sentido. La Naturaleza ha determinado el objetivo de nuestra existencia tan poderosamente dentro nosotros, que no podemos mirar pasivamente cómo una persona se separa voluntariamente de una vida adulta formal.

Por lo tanto, no estamos de acuerdo con ello. No queremos aprovechar esta oportunidad para estar en un estado de nirvana durante el resto de nuestras vidas y después morir en paz. Aparentemente puede pensarse que nada podría ser mejor. Al fin y al cabo, la vida está llena de decepciones, búsquedas, problemas y depresiones. Pero aun así, no estamos de acuerdo con ello.

Y podemos vencer este mal proporcionando a una persona satisfacción con lo que hace, la sensación de una vida plena. Entonces no necesitará segregarse de la vida. Pero si toda su vida está compuesta de sufrimientos y vacíos interminables, entonces no podemos reprocharle su opción por las drogas.

Leí un discurso del jefe del Ministerio Federal de Salud y Asuntos Sociales de Rusia donde dijo que en la próxima década, más de la mitad de la población del país padecerá depresión y que en la actualidad la tasa es del 25%. Y esto es la afirmación de la autoridad del Ministerio de Salud; ¡estos son los números que hacen públicos! Y ¿cuántas personas más hay que no están contabilizadas? ¿Qué puede hacerse con dicha multitud?

Existe la misma sensación en todo el mundo. Hay países con tasas incluso superiores. El divorcio, la violencia a nivel masivo, el terrorismo – es todo parte del problema común del enorme vacío interior. Y tiene que ser llenado con algo. De otro modo…

No deberíamos estar luchando contra las drogas, sino más bien contra la razón que hace que la gente las desee. Y el motivo es el vacío que hay dentro de nosotros, que sólo puede ser llenando por lo que la Naturaleza ha dispuesto para nosotros.

¿Por qué surge la sensación de vacío? ¿Y con qué se puede llenar? En nuestros días tenemos que llegar hasta el nivel de la unidad integral con todos y llenarnos con eso. Así es como llegaremos a sentir la naturaleza común, su eternidad y perfección y seremos incluidos en ella, nos identificaremos con ella. Fluiremos en esa eternidad.

Aún viviremos la vida en la Tierra –donde llevaremos a cabo nuestra integración con los demás– percibiéndonos a nosotros mismos en un sistema por encima de este mundo, en el nivel de un ser humano en lugar de un nivel animal o un elemento social parcialmente desarrollado.

Al hacer que una persona forme parte de la sociedad global integral, le apartaremos de las drogas y no las necesitará nunca más. Experimentará estados de alcance, la búsqueda de la perfección y adquirirá un equilibrio que es miles de veces más potente que cuando se está bajo la influencia de cualquier sustancia química.

INMERSIÓN TOTAL EN LOS JUEGOS

— AU: Hay un tipo más de juego que ha cautivado a cientos de millones de personas: los juegos de azar, tales como los de los casinos y las cartas. Su popularidad aumenta constantemente. ¿Por qué? Y ¿qué es lo peligroso de estos juegos? En su escuela de formación global e integral ¿hay lugar para los juegos de azar? Y si no es así ¿por qué?

— ML: La competencia es algo bueno. No importa con qué o con quién está compitiendo – una ruleta, una máquina tragamonedas u otras personas. En cualquier caso, entra en una contienda. Es decir, desea superar una determinada circunstancia, fenómeno o suceso. Quiere superarse y afirmarse a sí mismo.

Es muy interesante mirar a las personas que juegan. Estuve una semana entera en Las Vegas observando a mi esposa, que se volvió loca con los juegos. En casa es una abuela normal y corriente. Pero cuando se vio frente al despliegue de máquinas tragamonedas, perdió la cabeza.

Cuando una mujer adulta con dos títulos universitarios, que vive en el otro extremo del mundo, muy lejos de Las Vegas, se ve en este lugar, algo desconocido se enciende en ella, alguna fuerza extraña le atrae hacia el riesgo del juego.

Juntos decidimos que podíamos gastar cincuenta dólares una noche en un juego que cuesta diez o veinte céntimos por jugada. Ella jugó y yo observé desde fuera, viendo desaparecer al ser humano que hay en ella y convertirse en la propia "máquina tragamonedas". Una máquina acaba jugando con otra máquina, compiten y no hay nada más que eso.

Pongo a mi esposa de ejemplo porque es una mujer normal y sensata, sin ningún vicio en particular, muy ecuánime y equilibrada. Es simplemente asombroso lo que sucede dentro de nosotros. Una persona tiene una necesidad de superar el azar, a sí mismo, a la máquina, es decir, tiene necesidad de afirmarse.

Y si le damos a una persona la oportunidad de competir por algo que es bueno y útil para la sociedad, entonces será capaz de satisfacer esta necesidad. Existe y no puede ser suprimida. Por lo tanto, es necesario brindar a la persona la oportunidad de reflexionar, crear, participar, ganar y afirmarse. Esto es posible en la sociedad integral porque allí cada uno de nosotros es un individuo definido.

Al mismo tiempo, cada uno de nosotros es sólo una rueda dentada que es muy pequeña y no tiene nada de especial. Pero algunas veces empieza a ralentizarse o cambia la dirección, provocando su diferenciación frente a los otros. Al girar en armonía con todos, alcanza su máximo potencial de expresión y al mismo tiempo siente plenitud y satisfacción.

La educación integral le dará a la persona la oportunidad de verse a sí misma en el juego llamado vida. Sentiremos que estamos progresando constantemente, que como niños, estamos representando y haciendo realidad un estado superior y detrás de ello emerge un estado nuevo y superior. Esta apasionante aventura, un ascenso infinito, será percibida por cada persona.

La gente va detrás de las drogas y de los juegos de azar, dispuestos a lanzarse desde un puente al abismo en busca de sensaciones intensas. Una persona encontrará todo esto en la interacción integral con los demás, porque ofrece oportunidades increíbles para la realización personal. Entonces los excesos de nuestros días no serán algo que verdaderamente satisfaga a las personas.

— AU: Si he entendido correctamente ¿seremos capaces de hacer realidad la cualidad de asumir riesgos precisamente mediante un cambio continuo de estados?

— ML: La Naturaleza nos ha creado de una forma que el único modo que tenemos de realizarnos plenamente y en armonía es en la integración. Entonces no tendremos que "desfogarnos" embriagándonos, peleándonos o entrando en un estado de frenesí porque no quedarán necesidades que satisfacer. Tenemos que ver en la conexión integral el verdadero campo de actuación. Este es el campo para el que fuimos creados, el lugar donde revelamos y corregimos nuestros instintos más íntimos y oscuros.

¿COMPETICIÓN O GUERRA?

Si una persona percibiese el mundo como un todo integral, vería que todos sus impulsos se cumplen mediante la relación correcta con los demás, los positivos y los negativos por igual. Entonces ya no tendría que albergar ningún sentimiento reprimido, conteniéndose a sí mismo.

Tomemos como ejemplo el fútbol. Si este juego se lleva a cabo correctamente, si entre los equipos está presente la amistad, el juego puede estar repleto de amor. Será una competición de amigos que disfrutan del proceso real del juego.

En este juego, la supremacía de una persona sobre otra radicará en la respuesta a las preguntas: ¿Cuál fue tu experiencia interna? ¿Cuál fue el objetivo por el que jugamos? ¿Cómo nos cotejamos con los demás? ¿Cómo se manifestaron nuestras cualidades positivas y negativas?

Aquí se pueden experimentar los estados más sorprendentes: se puede jugar un partido con su egoísmo y contra él, establecer contacto con los amigos y con el rival, eliminando la ambición de destacar o, viceversa, expresándose a sí mismo y sobresaliendo, pero por el bien del equipo. Hoy en día esto no existe en el futbol, porque se ha convertido en un negocio.

Este escrutinio moral, interno y espiritual de uno mismo y de los demás durante este juego externamente duro, tiene enormes oportunidades para futbolistas de carácter "intelectual"

Creo que cualquier competencia –exceptuando aquellas en que causamos daño a los demás, como la caza– es un escenario en el que podemos discernir la actitud de una persona hacia los demás y expresarlo de forma relevante. Los elementos del juego le permitirán a uno desarrollar y lograr un enorme estado de realización.

— AU: ¿Deberíamos cambiar las reglas del juego o discutir y analizar lo que ocurrió y cómo sucedió después del partido? ¿Deberíamos ver las grabaciones de vídeo del partido y repasar las situaciones que se produjeron durante el mismo?

— ML: Pienso que el juego debería detenerse cada diez minutos con el fin de "reiniciar" y devolver a los jugadores el estado adecuado. Deberían examinar: ¿Qué logramos durante estos diez minutos? ¿Qué tipo de trabajo interno consiguió representar cada persona con éxito? ¿Cómo miró a los demás? ¿Cómo recibió un pase? ¿Cómo se hizo con el balón? ¿Cómo participó en la conexión con los otros? ¿Y cómo trató a su rival?

Diez minutos de trabajo interno es mucho. El balón, el campo y el juego son sólo excusas externas para dirigir un análisis interno.

Hoy en día ni siquiera podemos imaginar cómo hacer una verdadera evaluación de nuestra realización interna, que es el trabajo de los ganadores. Pero pienso que lo conseguiremos y aprenderemos a tener en cuenta los gastos de energía y las intenciones. Esto nos permitirá considerar a los equipos de jugadores en su conjunto y a cada jugador en particular.

— AU: ¿Cuál es la disposición mental correcta para un partido?

— ML: La mentalidad adecuada es aquella que está dirigida hacia la unidad y la integridad. En la Naturaleza hay dos fuerzas aparentemente opuestas –una positiva y una negativa. La rivalidad en un partido depende de cómo se combinan los vectores individuales y egoístas dentro de un equipo.

Cuando nos unimos en un equipo ¿a qué jugamos con los adversarios? En otras palabras ¿cuál es la victoria? Es muy importante discernir esto. Un gol marcado por alguien no es una victoria. En el nivel de nuestro mundo es una hazaña física. Pero por encima de ella, internamente, hemos jugado un partido de unidad, el juego de anularnos y de conectarnos en un nivel superior, por encima de nosotros mismos.

¿Cuál fue el resultado que alcanzamos mediante este juego interno, los pases de nuestras propias fuerzas y atributos egoístas y altruistas? ¿Qué puntos tuvo en cuenta cada uno para sí mismo? ¿Cuánto avanzó en su análisis personal durante este partido?

Estos juegos tienen un enorme potencial para ayudarnos a atravesar rápidamente grados de desarrollo interno. Esta es una cuestión del futuro, pero no creo que esté demasiado lejos.

Cualquier forma de actividad humana, especialmente formas que incluyen elementos competitivos en el nivel de nuestro mundo, pueden proporcionarnos una gran oportunidad para desarrollar acciones opuestas por encima de ellas y analizarlas.

EL CAMPEONATO MUNDIAL DE FÚTBOL

— AU: De niños solíamos jugar a las "damas suicidas" y a otros "anti–juegos". Por ejemplo, en fútbol el objetivo no era ganar, sino ceder y perder. ¿Se está refiriendo ahora a este tipo de anti–juego?

— ML: ¡No! En el nivel de nuestro mundo tenemos que jugar acatando estrictamente todas las reglas. Y cada uno de nosotros juega aprovechando las oportunidades que le han sido dadas, sin ceder ante nadie.

Pero por encima de esta competencia mecánica ¿cómo podemos elevar nuestra intención, construir unidad y la actitud correcta de uno para con el otro? ¿Cómo podemos competir entre nosotros? Se hace con la intención y no sólo con la competición física.

El juego sigue siendo el mismo, pero se vuelve más correcto y dirigido por las reglas. Se juega sin ningún tipo de falta particularmente grave, de una forma muy "caballerosa", pero nada más.

Por encima de esto construimos relaciones dentro de cada equipo y entre los equipos para que el sistema compuesto por veintidós jugadores en un campo verde parezca absolutamente armonioso ante los espectadores, conformado por elementos que son opuestos pero interconectados por una conexión equilibrada y consciente.

Esta intención tiene que desarrollarse en todas las formas de actividad humana. Este mundo sigue siendo el mismo mundo material, compuesto por muchas cualidades y controlado por dos fuerzas opuestas que tenemos que unificar. El hombre es un ser en el que convergen todas las fuerzas contrarias de la Naturaleza con el fin de alcanzar una sola meta, la armonía.

— AU: Digamos que hay un campeonato mundial de fútbol y ha llegado la final. Dos mil millones de personas están siguiendo este evento. Hay dos equipos que muestran su maestría al máximo. El partido está transcurriendo de maravilla, con gran estilo. ¿Y está diciendo que no importa quién gane? Entonces ¿cuál es el resultado del mismo?

— ML: Todos los jugadores y espectadores logran una profunda unidad. Este es el objetivo del proceso llamado "fútbol".

— AU: ¿Y esto no está sucediendo en el los campeonatos mundiales de nuestros días?

— ML: ¿¡De qué estás hablando!? En los campeonatos mundiales actuales a un jugador se le paga diez millones de dólares, a otro cinco millones y otro recibe dos millones y todos juegan sólo por esto. Ni siquiera les importa para qué equipo juegan. Irán dondequiera que les paguen más.

Dame mil millones de dólares y formaré un equipo que hará pedazos al mundo entero. Es sólo una cuestión de dinero y nada más. Pero si la desigualdad de los equipos se hace evidente, entonces la gente perderá el interés en el juego y no habrá nada que les podamos hacer ver. El fútbol es un negocio, por lo que hay un consenso entre los rivales para formar equipos que son más o menos iguales con el fin de atraer a los espectadores al campo.

Esto es una pura mentira, una representación. Los propios partidos son amañados y se sabe cómo se desarrollarán incluso antes de que comience el juego. Dos mil millones de personas se exaltan porque alguien les agita, alguien les provoca intencionalmente, embaucándoles con "pan y circo".

Y lo más importante ¿cuál es el resultado? Una paliza en masa de la afición.

— AU: Normalmente, sí.

— ML: Ahí está la celebración de la amistad y el deporte para ti.

SOMOS ANIMALES EVOLUCIONADOS

— AU: ¿Cómo se puede organizar un partido de futbol para que después quede una sensación de unidad?

— ML: La amistad está verdaderamente ausente en el deporte de nuestros días. Mucha gente habla de la amistad, pero la competencia es una manifestación del egoísmo. Yo de forma egoísta estoy intentando lograr el mejor resultado, pero por las reglas.

¡Si tan solo pudiéramos ver la tensión interna, moral y espiritual de una persona que desea competir con el fin de lograr una conexión con los demás! Puedo alcanzar este estado compitiendo con usted en el lanzamiento de jabalina, por ejemplo. La competitividad en este mundo es precisamente lo que le proporciona a una persona la clase de conexión con los demás, que le permite elevarse por encima para crear un lugar de unificación mutua.

— AU: ¿El resultado es mutuo?

— ML: ¡Es mutuo en todos los sentidos! Afecta a todo el sistema relacional humano. En el interior continuaremos siendo los mismos individualistas y egoístas que se odian unos a otros y este sentimiento se manifestará en nosotros cada vez con más fuerza. Pero por encima de ello tendremos que discernir nuestra superestructura común de amor. Cuando estos dos planos se pongan de manifiesto con todo su poder, nos permitirán sentir la intensidad plena de la naturaleza eterna y perfecta, haciéndonos semejantes a ella.

¿Puedes imaginar cómo estos grandes logros transformarán al hombre? Por un lado hay odio, rechazo y separación con respecto a los demás y en el deporte el propósito es ganar a toda costa. Por otro lado, simultáneamente hay amor, dependencia total y compañerismo, como si estuvieras compitiendo con tu querido hijo.

Te dejarías ganar por él gustosamente. Pero aquí no hacemos eso. Aquí tienes que actuar en ambos planos sin fingir; hay que hacerlo de verdad. Como psicólogo ¿puedes imaginar tales discernimientos?

— AU: No, es bastante difícil para mí imaginármelo.

— ML: ¡Qué concepto psicológico tan complejo! Uno tiene que salir de sí mismo, esto es lo que tiene que pasarle a una persona. Así es como entrará en el próximo nivel, ascenderá a un sistema diferente, a una dimensión distinta.

Hay tres niveles en la Naturaleza: inanimado, vegetativo y animado. Nosotros somos animales evolucionados. Pero cuando nos unimos en este nivel y comenzamos a ascender por encima de nosotros, entramos en el nivel "humano", que antes desconocíamos. Este es el nivel de armonía común.

— AU: El enorme potencial que conlleva esta acción está claro. Es solo que no comprendo cómo se supone que ha de suceder esta unificación. ¿Cómo podemos hacerlo?

— ML: Mediante una educación paulatina. No hay otra manera. Este es el reto que la Naturaleza ha dispuesto ante nosotros. Esta es exactamente la razón por la que estamos entrando hoy en día en la crisis global. Ésta ha de enseñarnos cómo elevarnos por encima de nosotros mismos, mientras todo continúa estando en el nivel actual.

Todo lo que se hace actualmente en la Tierra permanecerá. No tenemos que deshacer nada. Por supuesto, suprimiremos la producción nociva. Pero nuestra tarea es elevarnos por encima de este mundo, por encima de las acciones físicas mediante la educación, la comprensión de uno mismo y una formación correcta.

— AU: Una de las definiciones del amor es recibir placer por cualquier cosa que proporcione placer a la otra persona...

— ML: ¡A pesar de mi odio por él! Este odio no desaparece. De lo contrario acabaríamos con la resistencia del amor y tendrían que luchar para sentir el amor con mayor intensidad.

— AU: En ese equipo de veintidós jugadores, durante la pausa, tras diez minutos de juego, tengo que pensar ¿cuánto placer ha sentido mi amigo del equipo contrario?

— ML: No sólo eso. Hay que aspirar a la unión en el nivel de las acciones físicas y objetivos contrarios, así como en el nivel de las acciones y metas internas.

— AU: ¿En el pensamiento?

— ML: Sí, en el pensamiento. Esta es precisamente una actividad interna y creativa mediante la cual el hombre se crea a sí mismo y se eleva por encima de este mundo físico.

BONDAD INFINITA

— AU: ¿Es nuestra tarea como educadores utilizar el potencial egoísta de las personas para crear progresivamente el sistema de interacción por encima de éste?

— ML: Así es exactamente cómo se actualiza ese potencial. No puede llevarse a cabo de ninguna otra manera porque es suprimido por todos los demás. Siempre estamos limitados, como si estuviéramos en prisión con las manos atadas.

En la medida en que podemos unirnos entre nosotros, elevándonos por encima de nuestro egoísmo, veremos que podemos dejarlo marchar, liberarnos de sus grilletes. En la medida en que preparamos de antemano una intención para conectarnos, podemos liberarnos del egoísmo. Entonces veremos cómo todo se realiza de forma maravillosa, cómo somos verdaderamente libres y no tenemos que limitarnos.

No hay dónde esconderse del egoísmo. ¡Y no tenemos que hacerlo! Está creciendo ¡y eso es estupendo! Sólo tienen que construir su conexión con los demás por encima de él y entonces este egoísmo existirá para una buena causa.

— AU: Esto es una fuente de inspiración, en el plano conceptual. Pero en el sentido práctico ¿qué es lo que necesita un niño para dar un paso adelante hacia otras personas?

— ML: Debe estar diariamente en contacto con los demás niños bajo la supervisión del educador.

— AU: ¿Qué tiene que ocurrir allí? ¿Tiene que ver a otra persona?

— ML: Un niño comienza a percibir la realidad incluso antes de nacer. Pero nos estamos refiriendo a niños de una determinada edad, capaces de ser aceptados en un grupo en el que se puedan introducir ciertas fronteras y límites físicos.

Un niño de dos años expresa necesidades sociales muy básicas, tales como alguien con quien jugar o a quien mirar. Antes, apenas es consciente de los demás.

A partir de esta edad, admitimos a los niños en este sistema, que les ayuda a desarrollar la impresión correcta de los demás, la sensación del "prójimo" y la actitud correcta hacia él. Si un niño recibe esta formación, no hay duda de que en unos cuantos años se convertirá en un elemento integral de la sociedad.

El egoísmo hace su aparición en él y es compensado simultáneamente. No es un intento de anularlo, sino precisamente de complementarlo con intenciones altruistas. Un niño se desarrolla armoniosamente, sin sentir ningún tipo de limitación de sus padres, del colegio y de los educadores.

Al recibir la educación adecuada, adapta su egoísmo fácil y libremente a cualquier circunstancia y descubre que la Naturaleza le proporciona sólo bondad, que todas las cualidades "negativas" están ahí para advertirle: "¡Eso no está permitido! ¡No toques eso! ¡No hagas eso! ¡Esto no es tuyo!"

Cuando una persona crea la intención correcta por encima del egoísmo, descubre que nada está prohibido, que la Naturaleza es infinitamente bondadosa en todo lo que le hace y en la forma que nos dirige.

— AU: ¿Cuál es la intención correcta?

— ML: La integralidad, la interconexión correcta. Cuando incluyo los deseos de otra persona en los míos y él hace lo mismo, entonces nos estamos relacionando mutuamente de la forma correcta.

Ambos somos egoístas, pero por encima de nuestro egoísmo construimos un punto de contacto recíproco, de tal forma que yo percibo su egoísmo como mío y él percibe mi egoísmo como suyo. Resulta entonces que ambos estamos trabajando con nuestro egoísmo común. Es decir, giramos simultáneamente como dos ruedas, sin ninguna resistencia entre nosotros.

Supongamos que él tiene cincuenta kilos de egoísmo y que yo tengo cien. Su egoísmo está contra mí y el mío contra él. Pero si por encima de este egoísmo construimos nuestra acción común y nos incluimos el uno en el otro, entonces comenzamos a percibir el sistema que nos eleva por encima del nivel de nuestro egoísmo vinculado entre sí; sentimos la integración, el amor y la conexión. Nuestro alcance mutuo equivale al egoísmo común que empleamos para conectar entre nosotros.

Nuestras intenciones pueden medirse en unidades de nuestros esfuerzos internos. No cabe duda que esto es difícil de lograr hoy en día. Todavía no podemos calcular los esfuerzos éticos y morales de una persona. Pero en principio, esto puede ser calibrado.

Estamos construyendo un nuevo estrato para la existencia de una persona, una nueva dimensión. Llamémosla "espiritual". Este es el futuro de la humanidad donde todo lo que está en el nivel terrenal se convertirá en la base de la superestructura que tenemos que crear.

Cuando el egoísmo crece hasta su grado máximo y lo realizamos plenamente, nos trasladaremos a esa superestructura con nuestros pensamientos y sentimientos y dejaremos de sentir por completo nuestra existencia en el plano terrenal. Simplemente desaparecerá de nuestras sensaciones. Mi "yo" existirá sólo en la superestructura espiritual y me relacionaré únicamente con este plano.

PERCEPCIÓN INTEGRAL DE LA INFORMACIÓN

- La persona y el entorno
- La cualidad superior del colectivo
- No una multitud, sino un sentido de unidad
- Las sensaciones individualistas son defectuosas
- El mundo es una yuxtaposición de opuestos
- Todo está dentro de nosotros, no hay nada fuera
- El mundo como un espejo de nuestra imperfección
- Yo y los otros nos convertimos en "NOSOTROS"
- El castigo no es necesario en la sociedad corregida
- Curando la depresión colectiva
- El modelo de santidad
- Una anécdota es una expresión paradójica de la integración

– AU: Cuando hablamos de la percepción de la realidad, no entiendo muy bien lo que quiere decir y quedan muchas preguntas en el aire.

– ML: Hazme un resumen de lo que sabes sobre la percepción de la realidad desde el punto de vista de la psicología y yo te diré lo que sé desde el punto de vista de mi profesión.

– AU: Esto abarca todo un campo de la Psicología general y durante todo el siglo pasado se hicieron grandes descubrimientos al respecto, especialmente durante los combates de la Segunda Guerra Mundial y la posguerra. Por extraño que pueda parecer, esta fue precisamente la época en que se hicieron grandes descubrimientos como la teoría de Kurt Lewin. La teoría de Lewin trata de "el campo de fuerza psicológico". Lewin no fue menos relevante que Freud, pero mucha gente no conoce su teoría y continúan viviendo como siempre lo hicieron.

Su descubrimiento fue que la percepción de una persona está determinada por su necesidad, la cual no se limita a una presión interna, sino que la percepción es un sistema compuesto por la persona y el entorno. En consecuencia, la tendencia de dicha presión se forma precisamente en un entorno, que cambia la percepción del mundo externo de una persona.

Hemos dicho que cuando los niños se unen en un grupo de forma adecuada, surge algo que posibilita que un niño perciba información intrínsecamente nueva, que nunca podría descubrir por sí mismo. ¿Qué es esta información? ¿Qué tiene de especial este campo de fuerza y cómo funciona este mecanismo?

– ML: ¿Está hablando de la posibilidad de la percepción integral de la información?

– AU: Sí.

LA PERSONA Y EL ENTORNO

– ML: De hecho, hay una percepción individual y una integral. La percepción individual además es integral, pero de forma inconsciente. También hay información integral que es percibida de forma consciente, lo que posibilita que uno pueda adaptar y ampliar los límites de la percepción. Como objeto de percepción, puedo adaptarme y formarme bajo la influencia de un entorno circundante que elegí de antemano, al hallarme y entrar en contacto con él, entrando así en una conexión integral con el mismo.

Esto también sucede en la vida. Si quiero ser un programador informático, tengo que asistir a un taller de programación dotado de una buena plantilla de programadores. Tengo que escucharlos y elogiar su pericia, mostrando interés y admirando su habilidad profesional. De este modo suscitarán en mí el deseo o anhelo por esta profesión. Entonces seré capaz de ampliar los límites de mi percepción, adquiriré sensaciones precisas y una sensibilidad hacia las cosas que no sentía antes.

Todo depende del entorno. Si abandonas a un bebé en el bosque, se criará como un animal. Lo que llegue a ser, depende del entorno en que lo sitúe. Esto indica que una persona puede ser modelada y regulada.

No es que se vaya a convertir en algo diferente. Ya hemos señalado antes que somos producto del entorno. Pero cómo nos transformarnos bajo la influencia del entorno es, sin duda, una pregunta muy interesante. Hacemos proyectos a futuro, lo investigamos y formamos grupos de niños para esclarecerlo.

Estamos buscando posibilidades para unir a los niños en función de atributos comunes, habilidades específicas o por una tendencia natural hacia algo concreto. O viceversa, podemos formar grupos de individuos completamente opuestos que se unirán entre sí para crear un colectivo diverso. La investigación puede ser muy interesante.

LA CUALIDAD SUPERIOR DEL COLECTIVO

— AU: Cuando se produce la unificación correcta y los niños crean un espacio unificado ¿se revela de manera automática información nueva? ¿Está ya presente en este campo o ha de ser transferida con la ayuda de personas mejor preparadas, como los educadores?

— ML: El colectivo tiene una cualidad especial: cuando individuos separados se unen en "un todo", revelan la unidad de sus opuestos.

Esto contiene en sí una cualidad completamente nueva, ya que ninguno de los individuos tiene unidad dentro de sí. Esta nueva condición se forma entre ellos, o por encima de ellos, y cada miembro del colectivo participa en su creación. Si una persona no hace esfuerzos y no se entrega enteramente en pro de esta unidad, entonces no está presente en ella.

Resulta que cada persona se adapta a esta unidad y la consigue en la máxima medida sin que se divida en partes. Y gracias a la propia contribución que aportamos a este campo, al deseo o anhelo común, mediante la integración, cada persona comienza a sentir la unidad y un nuevo nivel de percepción.

La percepción a través de la integración es completamente opuesta a la percepción egoísta e individual. Una persona que la tiene siente y percibe el mundo de un modo ligeramente diferente.

A medida que se incluye en los otros, es como si consistiera de ellos. Los siente dentro de sí y experimenta la unidad común. También siente el mundo dentro de él y la percepción del mundo depende de sus cualidades, tendencias, estados, humor, de la actitud hacia el mundo y hacia sí mismo. Es decir, repentinamente comienza a comprender que el mundo no existe en el exterior, sino dentro de él.

Esto sucede de forma completamente natural, como resultado de la unificación de las cualidades opuestas de sus amigos dentro de él. Juntos, forman un deseo común que constituye la plataforma sobre la que se percibe un nuevo mundo integral, mientras que simultáneamente él mismo se convierte en una vasija integral, un órgano perceptivo.

Una persona ya comprende que el mundo externo no existe. Pero cuando comienza a ver que el mundo depende totalmente de él, sucede en él un cambio psicológico.

Sin embargo, el mundo dependía de él incluso antes de esto. Es sólo que estaba inmerso en su individualismo y no podía percibir la realidad más que como algo externo a él. Sin embargo, esto era una imagen falsa del mundo.

Ahora, que ha salido del individualismo hacia la percepción integral del mundo, entiende que antes todo era así también y que la percepción se da sólo de esta manera. Percibimos el mundo dentro de nosotros, en nuestras cualidades. Influidos por la sociedad o por el entorno, adquirimos las capacidades para cambiar estas cualidades, para modificarlas de algún modo. Ahora una persona no ve el mundo sólo a través de la cualidad que le parece propia, sino también mediante todas las demás cualidades externas que ahora percibe como propias.

Si tomamos a un niño –a diferencia de un adulto que tiene una carga de impresiones y percepciones de su pasado– y se le aísla completamente, el niño sentirá el mundo dentro de él. Todo depende de las impresiones que una persona reciba durante su vida.

NO UNA MULTITUD, SINO UN SENTIDO DE UNIDAD

– AU: ¿Cuántas personas debería haber en un grupo? Los psicólogos han observado que un grupo de entre ocho y diez personas es el ideal porque simula un modelo de sociedad.

– ML: Esto es exactamente lo que hacemos: tenemos un grupo de diez niños más dos educadores.

– AU: En este grupo compuesto por diez niños y dos educadores, surge una cualidad y una percepción nueva. Si reuniéramos a mil o a diez mil personas ¿sería incluso más fuerte?

– ML: La cantidad de personas es menos significativo. Lo más importante es si pueden o no unirse entre sí y esto depende de la capacidad de una persona para trascender el ego para unirse con la sociedad, de su sensibilidad y de lo desarrollado que se encuentre su sentido del colectivo.

La unificación bajo la influencia de una multitud no genera ningún resultado. No es una interacción integral. Una multitud unida por un lema común, impulsada por algún objetivo material, no es una sociedad integral.

Para que las personas se unan en una sociedad integral, deben hacerlo con el fin de hallar la cualidad del otorgamiento mutuo, la unión y la unidad. En este caso cada uno de ellos se sobrepone a su egoísmo y se une con los demás a pesar de sus burdos instintos naturales. No está dirigido por el deseo de satisfacción personal, porque esto nunca le permitiría unirse con lo demás.

Esta unidad es su órgano de percepción recién adquirido que no opera dentro, sino fuera. Así es como es dirigido —desde dentro hacia fuera, hacia el otorgamiento. Puede crearse sólo elevándonos por encima del ego cuando cada uno se trasciende para vincularse con los demás, por encima del egoísmo propio.

Y por lo tanto, esta sensación no puede ser personal sino sólo común.

Es común ya que existe por el hecho de que lo creamos juntos y cada uno de nosotros lo percibe como su propio sentido de percepción externa y altruista. Es uno para todos nosotros, en el sentido de que es uno y el mismo dentro de cada uno.

Esto nos ofrece la oportunidad de hablar sobre nuestro corazón y mente común, que generamos juntos y dentro de los que existimos juntos. En ese caso percibimos todo de forma completamente idéntica, con los mismos pensamientos y sensaciones circulando dentro de nosotros.

Ascendemos a un nivel desde uno en que sentimos que el mundo existe fuera de nosotros. En realidad, este mundo está dentro de nosotros, pero comenzamos a sentirlo al salir del estado egoísta previo y lo percibimos todos juntos. Es decir, según desarrollamos cada nuevo nivel, lo alcanzaremos juntos.

Percibimos cada nuevo nivel como una existencia que no depende de cada uno de nosotros de forma individual. Esto significa que no depende de nuestros cuerpos o de nuestro "yo" actual. Si yo me identifico con este "yo" existente en esta integración, entonces me separo de mi vida terrenal.

Esta vida parece cada vez más confusa y menos real para mí. Empiezo a comprender que mi cuerpo y todas mis anteriores impresiones y sensaciones del mundo y de la vida tuvieron lugar en la percepción egoísta. Pero cruzo a un nuevo estado y veo el mundo de forma diferente.

La percepción integral del mundo me proporciona impresiones nuevas y más vívidas. El pasado se vuelve progresivamente más distante y menos significativo, sin interés, llano y pueril. Me siento tan poco impresionado por ello que estoy dispuesto a desprenderme sin lamentarlo en lo más mínimo.

Una persona desarrolla su nuevo estado integral hasta tal punto que el pasado desaparece.

Pensamos "¡¿Cómo puede desaparecer!? ¡Al fin y al cabo aquí están nuestros cuerpos!" No comprendemos que estos organismos sólo existen en nuestra percepción, que cambia constantemente. Así es como cambiamos las sensaciones de nuestro mundo por las sensaciones del mundo que está en el siguiente nivel. Pero allí también existe en nuestro deseo y pensamiento común, mientras que los cuerpos, como tales, no existen. Sólo existen los pensamientos y los deseos.

LAS SENSACIONES INDIVIDUALISTAS SON DEFECTUOSAS

– AU: Digamos que hay un grupo de personas que están unidas por un deseo común de alcanzar esta elevada meta. ¿Qué sucede cuando una persona nueva aparece en este grupo? ¿Tenemos que incluirlo en este sistema? ¿Cómo ocurre eso?

– ML: En la medida en que se adapta al grupo, se hallará a sí mismo en la nueva sensación de percepción integral, en un mundo que está más elevado que el terrenal.

– AU: Esto significa que el nivel del mundo material progresivamente se vuelve insignificante, como un segundo plano ¿Pero permanece en la percepción de uno?

– ML: Se mantiene en la percepción porque existimos en una sociedad que existe en el marco de la percepción individual del mundo, en contraposición con su percepción integral. Mientras haya tantos individualistas, estamos rodeados por su percepción del mundo. Proyectan en nosotros sus sensaciones incorrectas e individualistas, porque somos un todo único y estamos todos integralmente interconectados.

La imagen de la dependencia mutua universal está empezando a ser revelada en nuestro mundo sólo ahora, pero de hecho siempre fuimos así. Espero que esta revelación suceda en el futuro próximo, si no en nuestra generación en la próxima o en la siguiente. Considerando la velocidad que llevamos de cara a la expresión de esta integración, podemos suponer que se aclarará muy pronto.

Todo el mundo tiene que llegar a la comprensión de que el estado deseable es la percepción correcta de la realidad, es decir que no esté distorsionado como en este mundo, donde existimos en un pequeño fragmento de todo el universo. Todo el mundo alcanzará esta comprensión, voluntaria o involuntariamente.

En este mundo existimos en un estado incierto donde nuestra percepción es parcial y muy brumosa. Hay ciertas muestras internas imprecisas: existe algo, existió y existirá. Hay enigmas y respuestas. Las predicciones de los adivinos se hacen realidad y todo el mundo dice que existen el destino y la vida después de la muerte.

Tenemos que comprender que el estado verdadero será revelado cuando nos volvamos similares a la naturaleza integral, cuando nos convirtamos en el mismo todo único con la Naturaleza y conectemos todas las otras partes de la Naturaleza a través de nosotros.

Entonces descubriremos que todas sus partes siempre estuvieron conectadas. Que sólo en el egoísmo del hombre se percibía todo como dividido y, de este modo, se destruía todo dentro de él. Pero fuera de nosotros la Naturaleza es absolutamente idónea, sin fisuras y perfecta. Al revelar esto, nos volvemos como ella, elevándonos así hasta su nivel de perfección y eternidad.

EL MUNDO ES UNA YUXTAPOSICIÓN DE OPUESTOS

– AU: Una amiga mía, que trabaja como guía turístico en la India, comenzó a tener problemas en el trabajo porque los turistas dicen que está en un estado de nirvana, no reacciona adecuadamente y no puede explicar nada correctamente. ¿Los niños que entran en este sistema integral no se volverán como ángeles, desconectados de la realidad?

– ML: No. Yo no llamaría a este estado angelical. La esquizofrénica, penosa e incorrecta división del mundo en fragmentos, se explica por el hecho de que el individuo no se corrige a sí mismo.

No está trabajando con su egoísmo para elevarse por encima de éste y percibir dos niveles de actitud ante la vida. No está preparado para esto y no está en un colectivo que puede crear un nuevo sentido junto con él.

Su amiga es una mujer desafortunada que está arriesgándose a perder su enfoque normal, egoísta y terrenal hacia la vida y puede terminar en un mal estado, inadecuado. Nuestra educación no está basada en el método hindú que destruye o restringe el egoísmo, sino en el desarrollo del mismo, por raro que pueda sonar. Estamos diciendo que todo está basado en la yuxtaposición de los contrarios.

El mundo no es una lucha de opuestos, sino más bien su combinación adecuada. La dialéctica tiene razón al decir que el mundo se compone de dos opuestos, pero se equivoca pensando que uno de ellos debería ser destruido.

Uno de ellos debería elevarse por encima del otro y los dos deberían ser utilizados de la forma correcta, como mancuernas. Se trata de un dipolo. En la tensión que hay entre el más y el menos, podemos encontrar la cualidad que las conecta. Con su ayuda descubriremos el mundo verdadero e integral. Es integral, o sea, no destruye ninguna de sus partes.

Comprendo el estado de esta mujer, pero no puedo darle ningún consejo. Esto no les sucede a nuestros niños. Al contrario, cada día, de forma creciente, se expresa en ellos un egoísmo sano y se vuelven más densos y duros. Sin embargo entienden de dónde procede su egoísmo.

Al mismo tiempo, realizamos prácticas y estudios teóricos con ellos, para clarificar este egoísmo, entenderlo, sobreponerse a él y observarlo desde fuera, estudiando tanto el egoísmo propio como el de los demás. Todo el mundo cambia de sitio con el fin de incluirse el uno en el otro: ahora mismo soy como tú, tú eres como él y así sucesivamente.

Tengo que conocer a todos mis amigos, salir de mí mismo y desempeñar el papel de cada uno de ellos. Esto nos capacita para incluirnos de forma integral entre nosotros y esta inclusión mutua progresivamente crea una nueva entidad – la percepción integral, que no contiene el "mío" sino sólo el "de nosotros".

TODO RADICA DENTRO DE NOSOTROS, NO HAY NADA FUERA

– AU: ¿Por qué las personas empezaron a unirse repentinamente? Podrían haberlo hecho hace cien o doscientos años, unirse y revelar la espiritualidad. Pero por alguna razón eso no sucedió. Es más, las personas sólo comenzaron a hablar de la interacción grupal en el siglo XX. El crear grupos y debatir contenidos comunes es una novedad del siglo XX. En el pasado este tipo de cosas simplemente no existían.

– ML: La ciencia ha existido desde tiempos inmemoriales. Por ejemplo, Aristóteles, Platón y sus predecesores escribieron sobre el alma, la percepción, y buscaron el lugar donde reside el alma. Con todo, la psicología como ciencia se desarrolló sólo en el siglo XX.

¿¡Por qué las personas esperaron tantos siglos!? ¿Dónde estaban estos científicos unos cuantos miles de años atrás, a través de los cuales el hombre no comprendió quién y qué es? Hubo algunos intentos de estudiarnos antes, pero se hicieron a un nivel tan primitivo ¡que uno sólo puede sentir vergüenza por estas personas!

Construyeron ciudades, países, conquistaron tierras, las gobernaron, pero no pudieron averiguar nada sobre sí mismos. Descubrieron nuevos territorios, desarrollaron la tecnología y la economía e hicieron muchas revoluciones. Pero ¿qué les impulsó a hacer esto? ¿Por qué no tuvieron una exigencia interna o instinto por descubrir, "Hombre, quién eres"?

Al parecer, esto depende de nuestro desarrollo interno. Esta necesidad no surgió en nosotros con anterioridad y por lo tanto no nos ocupamos de ella; no teníamos esta pregunta. Si no hay ninguna pregunta, entonces no hay nada que revelar y nada en lo que trabajar. No tengo un sexto dedo en mi mano y no siento la necesidad de tenerlo. Así que ¿cómo puedo desear que crezca en mi mano?

Ahora estamos entrando en una etapa específica de desarrollo en la que se nos está revelando una necesidad interna por conocernos. Está surgiendo porque tenemos que entrar en el próximo grado de percepción y alcance.

La psicología moderna se formó hace cien años y continúa desarrollándose en la actualidad. Pero observen cómo ha pasado a formar parte de nuestras vidas. Antes no era una afición de moda ni siquiera para los aristócratas, sin mencionar a las amas de casa. La psicología les tenía sin cuidado.

Pero ahora el mundo se está volviendo integral, interconectado e interdependiente. Y está surgiendo la necesidad de familiarizarnos con la psicología –la de la mayoría, la multitud, la del individuo, la de las diferentes naciones, de las personas de diferentes edades y la psicología de la familia. De forma creciente estamos conectando el estado interno de una persona con su percepción y alcance del mundo, con su visión del mundo. Estamos empezando a sentir que el mundo es un resultado o función de nuestros estados internos.

Paralelamente a la psicología, la física está desarrollando las mismas ideas. Einstein pensó que todo en el mundo es relativo y Hugh Evert también. Sin embargo la física parece una ciencia árida. Pensamos: "Bueno, la ingeniería, ¿qué tiene de especial realmente?" Pero la física también está empezando a asociar el conocimiento, la revelación, la experimentación y los cambios que están sucediendo en el mundo, en función de las cualidades internas de los investigadores.

Si el investigador se está moviendo o está cambiando internamente, eso modifica el mundo. Resulta entonces que la sensación de tiempo, espacio y movimiento espacial son nuestras coordenadas internas, que no existen fuera de nosotros. Pueden ser distintas para diferentes personas. Por lo tanto, nuestra comprensión común depende de cómo las articulemos.

A veces nos imaginamos la luz en forma de partículas y a veces como ondas. Que algo esté o no en movimientos depende del observador. ¿El observador está quieto o en movimiento? ¿Qué está pasando con todo esto?

Los científicos han llegado hasta los límites del mundo material, donde todo se vuelve difuso y desconocido con respecto al devenir de todas las cosas. Esto no les queda claro a los físicos y a los psicólogos, pero están cerca de comprender que sólo un nuevo modo integral de aproximación al mundo nos conducirá al siguiente nivel.

Alcanzaremos la comprensión de nosotros mismos y del mundo precisamente cuando lo descubramos dentro de nosotros. Entonces llegaremos a la conclusión de que sólo aparece ante nosotros como un espejo, como si existiera fuera de nosotros, cuando en realidad está todo dentro de nosotros y no hay nada en el exterior. Todo lo que es sólido, espacial y global –hasta llegar al espacio exterior– sólo parece existir; pero en verdad, son sólo nuestras propias sensaciones.

Cuando los psicólogos comprendan esto ¡la psicología se convertirá en la ciencia más importante! Podremos medir nuestra fuerza integral y en consecuencia medir el alcance de los límites y las propiedades del mundo. Conseguiremos controlar las dependencias funcionales entre este nuevo órgano perceptivo integral y lo que se siente dentro de él. Esta será la nueva psicología. Incluirá a todas las otras ciencias porque el hombre será situado en el centro de esta percepción.

EL MUNDO COMO UN ESPEJO DE NUESTRA IMPERFECCIÓN

– AU: Por lo tanto resulta que aparte de mí ¿no existe nadie más?

– ML: Todo lo que existe es como un espejo, un reflejo de tu imperfección personal interna. Alcanzará su perfección cuando todo lo que ahora sientes como externo lo sientas como interno.

– AU: ¿Esto es así en particular para mí o hay alguien más, por ejemplo, usted, quien imagina esto de la misma forma?

– ML: No, yo sólo existo en relación a ti y sólo con el fin de que tú incorpores esta parte que tú llamas "a mí" en ti mismo, de tal forma que te unas o fundas con ella, como dos gotas de agua que se funden en una.

– AU: Si estoy acostado y sin hacer nada ¿entonces el mundo que me rodea simplemente se detiene? ¿O, "su vida sigue" a pesar de todo?

– ML: Los conceptos de "seguir la vida" o "detenerse" no existen. Dependen de lo que uno sienta. ¡Es una imagen absolutamente personal! La física explica que la imagen observada es representada por las cualidades del observador.

– AU: ¿Por qué es tan importante para mí no estar solo en este campo, sino estar con otros sujetos que son como yo? ¿Por qué tengo tanto miedo a estar solo?

– ML: Porque hay un programa grabado en ti en virtud del que tienes que alcanzar la integración absoluta del mundo dentro de ti. Hasta que lleves a cabo este programa, los genes de información que emergen en ti, que impulsan el progreso hacia la integración, permanecerán sin desarrollar. Simplemente no serás capaz de sentarte en el sofá y hacer algo de forma inconsciente con el fin de mover el mundo hacia esta conexión universal más fuerte

Las conquistas y victorias sobre los demás son expresiones de nuestra aspiración por alcanzar una conexión. Esta aspiración se revela también a través de la ciencia, el arte, la política, la economía y todo en general. Por supuesto, estas son formas incorrectas de integración, pero aun así es integración.

YO Y LOS DEMÁS NOS CONVERTIMOS EN "NOSOTROS"

– AU: Si la percepción del mundo es infinitamente polimorfa, entonces ¿por qué sería este el método correcto entre todos los demás y por qué todo el mundo debería utilizarlo?

– ML: Porque así es como funciona la Naturaleza. Es integral. Nosotros somos los únicos en la Naturaleza que no somos integrales, es decir las únicas criaturas egoístas. La Naturaleza es nuestra cuna, pero nos excluimos de ella y nos posicionamos fuera de ella o incluso por encima de la misma.

Esta diminuta e insignificante persona tiene la idea de que está destinada a conquistar, cambiar y echar abajo a toda la Naturaleza, como si supiera lo que está haciendo. A pesar del hecho de que está descubriendo continuamente que no sabe nada y de que está destruyendo y mutilando todo, tiene esta sensación.

Este método nos fue dado para que pudiéramos rechazarlo y, de acuerdo a la ley de la "doble negación", concluir que somos la única parte no integral de la Naturaleza. La humanidad es como un tumor cancerígeno dentro de la Naturaleza, se está consumiendo ella misma y a todo el organismo. Así es como nos tratamos unos a otros y todo lo que nos rodea, que es el único organismo de la Naturaleza.

Cuando comprendamos lo que realmente somos, descubriremos la fuente y la razón de todos los sufrimientos de nuestra naturaleza humana. Entonces comenzaremos a cambiarla, de forma consciente o no, bajo la influencia de los problemas que aparecerán.

Estos problemas se revelarán en el futuro próximo con toda su terrible y amenazante carga sobre nosotros abarcando todo y se requerirá que nosotros cambiemos. Esta demanda por parte de la Naturaleza nos obligará a cambiar. Sin embargo lo haremos sin aniquilar la naturaleza egoísta, sino ¡ascendiendo por encima de ella! Esto es exactamente lo que le falta a su amiga de la India.

Hay métodos psicológicos que inhiben el egoísmo, lo desactivan o lo nivelan, o nos colocan en un estado de ánimo tal como si no existiera: "Seamos como pequeños animales o plantas, vivamos la vida como si no tuviéramos egoísmo, juguemos en un campo verde y dancemos en círculos tomados de las manos". ¡Todo eso es incorrecto!

A veces veo actuaciones de conjuntos de música nacionales tocando el acordeón y cantando. Esto es agradable y bonito como representación en un evento cultural, pero no puede servir como ejemplo de conducta para la vida cotidiana de las mayorías. Estas son costumbres, la esencia interna de una nación. Pero hoy en día no puede expresarse de este modo. Esto es válido sólo en el escenario y en eventos culturales autóctonos.

No deberíamos erradicar nuestro egoísmo y descender hasta este cándido nivel. Por el contrario, la llamada de los tiempos es para un crecimiento enorme y constante de egoísmo y nuestra integración por encima de él.

– AU: Lo más probable es que una persona normal pregunte, "Pero ¿para qué necesito yo esto desde un punto de vista práctico, en un contexto de recepción de placer? ¿Qué me aportará a mí y a mis hijos?"

– ML: La respuesta breve es que alcanzarán la eternidad y la perfección; y después es posible dar una explicación detallada.

Mediante la interconexión con todos los demás como partes de ti mismo, encuentras los elementos que faltan para convertirte en un organismo eterno y perfecto. Pierdes tu pequeño "yo" egoísta, pero adquieres una inmensa sensación del único "Yo" que existe. Y ¿qué sucede con los demás? No hay otros. Yo mismo y los demás se convierten en "NOSOTROS", en un único y todo común. Entonces lo imperfecto, las carencias y los problemas del mundo —nuestra percepción actual— desaparece.

EL CASTIGO NO ES NECESARIO EN UNA SOCIEDAD CORREGIDA

– AU: En la vida a menudo nos encontramos con situaciones en las que un niño tiene que cumplir una tarea que no quiere hacer, pero entiende que si no lo hace será castigado. Se ve atrapado entre la espada y la pared, por así decirlo.

– ML: Es necesario distinguir con toda claridad que este planteamiento no es correcto. Al niño se le ha de situar en otro tipo de encrucijada: por un lado la sociedad le presiona, y por el otro, se ve a sí mismo y se relaciona con la sociedad.

No habrá una amenaza de castigo cerniéndose sobre él. Comprenderá él mismo que de otro modo no conseguirá la aprobación social que tanto desea. Este es para él precisamente el método de medición y autoevaluación, su "yo".

Por otro lado, tenemos que proporcionarle la capacidad para controlar esta "encrucijada", es decir, la fuerza correctiva obligatoria. Esto es posible si el niño comprende, por su propia voluntad, que tiene que hacer los deberes u ordenar su habitación.

Supongamos que mis padres se fueron de vacaciones y me dejaron solo en casa, al frente de la misma. Pero en vez de disfrutarlo, tengo que limpiar la casa porque cuando ellos regresen me castigarán si no lo hago. Por lo tanto, siendo incapaz de evitar el castigo, maldigo mi corta vida y comienzo a hacer lo que se espera de mí.

– AU: O no lo hago en absoluto.

– ML: En este caso, todo depende del castigo. Si es correcto, la próxima vez no estaré buscando una forma de evadirlo.

Supongamos que el castigo me obliga a superar mi pereza. Es decir, el sufrimiento que supone el castigo ha de ser mayor que el placer de ser un holgazán. Así es como intentamos rehabilitar a los criminales –los castigamos para que no repitan sus crímenes.

Pero ¿qué podemos hacer para que el niño comprenda qué tipo de tarea le ha sido asignada por la Naturaleza, la sociedad o sus padres? Una comprensión mediante la cual sea capaz de sobreponerse a su apatía para hacer lo que se requiere de él. Hablando en términos prácticos, cualquier tarea se reduce a superar la pereza propia, el egoísmo, el deseo de disfrutar y sacar adelante un trabajo que no te proporciona ningún placer. ¿De dónde sacaré la energía para esto?

El miedo al castigo produce en mí energía negativa. El castigo puede parecer tan terrible que llevaré a cabo la tarea de mala gana mientras maldigo todo lo que hay en el mundo.

Pero también es posible crear un entorno –los libros y la sociedad– que me muestre ese mismo trabajo de forma positiva. Para un niño, esto podría ser algo parecido a una excursión y para los adultos un descubrimiento interesante. Esto funciona sólo si la sociedad que nos rodea verdaderamente está de acuerdo con esta labor y la elogia.

Entonces el trabajo en sí se vuelve placentero. No solo no seré castigado, sino que quizás los padres incluso me premien con un helado. Lo importante no es esto, sino el hecho de que recibiré placer porque este trabajo es importante a los ojos de las personas que me rodean. No se lo cederé a nadie. Lo haré yo mismo porque se vuelve importante para mí.

Todo depende de la forma en que creemos un entorno a nuestro alrededor que aplauda cualquier acción anti–egoísta, incluso la más difícil, hasta el punto que le otorguemos tal importancia que la desempeñemos con mucho gusto; y así es como avanzaremos felizmente.

Para lograr eso, habrá que enseñar al niño a ser su propio psicólogo y a saber cómo crear el entorno adecuado. Hará que su vida sea más agradable, aunque constantemente se presentarán frente a él nuevos problemas y obstáculos. Pero los observará como niveles que le conducen a un estado superior que es valorado por la sociedad.

El problema radica en crear una sociedad alrededor y cercana al niño que siempre le ayude a valorar los esfuerzos anti–egoístas. Esto es lo que tenemos que hacer y tenemos que ayudar a cada persona a hacerlo.

– AU: ¿Cómo podemos hacer eso? Uno de mis amigos tiene que escribir una tesis ahora porque es necesario para su trabajo y su desarrollo. Por lo tanto ¿todos los que están en su entorno deberían decirle lo importante que esto es para el bien común?

– ML: ¡Por supuesto! Él se sentará y escribirá ¡y terminará este trabajo en dos meses! Sabe que es posible trabajar en una tesis durante años, o se puede hacer, literalmente, en unos cuantos meses. Todo depende de la tensión interna y queremos que esa tensión sea positiva.

Esta es la única forma en la que trabajo. Acumulo los deseos necesarios que me impulsan, las ráfagas que me inspiran, me alientan y me exaltan. Y entonces comienzo a sentirme entusiasmado y lleno de energía, revelando canales de percepción, sensaciones y formas de expresar las cosas, completamente nuevas; esto es necesario.

Tú me preguntas, "¿Cómo puede hacerse esto?" Tenemos que crear una pequeña sociedad en torno a cada persona que se convierta en su diapasón para armonizarse correctamente con estas acciones anti–egoístas. Con su ayuda una persona será capaz de superarse constantemente. Y esto se convertirá en su fuente de inspiración y júbilo.

CURANDO LA DEPRESIÓN COLECTIVA

– AU: La psicología tiene un concepto llamado la escala emocional en la que el entusiasmo es la expresión del estado más elevado y saludable.

– ML: Sí, este es el estado más alto.

– AU: Sin embargo, la tendencia indica que la sociedad moderna se está sumergiendo en la depresión y la apatía, que es el estado más bajo en esta escala.

– ML: Esta es la llamada que la Naturaleza nos hace: crear una sociedad o un núcleo que pueda servir como modelo de unificación y elevación para nosotros; de lo contrario simplemente nos recostaremos y permaneceremos inmóviles.

Como mencioné anteriormente, escuché un informe de un Director del Ministerio de Salud ruso donde afirmaba que en los próximos diez a quince años la mitad de la población de Rusia estará deprimida. Estas no son sólo conjeturas de los periodistas, ¡sino una declaración abierta del responsable del Ministerio de Salud!

Sólo podemos imaginar qué tipo de problemas existen en realidad. Si el responsable del Ministerio de Salud dice que la mitad de la población estará deprimida en diez o quince años, significa que ya hay una gran cantidad de personas deprimidas.

Hoy en día, la depresión enmascarada está por todas partes. No depende de lo desarrollada que esté una sociedad ni de su nivel de vida. No depende de nada. Estamos observando el proceso de transición en forma de depresión enmascarada hacia una forma explícita, porque la interconexión integral de todos los elementos de la Naturaleza está revelándose abiertamente en el mundo, mientras que nosotros somos incapaces de volvernos similares a ella.

Tenemos que estar integralmente interconectados, para ser una sola humanidad conjunta. Pero mientras tanto, somos tremendos individualistas. Esta resistencia mutua provoca sensaciones crueles dentro de nosotros. Tendremos que ser conscientes de ello y resolver este problema.

EL MODELO DE SANTIDAD

– AU: Casi todas las personas tienen algo que consideran "sagrado". Puede ser una bandera o el estandarte de un regimiento del ejército. Es el concepto de que algo es sagrado e inmutable. ¿Hay algo en este método que pueda ser denominado sagrado?

– ML: Las personas siempre han sentido la necesidad de ello. Han proclamado como sagrados, árboles, estatuas, piedras o algún personaje, adulto o niño. Siempre ha existido la necesidad de un modelo que incluso podía no tener nombre. En realidad, se trata de la necesidad de revelar la fuerza superior, Dios, el Creador, algo más elevado.

Hoy en día esta necesidad no se expresa tan claramente, pero continúa ahí. Las religiones no están desapareciendo. Se van a ocultar durante un tiempo y después surgirán de nuevo a la superficie e incluso a la vanguardia de la vida. Las religiones, en su forma habitual y fanática, aún están por emerger en su plenitud; esto aún está delante de nosotros.

Lo que necesita convertirse en sagrado dentro de la sociedad humana es la integración, nuestra equivalencia total con la Naturaleza. Si logramos *eso*, entraremos en un estado donde nada podrá dañarnos o afectarnos, nada puede trasladarnos de este plano perfecto y eterno.

Cuando nos incorporemos a este nivel, toda la Naturaleza quedará incluida en nosotros. Cerraremos completamente el circuito dentro de nosotros y lo percibiremos como un todo infinito eterno y perfecto. Los problemas de la vida y de la muerte desaparecerán, así como las miserias y sufrimientos porque no existiremos de forma individual, sino en un sistema común, analógico e integral. Este modelo es exactamente lo que tiene que ser sagrado.

¿Qué significa sagrado? ¿Tengo que experimentar cualquier paso que doy desde el punto de vista de cómo puedo crear, buscar y formar una acción más dentro de mí en busca de hacer realidad este modelo? ¿Cómo puedo ayudar a los demás –en la medida en que los siento como existiendo fuera de mí– a percibir este modelo, comprenderlo y consensuar que este es nuestro único estado futuro correcto? Esto es la santidad – el estado futuro, ideal de la humanidad, que podemos crear hoy por nuestra propia cuenta.

– AU: ¿Podemos jugar de alguna forma con este sagrado propósito?

– ML: ¡Se crea dentro de nosotros! No es tú o yo, o alguien más, sino todo lo que creamos juntos. No dibujamos una especie de pequeño dios o algo que es inaceptable para otros, pero agradable para nuestro egoísmo. ¡Creamos el Absoluto! Creamos esta fuerza superior por encima de nosotros y somos ello.

UNA ANÉCDOTA ES LA EXPRESIÓN PARADÓJICA DE LA INTEGRACIÓN

– AU: Una vez dijo que le gustan los juegos verbales en forma de anécdotas.

– ML: Sí, pero no las vulgares, sino aquellas que se basan en la combinación inesperada de partes opuestas que en principio no deberían asociarse. La capacidad para asociar cosas que no se pueden asociar es una propiedad especial de la mente.

Algunas personas tienen almas que consisten de dos opuestos y anhelan conectar estos opuestos en una sola forma integral. Estas personas son especiales y si les escuchas contar una anécdota, entonces es una anécdota de verdad; todos los demás son meros sucedáneos.

– AU: ¿Podemos utilizar esta fórmula en nuestro método para que los niños inventen buenas historias propias y se las cuenten entre sí?

– ML: Sí. Pero no deberían ser historias mundanas sobre un marido, una esposa y sus amantes. No deberían incluir insultos y expresiones comunes generalizadas. El reto es encontrar dos contrarios y unirlos a pesar de nuestras nociones habituales.

– AU: ¿Desde qué edad pueden ser utilizados estos juegos verbales entre los niños? ¿Cuándo están preparados para ello?

– ML: No creo que deba hacerse a edades tempranas porque esto requiere un desarrollo interno muy riguroso y experiencia vital, la capacidad para contar anécdotas aparte de chistes o insultos camuflados y de la agresión y la calumnia, que juegan con los instintos más oscuros del hombre y por lo tanto resultan agradables para él. Pero esto no son anécdotas.

Una anécdota es una historia que combina los opuestos de una forma completamente inesperada, cambiándoles la dirección para revelar algún aspecto especial, descubriendo el sistema de comunicación, la unidad y la integración entre ellos. Una anécdota es una manifestación inesperada de la integración.

EL TEATRO COMO MEDIO PARA COMBATIR EL EGOÍSMO

- Siempre estamos en el escenario
- Habilidades de interpretación
- Juegos colectivos con el egoísmo
- La edad adecuada para estudiar interpretación
- No jugando a los cuentos de hadas, sino a la vida real
- Volviéndonos objetivos a través de la interpretación.
- De un "Yo" amorfo a un "Nosotros" formal
- Por qué las representaciones teatrales fueron ridiculizadas
- La unidad lleva a las personas al nivel "Humano"
- El actor se convierte en el director de escena
- No *todos* los papeles deben ser representados
- Las sensaciones más intensas vienen de una carencia
- La Meta: la humanidad integral

– AU: Hablemos sobre el rol de la actuación en el método de la educación integral. Usted dice a menudo que un niño, como cualquier otra persona, debería aprender a transformarse, para desarrollar la capacidad de trabajar por encima de sus estados.

– ML: Una persona tiene que aprender a representar varios papeles, y de este modo, presentarse ante los demás de una manera diferente a como realmente es.

– AU: He notado que todo el mundo tiene la capacidad de interpretar, no sólo los actores. ¿Cuál es la esencia de esta propiedad humana?

SIEMPRE ESTAMOS SOBRE EL ESCENARIO

– ML: Por supuesto, todos estamos actuando. Al fin y al cabo, no sabemos cómo comportarnos. Los animales se comportan de forma natural. No tienen sentimientos de vergüenza o envidia. Cierto, sí experimentan una envidia biológica, si le podemos llamar a eso emociones animales. Esta sensación que tienen está determinada por factores biológicos. Los animales se comportan tal y como la Naturaleza les ha programado para comportarse.

Pero el deseo del hombre está en un nivel superior. Éste trabaja arduamente tratando de conseguir reconocimiento social, respeto y honor. Es como si estuviera trabajando para los demás con el fin de recibir conocimiento y distintos privilegios de ellos. El hombre desea sentir su poder sobre otros que son como él y se ve obligado a actuar frente a ellos. No puede permitirse la libertad de expresar sus cualidades naturales. Nuestras cualidades innatas nos convertirían en un simple hato de animales. Pero cuando una persona actúa (que es lo que todos hacemos), entonces ya no se trata de un rebaño; es una sociedad humana.

A base de representar diferentes roles, transformamos la manada en una sociedad humana. Así es como nos diferenciamos de los animales. Siempre estamos representando a alguna persona y nunca nos comportamos como realmente somos, incluso cuando estamos solos.

Cuanto más evoluciona la humanidad, más se involucra en un tipo de comunicación más estrecha y las personas siguen constantemente los ejemplos que ven en las otras personas. De ese modo, somos todos como actores, mirando dentro a través de los roles que observamos en los demás y "representándolos" cuando aparecen las circunstancias adecuadas. Así es como nos comportamos. Es natural para cada uno de nosotros. En ocasiones lo notamos en los otros, como cuando los adolescentes se fijan en actores famosos de Hollywood como modelos a seguir y tratan de emular a los personajes de moda que han representado.

Pero la habilidad para actuar es algo diferente. Un actor interpreta un papel de forma consciente en lugar de inconscientemente, a diferencia de una persona corriente que ha acumulado una serie de ejemplos desde la infancia y simplemente imita el comportamiento de los demás.

En una determinada fase comenzamos a entender que la labor del hombre es llegar a una integración total, ser como un solo hombre, sentirnos cada uno de nosotros como parte de un cierto mecanismo natural totalmente coordinado.

Para ello, el hombre tiene que sentir la naturaleza de los demás y "seguirles el juego". Obviamente, no es una casualidad que al hombre se le haya dotado con la capacidad de interpretar. Cada persona tiene que sentir y comprender a todas las demás. Y para ello, tengo que estar plenamente de acuerdo con la existencia de algo que es opuesto a mis cualidades naturales.

Yo soy un pequeño egoísta primitivo que constantemente quiere "acapararlo" todo para sí mismo. Pero para adaptarme a la sociedad de modo que pueda conectarme adecuadamente con ella, tengo que convertirme en un actor.

Así que es estupendo que represente a otras personas. Mi propia naturaleza me impulsa a forzar a todos a hacer lo que yo quiero, incluso cuando no sé qué es lo que quiero.

Pero para un artista, es importante hacer lo contrario y aprender de *otras* personas. Es importante para él ser capaz de adaptar sus cualidades a los demás y seguirles el juego, y esto no lo devalúa como persona en lo más mínimo. Al contrario, es la forma en que se conecta con el entorno y asciende a un nivel superior. Así, uno estudia a las personas y se acerca más a ellas, desarrollando la capacidad de estar comunicado con ellos adecuadamente.

HABILIDADES DE INTERPRETACIÓN

Una característica más, propia de la interpretación, es que cuando una persona consigue una aproximación cercana con el entorno, "sale" de sus problemas y cualidades actuales.

Supongamos que estoy experimentando algún drama personal. Para posicionarme correctamente en relación al entorno, debo estar en un estado diferente. Esto significa que tengo que "salir de mí mismo", olvidarme de mis propias preocupaciones y "meterme" en un papel diferente. Y con esta nueva forma, procedo a trabajar con el colectivo.

Al trabajar de este modo, progresivamente seré capaz de resolver mis conflictos en cierta medida, entender sus causas e incorporar o añadir en mí los deseos y anhelos de otras personas, los que causaron el conflicto entre nosotros. Los conflictos podrían permanecer durante un tiempo, en cuyo caso en algún momento del futuro recordaré este conflicto y seré capaz de comprenderlo, para incluirme en el mismo y para experimentar el estado de sus copartícipes.

Una persona puede "salir" de su naturaleza y adentrarse en otro rol. Puede literalmente disolverse en él, separarse totalmente de los problemas durante algún tiempo, por trágicos que sean. Estas son las aptitudes que podemos aprender de los actores.

JUEGOS COLECTIVOS CON EGOÍSMO

Todo el trabajo de un actor está destinado a proporcionar a una persona la capacidad para incluirse en otros, de trascender su egoísmo.

Juego con mi egoísmo de tal forma que salgo del mismo y entro en una función altruista, transformándome en ella. En este papel siento a las demás personas como verdaderamente son. Aprendo a conectar con ellos. Y todo esto se hace posible gracias a que me elevo por encima de mí mismo.

Uno tiene que aprender a interpretar los papeles de cada uno, y entonces, según está escrito: "El hábito se convertirá en una segunda naturaleza". Poco a poco veremos lo beneficioso que esto es y querremos estar en este estado, en el registro de comunicación correcta.

– AU: Esto de salir de uno mismo a mí me resulta muy claro. Cuando sucede, la sensación es asombrosa. Pero ¿qué quiere decir con el "registro correcto de comunicación"?

– ML: Tenemos que descubrir nuestra conexión absoluta. Las leyes de la conmutación de un sistema integral son muy simples. Cada uno de nosotros tiene su propia esencia. Y tiene que crear tal campo de comprensión a su alrededor que a través de esto será capaz de conectar con los demás. Tenemos que hacerlo todos. En la medida en que cada persona cree este caparazón a su alrededor, buscando el mayor contacto con las personas que le rodean, se irá corrigiendo y actuará apropiadamente.

La eficiencia de cada elemento en la sociedad se logra cuando una persona se queda sólo con su cualidad básica, inicial y fundamental, su "yo". Esta cualidad inicial que tenemos es muy pequeña. Todos los demás atributos de una persona, deben estar dirigidos sólo a fomentar el desarrollo personal de este "yo" para conectar con todos los demás y trabajar por el bien de los deseos y atributos de ellos, con el propósito de construir una relación con todos.

Es como una mamá gansa que está rodeada por quince gansitos. Ella piensa y se preocupa por cada uno de ellos. Las crías caminan delante de la madre y ella va tras ellos. Cada uno está en su campo de visión y ella establece contacto con todos.

Así es como una persona debería posicionarse con relación al entorno, comprendiendo los deseos, anhelos, pensamientos y preocupaciones de cada persona. Debería ayudar a todas estas personas a hacer sus sueños realidad. Al igual que cualquier mecanismo que funciona bien, sólo podemos operar cuando todas las piezas están en consonancia total.

LA EDAD ADECUADA PARA ESTUDIAR ACTUACIÓN

– AU: Cuando una persona crea una nueva faceta determinada en ella misma, descubre lo polifacética que es. ¿Cuántas facetas puede haber en una persona? ¿Y a qué edad se le puede enseñar esto a un niño?

– ML: No se puede enseñar a niños muy pequeños porque "el sentimiento gregario" no se expresa en ellos antes de los tres años. Hasta los tres años su pequeña individualidad no imagina que haya alguien más fuera de ellos, con otras necesidades. A esa edad un niño no se comunica y su único propósito es la recepción.

Pero entre los tres y los seis años, los niños desarrollan la comprensión rudimentaria del otorgamiento y la interacción. Entre los seis y los nueve, este entendimiento se fortalece y permanece así durante el resto de sus vidas. Durante esta delicada edad, la Naturaleza nos ofrece una oportunidad única para inculcar en un niño la actitud correcta hacia el entorno.

– AU: ¿Es posible enseñar esto a un niño mediante la interpretación?

– ML: Esto es lo que estamos intentando hacer. Entendemos que este acto tiene que ser bilateral. Y quiero que a los niños se les enseñe la habilidad de la interpretación en el marco de nuestra asociación educativa.

Tenemos que mostrar a un niño que es posible salir de sí mismo y ascender por encima de sus propias cualidades. Al principio, los niños pueden desconectarse de sus problemas y preocupaciones de esta forma. Y después les enseñamos un papel diferente. Un niño es como un actor con su propio mundo interior: primero se aprende el papel que tiene que interpretar y después comienza a interpretarlo. ¿Por qué? Porque una persona forma su propia imagen interna de la otra persona y estudia la manera de interaccionar con ella de forma correcta, aprendiendo a entrar en la realidad de la otra persona.

Con este fin es bueno enseñar a los niños el arte de la interpretación profesional. En nuestros estudios, los niños ya están representando estos papeles, tratando de entrar en los personajes de sus amigos. De esta forma empiezan a comprenderse mejor entre sí y se convierten en parte de algo común. El personaje compartido de todo el grupo comienza a vivir en cada uno de ellos.

– AU: ¿Es mejor para un niño representar concretamente el personaje de uno de sus amigos? ¿O también es posible trabajar con otras imágenes que son más ajenas a ellos?

– ML: Es necesario trabajar en todos los fenómenos del campo de visión de los niños.

NO JUGAR A LOS CUENTOS DE HADAS, SINO A LA VIDA REAL

– AU: ¿Qué límites podemos trazar aquí? ¿Los niños pueden representar animales o plantas? ¿O sólo deberían representar personas?

– ML: Es mejor representar personas. ¿Por qué deberían representar animales? Esto sólo hace aflorar los vestigios de las antiguas nociones, como los árboles parlantes, el sol hablando con la luna o un lobo con un zorro.

En el marco de nuestra educación, este tipo de cuentos de hadas, y en realidad cualquier cosa que lleve a una persona hacia un nivel inferior, es perjudicial. No solo nos da una idea equivocada del mundo animado, sino del mundo en general.

Deberíamos entender nuestra posición única. Los animales están en un nivel diferente de desarrollo. No son personas. No deberíamos idolatrar o personificar árboles, animales o juguetes mecánicos, como cuando un juguete mecánico con rostro humano de repente comienza a ir de aquí para allá y habla.

Tenemos que tratar a un niño como a un adulto. En el interior un niño es un adulto. Nos mira con los ojos de un adulto en vez de los de un niño. A veces despiertan en nosotros recuerdos maduros y serios de la infancia. Estas reminiscencias permanecen en nosotros para el resto de nuestras vidas e incluso determinan nuestra actitud ante la vida de hoy.

Por desgracia, los árboles parlantes, el sol, los trencitos que vimos en la infancia siempre quedarán en nuestro subconsciente. Es precisamente por esto por lo que no podemos tomarnos la vida en serio. Nos mantiene retenidos de alguna forma. Continuamos representando dentro de nosotros algún tipo de cuento de hadas y no vivimos de verdad.

– AU: ¿Puede un niño de diez años interpretar a un abuelo?

– ML: Sí. Para poder tener el contacto adecuado con la gente, tiene que representar a los hombres y mujeres de todas las edades.

– AU: Lo primero que me llamó la atención cuando empecé a trabajar con un grupo de adolescentes, fue su deseo de estar cuanto antes en el escenario, que los aplaudan y poder ganar algo lo antes posible. ¿Debería eliminarse esta pretensión, es decir, deberíamos hacer que se centraran en el trabajo práctico?

– ML: Una persona no puede desarrollarse sin emociones positivas tales como las que experimenta al recibir premios, regalos y honores. Somos egoístas. Si un niño trabajó mucho y actuó muy bien, el colectivo debe agradecerlo y recompensarle con aplausos, para mostrarle su aprobación.

Pero tenemos que ayudar a un niño a elegir la aspiración adecuada, aquella que le permitirá recibir esa recompensa. Quizás su trabajo deba ser filmado y después analizado — ¿qué papel interpretó mejor y por qué? Por ejemplo, pueden grabar en video a diez chicos cuando cada uno de ellos está interpretando a su compañero y éste a la persona siguiente.

VOLVIÉNDONOS OBJETIVOS A TRAVÉS DE LA ACTUACIÓN

No estudié los principios básicos de la interpretación, pero todo en el trabajo de un actor está destinado a crear la comunicación adecuada. Esto es natural. Cuando representamos los papeles de nuestros amigos, nos comprendemos, y como resultado, la cantidad de conflictos disminuye inmediatamente. Las estadísticas así lo indican. Una persona empieza a juzgar a todos, incluso a sí mismo y a su amigo. Además de su propio papel, puede aprender un rol más y experimentar los dos. Puede convertirse en su propio juez o en el abogado de su amigo. ¡Estos personajes se vuelven totalmente iguales! Actuando, una persona se vuelve objetiva.

– AU: Durante los talleres ¿deberíamos supervisar en qué medida los niños han aprendido a comprenderse y justificarse unos a otros?

– ML: Por supuesto. Si empiezo a vivir el papel de alguien más, significa que justifico a esa persona hasta el final. Me culpo totalmente a mí mismo. Esto es natural. Yo "entro" en él, así que yo soy él y él soy yo.

Supongamos que surgió un conflicto en uno de nuestros grupos. El egoísmo de los niños de repente aumenta vertiginosamente y no pueden hacer nada al respecto. Durante los estudios escuchan artículos sobre compañerismo y unificación con el fin de alcanzar una meta común, cantan y se comunican. Todo es normal. Y de repente, un minuto más tarde, hay una explosión de egoísmo y estallan los conflictos como si los niños hubiesen sido remplazados por otras personas. Y media hora después, en otra lección, las relaciones de amistad se restauran entre ellos.

¿Qué podemos hacer para que no se desencadenen estos arrebatos de egoísmo? ¿Cómo podemos evitar que el egoísmo aflore a la superficie, para que no surja la separación? Los niños reconocen que no pueden controlar estos arrebatos.

Entonces ¿qué planteamiento hacemos? Ante todo, filmar en vídeo todo el proceso, incluyendo las críticas y acusaciones mutuas. Esto nos permitirá ver el orgullo, la envidia, el deseo de poder sobre los demás y en general todas las sensaciones e impulsos inherentes a cada persona. Después se lo mostramos a los niños. Dejemos que cada uno de ellos interprete el papel de su amigo.

Supongamos que tú y yo discutimos, esto se grabó y ahora estamos viendo este proceso desde fuera. Al principio estoy seguro al ciento por ciento que yo tengo la razón y represento mi papel de nuevo otra vez. Recordamos aquello que experimentamos.

Pero el   profesor dice: "Que cada uno aprenda del comportamiento de la otra persona e intente comprender por qué actuó así". Por lo tanto ahora tengo que observar todo el proceso a través de los ojos de mi amigo, tengo que salir de mí mismo y entrar en tu estado. Tengo que verme a mí mismo "desde dentro de ti", cómo me ves tú a mí, cómo y por qué me estás culpando y por qué me estás criticando. Después de eso tengo que interpretar el papel de mi amigo y mi amigo me interpreta a mí.

Sabemos que esto no es fácil para los niños. Después discutimos hasta qué punto ha salido bien la representación del primer papel y del segundo. Así, tu primer personaje que en la realidad participó en el conflicto, pasa a ser sólo uno de los dos papeles. Observas tu primer rol con mayor objetividad, tu postura cambia y ya estás situado en algún lugar entre estas dos imágenes.

Y no importa si todo no funciona perfectamente de inmediato. Lo fundamental es que, como resultado, los atributos del niño comiencen a adquirir un carácter "polifacético". Comienza a comprender que es posible ser diferente y aprender a elevarse por encima de uno mismo.

En un niño los arrebatos de egoísmo se expresan con fuerza y se producen de inmediato. Pero ayudamos a los niños a aprender a superarlos.

– AU: En el escenario el egoísmo consiente este tipo de trabajo.

– ML: ¿A interpretar un papel diferente?

– AU: Sí. ¡Vaya que si lo hace! Es un gran placer.

– ML: Y no nos hace falta nada más que eso.

– AU: Pero en los momentos de arrebato verdadero, es muy difícil negociar con el egoísmo.

– ML: No es tan difícil, en realidad. Es exactamente así cómo los niños comienzan a participar en el proceso de trabajar en el egoísmo. Permite que se sienten en un semicírculo frente a sus amigos y que actúen. Y cuanto más pueda un niño elevarse por encima de la esclavitud de su egoísmo, meterse en un papel diferente desde el fondo de su corazón e intercambiar "el sitio con su amigo", más aprobación obtendrá de la sociedad.

Viviendo estas imágenes ajenas, y sacando cualquiera de ellas como en un juego de naipes, el niño comienza a manejar estos papeles "objetivamente" y así ya no se identifica personalmente con ninguno de ellos.

La actitud de un niño hacia su "yo" cambia. Se pregunta: ¿"Qué ha quedado en mi de este "yo"? Una persona comienza a darse cuenta que es pura y que no está llena de nada. Comienza a verlo todo como un acto teatral. De ese modo, una persona incluso comienza a manejar sus propios impulsos como fenómenos instalados en él por algún programa.

DE UN "YO" AMORFO A UN "NOSOTROS" FORMAL

– AU: ¿Y qué es nuestro "yo" realmente?

– ML: Nuestro "yo" real es completamente amorfo. No tiene ninguna forma.

– AU: ¿Es integral?

– ML: No. La integralidad nos obliga a estar desempeñando algún tipo de papel o apariencia en todo momento. Pero nuestro deseo original no tiene ningún tipo de forma.

– AU: En Pedagogía existe una técnica llamada "la máscara de la agresión" en la que un adulto finge estar enfadado, pero en realidad está tratando al niño cariñosamente. ¿Debería un niño experimentar una determinada emoción, por ejemplo, la ira, o debería aprender a interpretar estas emociones?

– ML: Esto depende de la edad del niño. Por supuesto, antes de los once o doce años, o quizás antes de los trece, no pueden situarse de forma simultánea en representaciones internas y externas distintas. A esta edad una persona aún no es tan polifacética. Pero de cualquier forma, mucho depende de la práctica. Si los niños tratan de expresarse constantemente de nuevas formas, serán capaces de hacerlo a una edad más precoz. Y no hay duda de que en la adolescencia pueden estar ya en varios roles multifacéticos e intercambiar estas máscaras muy rápidamente.

– AU: ¿No deberían identificarse con estos estados?

– ML: Con este acto no se engañan a sí mismos. Ni mienten a los demás haciendo esto. Una persona se adapta a la labor del mecanismo común, a la sociedad, con el fin de llevarla hasta la armonía.

De qué sirve pensar: "Yo fui creado de esta forma y eso es todo. No cambio, que todos se adapten a mí, que los otros se fastidien". A la larga, esto no le trae nada a una persona. Así que ¿qué clase de comunicación se derivaría de eso? ¿Cómo sería capaz una persona de sentir y experimentar su verdadero yo superior? No lo haría.

– AU: ¿Eso significa que estamos, no obstante, enseñando a un niño a estar en varios estados simultáneamente?

– ML: Estamos enseñando a los niños a "vestirse" en diferentes formas, como si se transfiguraran. Todo niño almacenará estos roles dentro de él, será capaz de trabajar con ellos, comprender lo que experimenta y ver que nada es positivo o negativo, sino que todo es relativo. El "yo" existe sólo con el fin de conectar con los demás.

Así, cada persona acumula en el interior roles, capacidades, comprensión, y lo más importante, un nuevo nivel de comunicación.

– AU: ¿En cada transfiguración, en cualquier papel, el actor mantiene el control sobre sí mismo? ¿Durante la actuación siempre mantiene cierta sensación de que se está observando a sí mismo desde arriba, por así decirlo? ¿Es esto correcto? ¿O debería intentar entregarse completamente al papel y perder el control de sí mismo, intentando salir al máximo de sí mismo?

– ML: No creo que podamos exigirles a los niños, todo a la vez; al principio deberíamos darles una sola tarea. Progresivamente, según se van acostumbrando a interpretar varios roles, asignarles tareas secundarias y terciarias. Por ejemplo, primero tienes que entrar en el personaje de alguien y seguir manteniendo el control de ti mismo, haciendo un doble papel.

Dentro del mecanismo que nos ocupa, una persona tiene que comunicarse con todas las demás personas del mundo. Para ello tiene que sentirlos con tanta fuerza que a través de ellos logre sentir un tercer y cuarto plano.

Yo te represento, "vistiéndome" en ti. Y para hacer esto estudio tu personalidad y tus atributos. De este modo, viviendo internamente tu personaje, imagino cómo te relacionas con tus hijos, por ejemplo. Y esto es ya un tercer plano. Y así sucesivamente.

– AU: Los niños tienen atributos diferentes y sus capacidades para actuar no son las mismas. Este tipo de transfiguración es fácil para una persona pero difícil para otra. ¿Deberíamos ordenarlos de manera que los niños sean iguales o dividirlos? Por ejemplo, ¿los niños especialmente dotados deberían estudiar en un grupo y aquellos para quienes la interpretación resulta más difícil en otro?

– ML: Un grupo tiene que ser un grupo y su progreso tiene que producir cohesión. El niño debería acostumbrarse a ello. Progresivamente, los niños cambiarán, se acostumbrarán a los otros y aprenderán a comprenderse mutuamente; así es como crecerán juntos.

Este tipo de evolución está programada en toda la humanidad. No deberíamos cambiarla o crear una especie de grupos universales o artificiales. Todo esto asusta mucho a un niño, privándole de confianza y de la oportunidad de evolucionar.

– AU: ¿Qué deberíamos hacer si a un niño le resulta agradable y fácil introducirse en otro personaje, mientras que otro siente vergüenza y tiene dificultades para sobreponerse a este sentimiento?

– ML: Un niño aprenderá estando cerca de los amigos más capacitados. El proceso entero tiene que estar dirigido hacia sus amigos y eso lo impulsará hacia la representación y le ayudará. Esto depende del educador. Y no importa si el niño comienza representando papeles secundarios; a medida que vaya aprendiendo, avanzará.

No creo que el grupo deba dividirse entre aquellos que sobresalen y los que tienen menos aptitudes. Cuando los niños se unan en grupos más grandes (grupos de veinte, treinta o incluso más personas, en vez de diez), se convertirán en una especie de mini sociedad que incluirá a personas diversas con diferentes personalidades.

POR QUÉ LAS REPRESENTACIONES TEATRALES FUERON RIDICULIZADAS

– AU: Si la actuación es tan importante para el desarrollo del hombre ¿por qué fue tan ridiculizada e incluso perseguida durante tanto tiempo? Algunas personas de hecho fueron quemadas en la hoguera por ello.

– ML: Los actores siempre fueron ridiculizados. Sólo comenzaron a ser respetados en nuestra era "progresista". La humanidad no tiene el enfoque correcto para crear una conexión entre nosotros. Conectamos a través de nuestro egoísmo, no lo hacemos mediante una injerencia, sino en función de cómo lo encuentra cada uno de nosotros más conveniente para sí mismo. Conectamos mediante una especie de amortiguador: "Yo te doy y tú me das". Así es como compramos, vendemos e intercambiamos los cumplidos de rigor. Dependiendo de nuestra edad y de otros factores, cambiamos nuestros niveles de estatus, poder y fuerza.

Desde todos los ángulos establecemos el máximo contacto egoísta posible, manteniendo una cierta distancia a modo de red de seguridad frente a cambios inesperados en nuestras relaciones, incluso percibiendo los cambios en la entonación de la voz. Nos controla desde dentro. Y la humanidad automáticamente siguió este principio que permitió a cada persona definir su lugar de inmediato. Funciona como si se tratara de una manada de animales dentro de la cual cada individuo conoce su lugar y función. Sabe cuándo puede o no hacer algo. Y sucede exactamente lo mismo en la sociedad humana; porque somos egoístas, actuamos por el mismo principio.

Pero cuando aparece la actuación, se vuelve confuso. ¿Quiénes son estas personas? ¿Son plebeyos o nobles? ¿Son fuertes o débiles? ¿Son buenos o malos? ¿O quizás son bandidos? La individualidad se pierde, privándonos de la capacidad de establecer una comunicación egoísta normal.

En el pasado todo estaba claramente definido. Las personas aspiraban a encasillar a todo el mundo en sus puestos predeterminados – tú eres un psicólogo así que tienes que llevar una camisa negra, por ejemplo, y no puede ser de otro modo.

Las personas incluso se establecían en lugares diferentes dependiendo de su profesión, su gremio. Había que vivir en la calle que se te asignaba y elegir una esposa de un determinado círculo social. Tu familia tenía que atenerse a un determinado estilo de vida y tu sombrero y atuendo tenían que tener un corte específico, sin ninguna otra opción. Todo estaba regulado, hasta los alimentos que la gente consumía, absolutamente todo. Incluso se te decía: "Este será tu cementerio".

Todo estaba claro – quién vive en dónde, su origen, con quién te estaba permitido relacionarte y de quién debía uno mantenerse alejado.

Pero los actores mezclaron todo eso. Se burlaron y se rieron de todo el mundo. ¡Un insignificante pequeño actor estaba actuando como si fuera un príncipe! Esto era tolerable sólo si las personas interiorizaban la idea de que el trabajo de un actor era el más vil, inmoral y plebeyo de todas las profesiones posibles.

Durante la división necesaria de la sociedad, particularmente durante la Edad Media, ni siquiera se podía pensar en ampliar las relaciones o hacer que otras personas las comprendieran. Todo el mundo tenía que ser perfectamente obediente. Lo máximo que se permitía a los desconocidos era bailar juntos un *minué*.

Pero hoy en día es todo lo contrario. Tenemos que comunicarnos entre nosotros de la forma adecuada. Y para ello, tenemos que aprender a "introducirnos" en los personajes de otros.

Tenemos que entender que la humanidad tuvo que pasar por todas sus etapas con el fin de alcanzar la fase actual. Hoy en día, tenemos que romper todos los límites del pasado y formar la comunicación social correcta. Y para ello, una persona tiene que aprender a interpretar los roles de otras personas.

LA UNIDAD LLEVA A LAS PERSONAS AL NIVEL "HUMANO"

– AU: La interpretación continua realmente absorbe a un actor. Le proporciona un gran placer, pero al mismo tiempo, surge una sensación muy angustiosa de pérdida de uno mismo. ¿Cómo puede uno eliminarla?

– ML: No necesitas buscarte a ti mismo. Adelante, piérdete. Siéntete a ti mismo sólo cuando establezcas contacto con otras personas y las comprendas.

– AU: ¿No importa a quién? Después de todo, las personas tienen las más diversas personalidades.

– ML: Estamos hablando de una sociedad donde todas las personas anhelan ya incorporar las cualidades de los demás en ellos. Su anhelo por esto es el comienzo de la fraternidad humana.

Si todo el mundo siente el deseo de llegar a estar incluido en todos los demás, entonces se forma algo común. Esto es el resultado de nuestra combinación, nuestros intentos de salir de nosotros mismos y unirnos. Este estado se llama "garantía mutua" y significa que todo el mundo está "en un solo corazón", un deseo, una *intención.*

Cuando una persona comienza a discernir esta cualidad común, su propio "yo" pasa a la ocultación y prácticamente desaparece. Entonces surge una nueva cualidad.

No hay ningún yo o tú o él. Algo singular y completo se forma por encima de nosotros, compuesto por nosotros tres. Pero no es la suma de nuestras tres cualidades. Es una sola cualidad.

Si comenzamos a sentir nuestra unidad hasta este punto, en ella sentiremos una nueva dimensión superior. Sólo este nivel de desarrollo es llamado "el nivel Humano". Hoy en día aún estamos en el estado egoísta animado. Pero la unidad lleva a las personas al estado llamado "Humano".

En este nivel comenzamos a sentir la Naturaleza integral, global y holística. Adquirimos la sensación de la vida eterna y perfecta, distanciándonos de todos nuestros problemas, nuestros turbulentos y angustiosos estados e instintos impulsivos. La persona se integra en algo diferente y nuevo.

EL ACTOR SE CONVIERTE EN DIRECTOR DE ESCENA

– AU: Cuando una persona se convierte en un actor profesional y se centra en el nuevo estilo de vida, empieza a temer muchas cosas. La imagen de Mefistófeles (el Diablo) surge de inmediato en su subconsciente. ¿Por qué surge este miedo?

– ML: La persona teme perderse a sí misma. Al meterse de lleno en un determinado papel, a veces siente que si permanece un minuto más allí, no será capaz de volver nunca más.

Estos miedos y temores están bien justificados. La estructura psicológica de una persona no está equilibrada y es posible volver a formatear completamente el programa de comportamiento que está operando en él, como en un ordenador. Si se instala un programa diferente, una persona puede olvidarse de todo y comportarse de un modo distinto. Las estructuras de poder aplican estas prácticas y métodos en varios países del mundo.

Nuestros niños son claramente conscientes de que trabajan para tratar de entender a su amigo, para sentir su naturaleza. Para lograrlo, me incluyo en las cualidades de mi amigo y creo su imagen dentro de mí. Y mi amigo hace lo mismo respecto a mí. Así habrá dos imágenes en mí y dos en él. Esto nos permite comunicarnos correctamente y comenzar a comprendernos mutuamente; por esto estamos actuando.

El hecho de que podemos comprendernos unos a otros el día de hoy, no significa que lo haremos mañana. Nuestra comprensión mutua debe renovarse constantemente. Mañana tendremos un egoísmo nuevo porque crece sin cesar. Nuestros estados de ánimo cambiarán, al igual que muchas otras cosas que nos rodean, tales como las circunstancias en nuestras familias y las relaciones con nuestros amigos en el colegio. Todo esto tendrá una influencia en nuestras personalidades. Los cambios se suceden todo el tiempo.

Este tipo de trabajo en equipo, donde nos observamos unos a otros, criticamos o alentamos el trabajo de cada uno, nos permite acumular una enorme colección de instrumentos analíticos y observar todo el proceso desde fuera, ya no a través de los ojos de un actor que está interpretando diferentes papeles, sino a través de los ojos del director de escena. Igual que la Naturaleza nos organiza y juega con nosotros, yo también comienzo a ver este juego. Desarrollo una actitud muy sensata frente a lo que está ocurriendo y comienzo a entender que la vida no es más que un acto de diversos papeles.

Por lo tanto, si los niños trabajan en una determinada situación con sus amigos y observan su comportamiento en conjunto, creo que no surgirá ningún problema.

– AU: ¿Es posible intentar interpretar el papel del director de escena también?

– ML: Estamos hablando de niños y niñas y además de corta edad. Cuando llegan a los siete u ocho años, el egoísmo comienza a manifestarse en ellos de forma severa. Entonces es cuando poco a poco deberíamos comenzar a presentarles los elementos de la interpretación: "Intenta ponerte ahora en su papel y él estará en el tuyo. Recuerda cómo te gritó ayer y ahora tú intentas interpretarlo".

¿Es posible dirigir o manejar este proceso a esta edad? No descarto esta posibilidad. Depende del tiempo que el grupo haya estado estudiando y de las habilidades que haya adquirido.

– AU: Cada vez que se representa una escena, incluso si es la misma escena, resulta diferente.

– ML: Esto es evidente, sobre todo cuando se interpretan los mismos papeles.

– AU: ¿Deberían repetir los niños las mismas escenas una y otra vez?

– ML: Eso ocurrirá de todos modos.

– AU: ¿Qué podemos aprender de eso?

– ML: En este proceso, los niños estarán constantemente analizándose ellos mismos. Pienso que es necesario grabar todo lo que les sucede, verlo y dejar que los niños evalúen lo que vieron y luego repetirlo.

Un niño comienza a ver lo relativo que es su comportamiento y su opinión, que no hay nada absoluto en ellos. Lo que es absoluto es el único todo unificado que se crea cuando todos se unen. Y juntos construiremos el Absoluto. Pero todo lo que existe en cada uno de nosotros siempre cambia.

NO TODOS LOS PAPELES DEBER SER REPRESENTADOS

– AU: A los actores no les gusta interpretar a personas psicológicamente inestables o experimentar la muerte en el escenario. Cuando trabajamos con niños ¿cómo podemos definir los límites de los papeles que son aceptables?

– ML: Los niños sólo deberían representar los personajes de la gente con quienes necesitan entrar en contacto. Se puede tratar de un príncipe o de un mendigo, de una persona adinerada o de un pobre, un indeseable o una persona honrada, un hombre o una mujer, no importa.

Pero no tienen que representar otros personajes. Tengo que comprender a cada persona con quien estoy en contacto en nuestra sociedad –ya sea un niño, un adulto o un anciano. Tengo que aprender a representar sus estados dentro de mí y aprehender estos personajes.

– AU: ¿Así que un niño no debería interpretar a una persona que ha muerto, por ejemplo?

– ML: ¿Por qué debería entrar en contacto con alguien que ha muerto? ¿De qué serviría esto? O, por ejemplo ¿por qué debería comunicarse con un niño muy pequeño?

Por supuesto, el contacto con un recién nacido es posible. Pero normalmente ellos están al cuidado de sus madres. Ella comprende al bebé instintivamente. Así es como un animal entiende a otro en la Naturaleza. Son casi un solo organismo y una madre manifiesta este sentimiento animado hacia un niño.

Para entender la relación entre una madre y un hijo, tenemos que llegar a incluirnos en ellos y representar estas situaciones. Pero para eso, no necesitamos entrar en contacto con un bebé porque para eso hay una madre.

Sin embargo, sí tengo que comprender a todas las demás personas y como resultado acumular dentro de mí al mundo entero, a toda la humanidad.

– AU: ¿Debería un niño interpretar diversas situaciones de la vida real en vez de cosas abstractas? ¿Debería representar un miedo real en vez de un temor abstracto?

– ML: ¿Qué tipo de temor abstracto puede haber?

– AU: Un niño puede ver algo en una película, por ejemplo.

– ML: La vida está llena de imágenes e impresiones reales. Es necesario enseñar a un niño la manera correcta de comprender y cómo afrontar apropiadamente cada situación de la vida real y cada contratiempo con el que tropieza.

¿Cómo descubre un niño la manera correcta de comunicarse con un grupo específico de personas que son de un sector social determinado? O ¿cómo se comprende a sí mismo? ¿Quién es él?

Permítanle que se interprete a sí mismo. A él le parece que siempre es el mismo, dentro de su propia naturaleza, pero dejémosle imaginar lo contrario.

Yo soy el director de escena y este director de escena está observando la representación que hago de "mí mismo". Esto me obliga a mirar de forma crítica cómo expreso mi "yo". Es como si comenzaran a coexistir dos planos en mí.

Resulta que esta es la única forma que puedo comunicarme incluso conmigo mismo. Esta es la única manera en que puedo comprenderme a mí mismo.

Quizás a los actores se les enseña otras técnicas de interpretación, probablemente utilizando términos profesionales específicos. No estoy familiarizado con los conceptos básicos de la interpretación, estoy refiriéndome a ello del modo en que entiendo este proceso, de la forma en que yo lo veo.

Tenemos que llegar a conocer la naturaleza del hombre. Sólo ahora estamos empezando a darnos cuenta de que todos somos egoístas y que no vemos ni sentimos a los demás. Pero con el fin de salvar nuestra civilización, tenemos que ser similares a la Naturaleza y llegar a conectarnos integralmente.

Actuar o jugar es muy importante para el desarrollo de una persona. Para subir de un nivel al otro, literalmente tengo que interpretar el siguiente nivel. Así es como un niño representa a un piloto o a un chófer, por ejemplo, y cuando llega a ser adulto realmente se convierte en uno de ellos. La Naturaleza nos inculca la interpretación.

Lo mismo sucede en nuestros talleres. Cuando interpreto a otras personas, es como si me convirtiera en ellos y sus personajes entran en mí. Así es como una persona reúne el mundo entero dentro de sí.

LAS SENSACIONES MÁS INTENSAS PROVIENEN DE UNA CARENCIA

– AU: Me parece mucho más interesante representar personajes negativos. Me sensibilizan más mientras que los positivos resultan aburridos. Debido a que estos papeles nos influyen tanto ¿cómo deberíamos tratar con ellos?

– ML: Las imágenes negativas, la música triste y los acontecimientos trágicos siempre son más vívidos que los positivos, que nos resultan sosos. Esto es evidente porque una persona es un deseo de disfrutar. Como resultado, nuestras sensaciones más intensas provienen de la carencia de algo. Cuando una persona siente placer, lo considera obvio: "Como egoísta que soy, esto es lo que merezco, así que no siento este placer con tanta intensidad. Pero la falta de algo que me merezco y que no tengo, es algo que experimento muy intensamente". Así es como el egoísmo se evalúa a sí mismo –unilateralmente, con una tendencia hacia la sensación de carencia.

¿Qué papeles deberían representar los niños? ¿Los positivos o negativos? No deberían surgir preguntas sobre esto. Tengo que interpretar el papel tal y como es. Una persona primero debe realizar la disección del personaje entero, fragmentarlo, y después tratar de analizarlo tan objetivamente como sea posible, eligiendo las facetas más significativas y aprender a reproducirlas, a crear estas situaciones dentro de ella, a convertirse en un director de escena y después expresarlas.

Por ejemplo, se me pide que interprete a Carlitos. Eso significa que tengo que acordarme en qué circunstancias lo conocí, recordar sus rasgos personales, cómo se mueve y todo lo que es característico en Carlitos. Tengo que entender lo que me atrae y lo que no me gusta. Tengo que discernir todo esto en relación con mi egoísmo.

– AU: ¿Y qué pasa si algo no me gusta? ¿Tengo que intentar justificar estas cualidades y aceptarlas?

– ML: Lo más importante es representarlas. Es muy importante recordar perfectamente el personaje, su forma de ser y cómo se desenvuelve. Cuando una persona comienza a representar un papel y entra en el personaje, siente su nueva actitud hacia lo que está ocurriendo Entonces el intérprete involuntariamente está de acuerdo con el comportamiento de este prototipo en esta situación. Al actuar en cualquier papel, me acerco a la persona a quien estoy representando.

– AU: Incluso existe la expresión "enamorarse de su personaje".

LA META: UNA HUMANIDAD INTEGRAL

– ML: Analizamos minuciosamente cualquier situación o personaje, después los representamos y los vivimos y permanecen en la persona. Decenas o incluso centenares de estos personajes conforman el mecanismo comunicativo que le permite a una persona conectarse con el mundo. Una persona se vuelve polifacética con estratos múltiples en lo que respecta su entendimiento de cualquier persona y por lo tanto puede establecer contacto con cualquiera.

Este conocimiento no es con el fin de manipular a la gente o de poder aprovecharnos al comunicarnos con ellos, ni para buscar una forma cómoda y egoísta de posicionar nuestro propio "yo" mediante el principio de "una señora que es agradable en todos los sentidos".

Decimos que lo más importante es la capacidad de una persona para dar vida a cada personaje en su "yo". Así es cómo entrará en contacto con toda la humanidad, creando un todo común. Entonces cada uno de nosotros creará un "campo" de personajes a su alrededor, mediante el cual alcanzaremos a la humanidad integral.

Así es como progresivamente se desarrolla la sociedad humana hasta el punto en que cada persona se compone de todas las personas que existen. Además, este proceso no es difícil. Los psicólogos saben que no hay muchas tipologías personales. ¿Cuántos han enumerado los psicólogos?

– AU: Veinte.

– ML: Entonces ¿cuál sería el problema? Si una persona adopta estos personajes, a través de ellos será capaz de entender y entrar en contacto con cualquier persona. Me comprenderá a mí también. Me verá con buenos ojos y tendrá una buena disposición hacia mí. Así, despertaremos una integración buena y favorable en el mundo.

– AU: ¿Quién debería enseñar interpretación a los niños? ¿Se puede invitar a actores famosos a hacerlo o pueden los niños ser instruidos por otros niños que son dos o tres años mayores?

– ML: No creo que los niños mayores sean capaces de manejar este proceso. Este tipo de trabajo requiere de un individuo maduro. Estoy seguro de que incluso los mejores actores y directores no serían capaces de dirigir el trabajo en nuestras aulas a no ser que entendieran nuestros objetivos. La pericia profesional no es tan importante para nosotros.

En primer lugar cada acción realizada por nuestros educadores tiene que tener un objetivo claro: comprender a los amigos, unirse con ellos de la forma correcta y formar un todo común con ellos.

Una persona ajena no sería capaz de ayudarnos porque estas tareas simplemente no están en su campo de visión. Lo más importante para un actor profesional es una interpretación convincente y realista. Pero eso no nos importa a nosotros. No todos los niños serán capaces de expresarse a sí mismos con todo detalle y de forma conmovedora; y esto no es necesario.

Pero en vez de eso, nuestros niños comenzarán poco a poco a comprender lo que deberían anhelar y qué oportunidades se les están ofreciendo. Llevarán su deseo a su conclusión lógica final y empezarán a comprenderse unos a otros.

Recuerdan su comportamiento natural en una situación específica y cada uno de ellos interpreta el papel de su amigo. Después de esto regresan de nuevo a sus personajes iniciales y reproducen su conducta natural.

Por ejemplo, yo te echo la culpa por algo y tú me culpas a mí. Ahora cada uno de nosotros tiene que interpretar el rol del contrario. Entonces de nuevo regreso a mis cualidades naturales, representando la situación inicial.

Los niños reúnen todas estas imágenes dentro de ellos y debaten cómo les ayudará a unirse, para convertirse en una humanidad integral.

Comienzo a comprender la naturaleza de mi amigo y él comienza a entender la mía. Así nos elevamos por encima de nuestra naturaleza y decidimos cómo podemos unir todas nuestras cualidades. La conclusión de esta discusión es la parte más importante de nuestro trabajo.

Cada persona tiene que incluir a todo el mundo dentro de sí.

UN PROGRAMA TERAPÉUTICO PARA LA SOCIEDAD

- Aprendiendo de la Historia
- Salvando a la civilización
- La educación en televisión
- Cómo poner en práctica el método
- Auto-educación para niños y adultos
- Práctica, ejemplo e interacción
- Educación para delincuentes juveniles
- Un programa curativo para la sociedad

APRENDIENDO DE LA HISTORIA

Nos inspiramos en las fuentes antiguas para establecer las bases de este método. Estas fuentes fueron creadas en la antigua Babilonia, donde apareció el mismo problema por primera vez: surgieron conexiones egoístas incorrectas en una sociedad integral.

Los habitantes de Babilonia proyectaron una colaboración conjunta con el fin de construir una torre tan alta como el cielo, pero pronto descubrieron que no podían entenderse entre sí. La confusión y la mezcolanza de lenguas se refieren a la falta de comprensión entre los numerosos egoístas.

Flavio Josefo escribió sobre esto de una forma muy interesante. Tres millones de personas (en aquel entonces era toda la civilización) vivían en un pequeño territorio entre los ríos Tigris y el Éufrates. Tenían agua y sol en abundancia, las personas pescaban, cultivaban cebada, trigo, ajos. Su comida contenía todos los elementos necesarios. Se trataba de condiciones maravillosas para una antigua civilización. Pero de pronto los residentes de Babilonia no pudieron soportar la convivencia. Como resultado, se dispersaron en todas direcciones. Cada familia, clan y gremio marcharon en diferentes direcciones y fundaron naciones. Pero en aquel entonces había espacio para que ellos se dispersasen, alejándose. Y al hacer esto fueron capaces de pacificar su estado de separación.

Hoy en día estamos en la misma situación. Estamos construyendo nuestra civilización como aquella "torre tan alta como el cielo", deseando consumirlo todo. Estamos agotando las últimas gotas que la Tierra tiene para ofrecernos –minerales, metales, carbón, petróleo y gas. Pero en el extremo de la pajilla que la humanidad ha insertado dentro de la Tierra, el vacío está empezando a enfrentarnos nuevo.

Y comprendemos que estamos ante el final porque la civilización que hemos construido no tiene nada más con qué sostenerse.

Es así que surge una cuestión muy seria: ¿¡Qué estamos haciendo!? ¿Cómo podemos entrar en razón? ¿Cómo podemos educar a las personas con antelación, antes de que llegue el final?

SALVAR A LA CIVILIZACIÓN

Tenemos que enseñar a la humanidad que el final ya está cerca. ¡Si tan sólo la humanidad pudiera echar un vistazo por esta pajilla y ver que está vacía! El petróleo, el gas y el agua no pueden ser remplazados por plantas de energía solar o nuclear. Un coche recorre diez kilómetros con un litro de gasolina. Y no tenemos ningún otro combustible o energía que equivalga al litro de este líquido que pueda generar este rendimiento. En otras palabras, nuestra civilización está basada en el petróleo y sin petróleo ¡nuestra civilización llegará también a su fin!

Lo único que necesitamos es reducir inmediatamente nuestro consumo al mínimo. Tenemos que utilizar los recursos que quedan únicamente para proveer las necesidades vitales. Nadie pasará hambre o renunciará a las cosas que son necesarias. ¡Las personas llevarán una existencia normal! La familia media moderna tiene que tener una vivienda, un trabajo para todos sus miembros y los medios necesarios para criar y educar a los hijos

Tenemos que inculcar la ideología de la restricción voluntaria desde abajo hasta arriba. Esto incluye alimentar a los hambrientos y rebajar el nivel de vida de los ricos hasta un nivel normal. En términos prácticos, esto es socialismo. ¿Pero quién estará de acuerdo con ello? ¿Qué tipo de sufrimiento será capaz de obligarnos a redistribuir todos los recursos disponibles, para hacer iguales a todos los miembros de la sociedad, para unirnos unos a otros y para establecer las interacciones correctas con ellos?

Para llegar a este sistema, tenemos que empezar a sentir nuestra absoluta dependencia mutua, como una gran familia. La persona contemporánea carece completamente de esta sensación y le es totalmente indiferente. No tiene necesidad de una familia, hijos, parientes o amigos. Su único interés es pasar un buen rato durante el período que la Naturaleza le ha asignado para su existencia, llamada "vida".

¿Tenemos tiempo para trabajar en educación? Este es un proceso a largo plazo que requiere que todo un sistema sea creado. Desafortunadamente, estamos coaccionados por el tiempo, porque en los próximos diez a quince años agotaremos los recursos restantes y entonces no quedará nada.

Estos son los datos de las investigaciones publicadas y las no publicadas.

Por lo tanto, nuestro método de la educación integral está ante todo dirigido a los padres. Contamos con el instinto natural del hombre para salvar a sus hijos. ¡Vamos convirtiéndolos en personas! ¡Vamos a prepararlos para esta futura, inevitable y necesaria interacción de cada persona con todo el mundo!

Una persona que entra de forma correcta en esta integración se beneficiará de ello. No solamente habrá recibido una educación apropiada, sino que tendrá las habilidades necesaria para la supervivencia porque no es el más fuerte quien sobrevivirá, ya que no quedará nada que arrebatarnos. La supervivencia dependerá de la capacidad de uno para adaptarse, para entender que la integración, la interconexión, la garantía mutua, las concesiones, las conexiones y la unificación, es la llamada de la Naturaleza. Y la meta de la Naturaleza es llevar a la humanidad hacia el equilibrio.

Este sistema tiene que ser desarrollado en Internet en cada idioma. No hay otra solución. Y ante todo, deberá dirigirse a los padres porque los niños son nuestro futuro. Los niños que hoy tienen diez años serán esa nueva humanidad. Tenemos que hacer todo por su bien.

Creo que la única solución es abordar el deseo egoísta natural que tiene el hombre de proporcionar a sus hijos un programa fiable para la vida. Simplemente presentarle esto a la gente sería como gritar en el desierto. Sin embargo, cuando nos dirigimos a los padres, tocamos una fibra sensible con la que ellos pueden identificarse.

FORMACIÓN EN LA TELEVISIÓN

– AU: Usted tiene un método saludable y armonioso que está basado en fuentes antiguas y en las leyes de la Naturaleza. Ya estamos observando los resultados del mismo en niños que reciben esta educación. Pero esto aún se encuentra muy alejado de "la gente común". ¿Cómo podemos hacer llegar su método a los padres de todo el mundo?

– ML: Creo que tenemos que crear programas de televisión porque todo hogar cuenta con un televisor. Debería haber un canal gratuito que transmitiera constantemente programas interesantes y agradables.

Este tipo de canal también sería conveniente para las autoridades y las personas acaudaladas porque les ayudaría a alcanzar tranquilidad, a ser más cordiales y reducir las tensiones. Su objetivo es educar a los niños y en algún sentido responde a la instancia pública, el deseo de la gente de restaurar los elementos positivos de una sociedad socialista (*entendiendo el término "socialista" exclusivamente en el sentido de la mutua cooperación entre individuos*). No requerirá ninguna redistribución por parte de las autoridades en este momento y su único propósito sería la educación.

No estamos proponiendo que empecemos ya a redistribuir la propiedad y hacerla accesible a toda la población o al mundo entero. Estamos diciendo que es necesario educar a las personas dentro de un espíritu de amistad, cooperación y unidad. Esta postura no puede tener ningún adversario estatal (aunque por supuesto, ciertos movimientos nacionalistas siempre pueden ver que esto entra en conflicto con su ideología, pero son fuerzas muy poco significativas).

¡Esta es una idea infalible! ¡Es natural! ¡Y no implica ninguna coerción! La pondremos en práctica en la vida sólo en la medida en que las personas se vean obligadas a unirse para sobrevivir (y veremos esto en el transcurso los próximos años). Antes de que esto ocurra, sólo lo escucharemos, lo entenderemos y lo estudiaremos de forma similar a como un estudiante estudia durante cinco o seis años antes de empezar a trabajar y aplicar los conocimientos.

– AU: Hemos estado hablando abiertamente sobre este método desde hace varios meses y ya hay muchas personas interesadas en él, incluyendo a científicos acreditados, académicos y especialistas reconocidos a nivel mundial. Quieren colaborar activamente con nosotros. ¿Deberíamos relacionarnos con ellos?

– ML: ¡Por supuesto! ¿Dónde están estas personas? ¿Qué les gustaría que les informara? Estoy dispuesto a hablar con todo el mundo para explicar y desarrollar el método, porque en principio, por ahora estoy solo. Pero la interacción con otras personas, especialmente de otros campos de investigación, podría ayudar a esclarecer y complementar lo que se necesita.

CÓMO PONER EN PRÁCTICA EL MÉTODO

– AU: ¿Es necesario presentar este método a todo el mundo? Además ¿quién debería llevar a cabo esta tarea? ¿Quizá los artistas, los científicos y los educadores? ¿Qué medios podemos utilizar?

– ML: Podemos hacer documentales y películas sobre este tema, producir obras de teatro, crear programas de televisión y juegos computarizados. Tenemos que realizar concursos y debates sobre este asunto en televisión y en la prensa.

Ya que este método habla de la sociedad del futuro y de la estructura de la misma, puede abarcar cualquier estrato de la sociedad. Hay varias maneras de aplicarlo y de mostrarlo a una persona. Creo que tenemos que conseguir que el gobierno también se interese.

Lo pueden llevar a cabo las personas que lleven sus ideas a un primer plano a través de comunicados o asambleas. En una sociedad y en cualquier gobierno, existen institutos de investigación, grupos de ciencias políticas y sociales cuyas opiniones son muy respetadas; podemos trabajar a través de ellos.

También merece la pena despertar la curiosidad de los productores de televisión. Al fin y al cabo, este tema es muy interesante. Si varias celebridades debaten sobre ello, por supuesto que entonces adquiriría una gran relevancia y podrán permitirse la libertad, en base a su convicción, de presentar estas ideas a la opinión pública. Es necesario que los expertos, incluyendo los economistas, sociólogos y psicólogos muestren, cada uno desde su punto de vista, cómo sería la sociedad del futuro inmediato.

La Naturaleza nos obliga a educar a la generación más joven. No estamos hablando de nosotros mismos, los adultos de ahora, sino de la educación de los niños.

En la actualidad ni un solo país tiene un programa de educación comprensible. Todos los sistemas educativos, incluyendo la UNESCO (y esta información no parte sólo de rumores) se encuentran en un estado lamentable. No tienen ninguna ideología o planes concretos. Están dispuestos a escuchar a cualquiera que aporte ideas sobre esta área porque no tienen ninguna propia.

Si comenzamos a ofrecer la idea de la educación integral –y esto es algo de lo que psicólogos, sociólogos, educadores y profesores ya están hablando– demostraremos su necesidad en el marco de lo que es la demanda de la sociedad del futuro. Estamos hablando del futuro con la esperanza de que tengamos uno y esto sólo sucederá si podemos superar la crisis sistemática, universal y diversa de nuestros días, en la que sólo domina el egoísmo humano.

¿Cómo podemos empezar a elevarnos por encima de este? ¿Cómo podemos elevar al hombre para que se conecte con otras personas sin que se encierre en sí mismo, para que aprenda cómo formar correctamente una familia, cómo coexistir con su cónyuge y los hijos, con los vecinos y los compañeros de trabajo? Tenemos que suscitar en la sociedad la apremiante necesidad de resolver esta cuestión.

No veo ningún obstáculo por parte del gobierno, la Iglesia, el colegio o la familia. Nadie puede oponerse a la tendencia de unión entre las personas. Al menos no debería haber ninguna objeción manifiesta.

Por eso tenemos que empezar con el departamento de educación.

AUTOEDUCACIÓN PARA NIÑOS Y ADULTOS

– AU: Con el fin de llevar a cabo este método, tiene que haber educadores preparados intencionalmente que comprendan lo que es la educación integral. ¿Cómo debería planearse su preparación?

– ML: Tenemos que crear cursos en televisión para todas las edades. Estos educadores pueden ser niños y niñas de diez años, sus padres de cuarenta e incluso sus abuelos; todo el mundo estudiará.

Para aquellos que completen este curso de televisión, que durará tres meses, por ejemplo, y que deseen seguir estudiando, tendrán la oportunidad de convertirse en educadores profesionales. Los invitamos. Vendrán a un seminario donde veremos cómo han asimilado, interiorizado y aprendido los principios básicos y lo fundamental, ¡el espíritu! Percibiremos hasta qué punto pueden interactuar con las personas y en particular con los niños. Entonces les daremos una beca y empezaremos a enseñarles. Y junto al aprendizaje, entrarán en contacto con los niños y formarán grupos.

Una vez que los niños cumplen con su horario de estudio en un colegio regular (en este sentido no cambiamos nada), se reúnen en un programa de actividades extraescolares donde son arropados por la educación integral. Allí mantienen debates y discusiones, desarrollan contactos y resuelven conflictos de la manera correcta.

En la televisión se imparten a estos grupos cursos demostrativos, mientras que los llevan a la práctica en sus grupos. Así es como el sistema de preparación comienza a funcionar, el sistema de formación y el posterior desarrollo de todo este sistema.

Cada persona encuentra allí su propio lugar. Necesitamos un gran número de educadores y hay desempleo encubierto en todo el país. Los educadores reciben el salario promedio. Los niños están ocupados y no se requiere de grandes gastos.

Como resultado, involucramos a los niños y a una gran parte de la población adulta en auto educación y la formación. Este proceso es mutuo. Se actualiza constantemente, tanto en el interior del individuo como en su conexión con los demás.

Creo que podremos contar con resultados serios en unos meses. La sociedad se reanimará y todos los costos se pagarán por sí mismos. Podemos pedir y exigir los medios para estas reformas a las personas con grandes recursos, que simplemente se sentirán avergonzados por no participar en esto porque lo que está en peligro es el futuro del país.

Este programa de gobierno, sobre el trasfondo del vacío que existe hoy en la educación y la enseñanza de los niños, es una medida ejemplar. Así es como debería percibirse. No tenemos que convencer a nadie. Hay numerosos científicos, psicólogos, sociólogos y tecnócratas que entienden que es la cura para la sociedad moderna.

PRÁCTICA, EJEMPLO E INTERPRETACIÓN

– AU: Una persona empleada en un centro educativo, donde estudian miles de niños, vio nuestros programas y se mostró muy interesada. Su pregunta fue: "¿Es posible comenzar a introducir ciertos elementos de este método en un colegio ordinario? ¿O es un método cohesionado que simplemente no funcionará por partes?"

– ML: Este método también puede aplicarse en partes, en cualquier forma y no importa en qué orden. Creo que la transmisión tiene que hacerse desde el centro de televisión donde se esté desarrollando este método. Los niños y educadores de grupos experimentados serán los invitados allí, donde demostrarán – literalmente en ellos mismos– todos los posibles métodos de trabajo: debates, explicaciones, audiencias, juegos diversos y comunicación.

Esto será interesante para los niños y garantizará un trabajo seguro a los educadores. Al mismo tiempo, podemos enviarles ayuda. No hay ningún problema en llevar nuestro mensaje a cualquier parte y recibir retro alimentación inmediata; todo tiene que ser interactivo.

– AU: ¿Qué principios promoveremos que realicen los profesores, una vez que ya tienen un área de trabajo, niños y preguntas? ¿Qué tiene que implementarse primero y qué debería aplazarse por el momento?

– ML: Depende de la edad de los niños. Tiene que establecerse una estricta división por edades. Existe un método que es adecuado para niños, literalmente, de los tres a seis años, después de los seis a nueve y después de los nueve a los doce o trece años y así sucesivamente.

Si estamos trabajando con el grupo de edad de tres a seis años o de seis a nueve, no tiene cabida la teoría o amplias explicaciones, sólo la práctica. A esta edad los niños estudian este mundo llevándose todo a la boca, sintiéndolo con sus manos. Así es como obtienen sus sensaciones. Todo su descubrimiento del mundo es sensorial en vez de verbal. Pero los niños de más edad reciben explicaciones y toman apuntes.

Después de los nueve años un niño necesita explicaciones paralelas a las acciones, respondiendo a preguntas como: "¿Qué hicimos y por qué?" "Acabamos de realizar varias acciones sucesivas, ¿qué logramos con ellas?" El sistema se aclara inmediatamente, una persona recibe explicaciones y se convierte en su propio educador.

Los niños, después de los trece años, necesitan una propuesta rigurosamente lógica de las cosas: de dónde viene, por qué es así, qué es la Naturaleza, la Geografía y la Historia. Deben recibir una explicación de nuestra situación actual y de por qué estamos obligados a interconectarnos, por qué podemos estar conectados tanto por vínculos negativos como positivos, qué es lo mejor para nosotros y a dónde tenemos que llegar al final.

Y desde luego, cuando trabajamos con adultos, lo primero que necesitan no son juegos sino explicaciones, tales como los largos programas de entrevistas. Y por supuesto, tienen que llevarse a cabo de forma respetuosa.

EDUCACIÓN PARA DELINCUENTES JUVENILES

– AU: Recibimos muchas peticiones de organismos que trabajan con niños con conductas disfuncionales y que son incapaces de integrarse en el sistema, como son los delincuentes juveniles. Estos organismos dicen: "Vengan acá y hagan lo que les parezca bien", porque se han dado completamente por vencidos y no tienen ni idea de qué hacer. ¿Deberíamos empezar a dialogar con ellos?

– ML: En primer lugar estos organismos se muestran receptivos con nosotros y eso les convierte en una buena opción. En segundo lugar, tienen la posibilidad de sostener a instructores y educadores. Esto significa que tenemos que ir allá, pero ante todo para trabajar en el aspecto psicológico.

Los niños que están allí no son receptivos a nada y están encerrados en sí mismos. Tienen una norma específica de conducta que está rígidamente establecida y que no les permite escuchar nada. Pero sí están dispuestos a hablar de ellos mismos: "¿Qué es lo que me motiva? ¿Por qué esto me impulsa a mí o a otros? ¿Por qué él es así?" Y así sucesivamente.

Se les tiene que abordar desde un punto de vista psicológico general. Esto es interesante. Permite que la persona se descubra tanto a sí misma como el comportamiento de los demás: "¿Por qué es agresivo? ¿Por qué se pelea?" Grábenlos al margen y empiecen a mostrarles quiénes son. Esto les irritará. Se verán a sí mismos, como espectadores, paseando y peleando y entonces los educadores deberán explicarles qué es lo que impulsa a cada uno de ellos y por qué cada uno se comporta de esa manera.

De esta forma se podrá captar su interés. Empezarán a verse a sí mismos desde fuera y oirán hablar sobre los motivos de su comportamiento que ni siquiera sospechaban que existiesen. Esto les molestará y logrará que estén alertas.

Y entonces se podrá hablar con ellos: "¿Qué fuerzas oscuras existen en una persona que le obligan a actuar así? ¿Es él? ¿O es la Naturaleza la que juega deliberadamente así con él, como si les estuviera despreciando, haciendo de ellos un monstruo que daña todo? Y al igual que las marionetas, tienen que moverse a sus órdenes".

Si se los mostramos, llegaremos fácilmente a cada uno de ellos porque este tipo de niño desdeña a todos, incluso a sí mismo. Perder su propia autoestima es la cosa más terrible que puede ocurrir en ese tipo de entorno.

Esto significa que si podemos llegar hasta ellos con esta primera incursión en su amor propio, nos los ganaremos y podremos trabajar con ellos. En otras palabras, tenemos que llevarles a una situación en la que el amor propio se vea verdaderamente satisfecho.

Tenemos que revelar el hecho de que ahora mismo no son libres, que funcionan bajo la influencia de los instintos, que en la práctica están desempeñando un papel que está programado en ellos y que no son dueños de nada. Pero es posible interpretarse a sí mismo de manera diferente y empezar a trabajar con el intercambio de roles —yo en tu lugar, tú en lugar de él— y así sucesivamente.

Cuando les enseñemos a interpretar el papel del otro y a "entrar" el uno en el otro, los niños empezarán a comprenderse mejor entre ellos. A partir de aquí hay un corto trecho hasta conseguir que se observen unos a otros, estudiándose y comprendiéndose mutuamente e   incluyéndose unos en los otros. Cuando un niño representa el papel de otra persona, crea el modelo de dicha persona dentro de él y entonces puede unirse de alguna forma, conectar y comprender a la otra persona.

Creo que las correccionales son contextos ideales para la educación porque los niños están en un área cerrada. Sólo tenemos que asegurarnos que nuestro enfoque esté muy bien pensado. También debemos ser pacientes, sobre todo al principio. Pero empezará a funcionar enseguida. Si utilizamos las grabaciones en vídeo y después el análisis psicológico, los niños problemáticos serán muy receptivos a esto porque su amor propio está muy desarrollado, así que alcanzaremos un gran éxito en sitios como estos.

– AU: Presté servicio en el Ejército Soviético en los años ochenta, que en muchos sentidos estaba estructurado como una prisión. Externamente era una cosa, pero en la práctica era algo completamente diferente. Durante el día había discusiones patrióticas y de noche abusos y formas de interacción sumamente abominables.

Los debates oficiales que se mantenían durante el día podrían irritar aún más a la gente, de hecho, haciendo que se enfurecieran más, si cabe decirlo, porque había una discrepancia enorme entre lo que sucedía de noche y lo que se discutía durante el día.

Cuando empecemos a aplicar nuestro método ¿qué sucederá con esta brecha de divergencia? ¿Qué debería hacerse respecto a la brutalidad de la noche?

– ML: Cuando una persona comienza a desempeñar el rol de otra, además del suyo propio, empieza a ver lo que le impulsa y pierde la motivación para actuar como lo hacía antes. Ya no dispone de la energía necesaria para realizar el mismo tipo de acciones. Eso es porque él no es él mismo, hay algo dentro de él que le está haciendo cambiar; hasta pierde la paciencia con su propio yo.

Estoy seguro de que esto tendrá un efecto inmediato en la conducta de los niños tanto en las comunidades cerradas como en las sociedades abiertas

UN PROGRAMA CURATIVO PARA LA SOCIEDAD

– AU: Supongamos que creamos el entorno ideal en el que se forma un niño, pero después tiene que integrarse en la sociedad general. El problema es que no hay nada en lo cual integrarse. No hay ninguna sociedad, las instituciones sociales están destruidas. Y los niños no tienen iniciativa para ir a ninguna parte porque ven que no hay ningún sitio a dónde ir.

Al educar a estos niños según las leyes de la Naturaleza ¿deberíamos crear nuevas instituciones sociales según van creciendo? ¿O tendrán que convertirse en parte de algo amorfo y completamente indeterminado?

– ML: Ahora no estamos hablando de la sociedad, sino de los niños. Sin destruir nada y sin crear nada nuevo, tenemos que llevar nuestro sistema educativo a cada persona.

Si estamos hablando de la sociedad, entonces necesitamos un programa de gobierno especial que contemple el hecho de que cada persona disponga de una hora diaria, asignada por su patrón, para que en su lugar de trabajo, pueda aprender y participar en este tipo de programa durante la jornada laboral. Continuaría recibiendo el mismo salario, pero estaría obligado a estudiar una hora de ese tiempo.

Estamos hablando de ver programas de televisión en el lugar de trabajo, donde la gente de uno o varios departamentos se reuniera en una sala. Transmitimos un programa concreto para ellos donde ven a un grupo que les muestra un ejemplo de interacción correcta y el análisis de situaciones conflictivas específicas.

En cada empresa debe haber un educador de iniciación que comience a trabajar con estas personas después de haber visto varios programas como este. Todo está enfocado a mostrarle a una persona que la unificación por encima del egoísmo es productiva.

Creo que todo el colectivo sentirá el resultado inmediatamente, incluyendo al satisfecho empresario que sentirá que no está malgastando una hora diaria al tener a sus trabajadores haciendo esto. Sin embargo, esto ya no es un programa escolar, aunque prácticamente sigue el mismo método. Enseñamos a la persona quién es, qué le impulsa, cómo elevarse por encima de sí mismo, llegar a incluirse en el otro y cómo salir de sí mismo. Esto implica practicar juegos de roles, donde al interpretar diferentes situaciones nos vemos desde fuera.

Pienso que veremos cómo las personas comienzan a entender y a aceptar con gusto esta propuesta. Este programa fue elaborado en principio para los niños. Revitaliza a la sociedad, consolidándola y haciéndola más cálida, bajando las tensiones y el crimen. Seguro que será bien recibido y acogido por el gobierno. Si se presenta correctamente, a través de científicos distinguidos y famosos y promotores sociales, no puede fallar.

No tenemos otra opción. Si no es ahora, dentro de unos años esto será indispensable y muy solicitado – ¡pero es una pena dejar pasar el tiempo!

Veremos cuantos beneficios aportará esta educación a todos y a cuanto nos rodea. Tenemos que demostrar que todos los problemas radican en la actitud del hombre hacia sí mismo y los demás y hacia su entorno.

Comprendemos que es muy fácil convertir una sociedad en una dictadura, en cuyo caso deja de ser una sociedad en su conjunto. Las sociedades democráticas del mundo existieron o existen bajo la presencia de muchas salvedades, leyes y limitaciones debido a que la naturaleza del hombre tiene como propósito acaparar y dominarlo todo, no conceder nada a nadie y compartir con los demás sólo en la medida en que la complazcan o la sirvan de alguna manera. Esta es la ley del egoísmo.

Todo lo que se califica como democracia está basado en evitar que un egoísta se desboque. Es necesario que otras personas puedan participar en el gobierno de la sociedad. Es decir, es necesario crear un círculo de egoístas. Pueden hacer prácticamente cualquier cosa, mientras que a otros se les permite hacer algo menos. Les daremos también algo para su existencia y daremos incluso menos a un círculo más amplio e inferior aún. Es decir, que por el bien del instinto de conservación, se crea una jerarquía en la sociedad egoísta.

Este mundo está controlado por individuos, un grupo pequeño cuyos miembros se conocen muy bien y son dueños de todo. Todos los demás se llevan lo que les cae en su parcela; así es como está organizado desde arriba.

Pero ahora estamos llegando a un estado dónde estos círculos de poder también comprenden la naturaleza finita de su existencia. Puede ser que tengan una enorme cantidad de metales y piedras preciosas, dinero en efectivo, pero esto no les salvará, porque si no nos convertimos en un mundo integral, simplemente nos consumiremos como el cáncer y dejaremos de existir. Por lo tanto, creo que hay un público a quien podemos dirigirnos y una meta que podemos alcanzar.

LA LABOR EDUCATIVA EN LOS CAMPAMENTOS DE VERANO

- Un curso intensivo de amor y amistad
- Un "Buen sitio de Internet" para adultos
- Mi amigo el egoísmo
- Lo ideal es todo tu tiempo libre
- El entorno funciona con todos
- La rotación es necesaria
- El auto-servicio como un medio para la unidad
- Aprendiendo a ser compasivo con la Naturaleza.
- Tomar la mochila y salir a caminar
- Empezar con grupos pequeños
- Aprendiendo de los obstáculos artificiales
- Aventuras nocturnas
- "Nosotros" es lo más importante
- La comunicación con el mundo exterior y con los padres
- Niños que "no cooperan"
- Sentarse con los amigos alrededor de la fogata
- Ser tu propio psicólogo
- Chicos y chicas

– AU: En nuestros tiempos, solíamos ir a los "Campamentos de Jóvenes Pioneros". En otros sitios hay campamentos de verano, campamentos de *scouts* de chicos y chicas y demás. También existen en su sistema y también tienen experiencias prácticas. ¿Por qué se necesitan campamentos como estos? ¿De qué sirven?

– ML: El principal valor de los campamentos juveniles es que a los jóvenes o niños se les enseñan las conexiones adecuadas entre ellos. Interiorizan los conceptos de ayuda mutua y amistad.

UN CURSO INTENSIVO DE AMOR Y AMISTAD

Hay varios miles de niños de diferentes edades en nuestra organización educativa internacional. Comenzamos este proceso de trabajo con niños de tres años y continuamos hasta los dieciocho; esto es un lapso de tiempo muy amplio.

Sabemos lo importante que es el criterio de edad para la educación de los niños y la comunicación con los demás. Naturalmente, esto es lo primero que tenemos en cuenta cuando reunimos a niños de diferentes países. Intentamos establecer un campamento verdaderamente integral.

Diseñamos un programa que incluye numerosas excursiones, debates, canciones y comidas en común en las que todos participan. Los niños preparan la comida, ponen las mesas y limpian después. Ellos mismos se sirven por completo. Están juntos las veinticuatro horas del día, incluyendo a los educadores. Y llevan a cabo el método de la unificación de una forma muy interesante.

Lo más importante es dejar que un niño sienta: "Así es como tú dependes de los demás y los demás dependen de ti. Así es como tú percibes el mundo, por qué lo percibes así, cómo tu actitud hacia los demás transforma tu percepción del mundo y por qué sucede que cuando interactúas adecuadamente con los demás, de repente te sientes seguro, inspirado, entusiasta y más fuerte".

Enseñamos a los niños a crear las interconexiones correctas. Les damos el material apropiado sobre psicología y sobre nuestras cualidades negativas. De hecho, prácticamente no tenemos ninguna cualidad positiva. Está escrito: "El corazón de una persona es malvado desde su nacimiento". Es decir, todos nacemos egoístas. Es bueno para un niño aprehender esto correctamente, para ver las expresiones reales de su personalidad, sus hábitos y su egoísmo en la relación con los demás y que siempre están intentando aprovecharse de la interacción con ellos.

Así que ¿cómo podemos trascender nuestra tendencia natural? ¿Cómo podemos conectar con los demás con el fin de sentir que el otorgamiento, en lugar de la recepción, es agradable y natural? Esto requiere una gran fuerza de voluntad.

Pero tenemos que enseñar a los niños que otorgar es muy sencillo, fácil, fascinante e interesante. Esto puede ser una aventura maravillosa en la que todos nos sintamos tan atraídos unos hacia otros, que nos elevemos por encima de nosotros mismos y tengamos la impresión de estar volando.

Proporcionarle a un niño la sensación de un nuevo tipo de comunicación es muy importante; deja en él una marca o "registro de información".

Si estas grabaciones se suceden con gran intensidad, al mismo tiempo que los niños reconocen sus constantes caídas en el egoísmo, lo que resulta en una secuencia de descenso-ascenso-descenso, entonces un niño comienza a tener control de sí mismo y a comprender cómo se puede elevar a un nivel donde siempre se sentirá seguro, con amor y amistad, rodeado de buenos amigos.

Es decir, enseñamos a un niño el beneficio evidente de este tipo de comunicación y unidad. Lo fundamental en este proceso es enseñarle a salir rápidamente de sí mismo y entrar en este tipo de comunicación. Esto es una pequeña resistencia psicológica que más adelante deja de ser un obstáculo. Se convierte en un hábito o en una segunda naturaleza una vez que el niño lo realiza un determinado número de veces; y entonces se convierte en algo fácil para él.

Cuando los niños regresan a casa después de un campamento así, pueden montar pequeñas comunidades parecidas y hacer prácticas en ellas. Además, se mantienen conectados entre ellos de forma virtual. En nuestro sistema de estudio constante, perfeccionan continuamente su ascenso por encima de sí mismos y su unidad.

Verdaderamente comienzan a sentir algo especial en esta unidad, un estado psicológico diferente, bienestar y una vida que es especial, sin estar restringida por cualquier cosa y que no se reduce a estrechos límites.

UN "BUEN INTERNET" PARA ADULTOS

Esperamos que con el tiempo seamos capaces también de presentar el mismo método para los adultos, para que ellos puedan experimentar el estado de bienestar emocional y se den cuenta de que la vida de una persona puede ser completamente diferente. Hay muchas prácticas psicológicas que le permiten a la gente empezar a ver la vida, la sociedad y a ellos mismos de forma diferente, para ver distintas posibilidades y de estar agradecido por estar vivo. Entonces no estarán deprimidos, como la mitad de la humanidad, y no se sentirán constantemente abatidos, estresados, ansiosos, proteccionistas y a la defensiva. Esto es lo que estamos viendo cada vez más en nuestra sociedad.

Entre los adultos esperamos hacer esto a través de una "buena televisión" o una "buen sito" en la red de Internet. Tenemos una sección de Internet llamada "Un buen entorno". Y esperamos atraer a gente que se encuentra mal o encuentran que le vida es difícil y pesada, ofreciéndoles diversos programas, debates y producciones.

Una persona quiere dejar de pensar en las cosas pero hoy es imposible hacerlo. Enciende cualquier canal de televisión sólo para ver violencia, problemas, horrores y luchas constantes. En resumen, ve manifestaciones atroces del egoísmo y del individualismo. Como consecuencia de ello, se impregna de estas formas de pensar.

Pensamos que si conseguimos que la gente vea otra cosa, progresivamente se apartarán de estos siniestros ejemplos ofrecidos a las personas por los medios de comunicación masiva.

MI AMIGO EL EGOÍSMO

– AU: Ya hay eventos así para adultos, como reuniones de psicoterapeutas en cursos de verano. Para facilitar su funcionamiento adecuado, tenemos que definir varios puntos. ¿El campamento tiene que ser un evento de verano o puede llevarse a cabo en diversas ocasiones a lo largo del año?

– ML: Estamos intentando organizar este tipo de encuentros aprovechando cualquier oportunidad que tengamos, siempre que los niños tengan tiempo libre, como en la segunda mitad del día, los fines de semana o durante las vacaciones. Además, pueden comunicarse entre ellos por internet y estar constantemente en estas "buenas sociedades" desde casa.

Es muy interesante observar los momentos en que se desconectan de estas sociedades. Un minuto parecen estar en estado de "somos amigos, estamos juntos, estamos impregnados de un espíritu común y todo está bien". Y de repente, unos minutos más tarde, se ve cómo estalla el egoísmo y literalmente de la nada, sin motivo aparente, empiezan a competir y los roces se suscitan entre ellos.

Esta es una oportunidad excelente para entender las situaciones y enseñarles a detenerse y a pensar. Y no sólo es para reprimir la agresión, sino también para recordar el buen estado en el que se encontraban, en el que se trataban de forma diferente y dejar que esto les motive para alcanzar ahora un estado más elevado, transformando su egoísmo en una buena conexión, en amistad.

Y de repente los niños comienzan a entender que este egoísmo es amigo suyo, su compañero. Siempre lo está incitando, empujándolo desde atrás, logrando que choque, pero en realidad es necesario para que puedan elevarse por encima de ello en una gran conexión.

Los niños comienzan a adivinar continuamente cuál es el plan de la Naturaleza. Empiezan a comprender que su propia naturaleza es egoísta y su constante inquietud –el anhelo incesante de una persona por someter al otro, de dominarlo y utilizarlo– realmente es una bendición, que nos impulsa a evolucionar de una forma altruista.

El vasto plan de la Naturaleza es convertirnos en personas independientes, aunque mediante una conexión en constante desarrollo con los demás. Entonces sentiremos que estamos siempre elevándonos por encima de este mundo. Así, comenzamos a percibirnos como partes integrales, sensibles a esferas completamente nuevas de la Naturaleza, sus fuerzas superiores y sus planes más integrales. Esto es algo nuevo que no puede estar presente en un individualista.

Hay un sistema en el que trabajan los individualistas, cada uno de los cuales siente todos los estados sólo dentro de sí. Pero si creamos la conexión integral entre nosotros, sentiremos *todo el sistema*, toda la información y fuerzas que circulan dentro de ese sistema. Y entonces no nos sentiremos limitados por la sensación individual de nuestros cuerpos, pensamientos y deseos. Vamos a salir al próximo nivel, que se llama "humano" sintiendo la vida.

En un principio *Adam* fue creado y después se "dividió" en muchas personas. Así es como lo describe alegóricamente la Biblia. Por lo tanto, podemos llamar a nuestra unidad común *Adam* y nuestra sensación común es una determinada sensación básica de la Naturaleza, que difiere mucho de nuestra percepción individual de la realidad.

Una persona sale de sus límites personales y se siente conectado a la Naturaleza eterna e infinita, la corriente eterna de energía y conocimientos. Esta le proporciona tal iluminación en la vida que por ella está dispuesto a aceptar cualquier impulso egoísta y superarlo.

LO IDEAL ES TODO TU TIEMPO LIBRE

– AU: Para que este sistema sea adoptado por las mayorías podemos utilizar la red de Internet. Pero también sería interesante encontrar una forma para que las personas que constantemente se comunican a través de Internet, puedan reunirse físicamente. Estos campamentos pueden ser un lugar donde los niños de todas partes del mundo, que ya se comunican a través de la red de Internet, pudieran reunirse y encontrarse en la vida real. ¿Cuánto tiempo deberían durar estos encuentros? ¿Una semana, dos, un mes o quizás todo el verano?

– ML: Depende de las circunstancias, pero en principio cuanto más tiempo mejor.

Eso es porque no es el tipo de procedimiento en el que alguien recibe un tratamiento y se le da de alta. No son unas vacaciones en las que una persona va a descansar y después vuelve a casa. Y no es una actividad de estudio limitada a un horario definido.

Más bien es una comunicación fluida en la que una persona llega a dominar el método de la creación de una nueva sociedad integral. Y los niños simplemente lo asimilan. Permanece en ellos y siempre puede activarse, renovarse y mantenerse.

Por lo tanto, lo ideal es ocuparse de ello durante todo el tiempo libre. Si es posible un niño debería estar constantemente inmerso en este ambiente.

Imagina esta maravillosa fantasía: que nos pudiéramos llevar a todos los niños del mundo y crear para ellos las condiciones necesarias para que se pudiesen comunicar con los educadores sólo en este ambiente.

EL ENTORNO FUNCIONA CON TODOS

– AU: ¿Debería haber centros funcionando de forma permanente para que los niños puedan venir, salir y volver? ¿Deberían los grupos que se reúnen allí ser grandes o pequeños?

– ML: Es más fácil manejar grupos pequeños con el fin de enseñarles el método, introducirles en el tipo de comunicación adecuada entre ellos, para que sostengan diálogos, debates, investigaciones, análisis y "audiencias" donde se juzgan a sí mismos y a otros.

Esto es un trabajo psicológico interno tremendo, que una persona joven tiene que desempeñar y requiere determinadas condiciones. Naturalmente, este trabajo tiene que ser alternado con ejercicios físicos, comidas, paseos y así sucesivamente. Esto es, todo tiene que estar coordinado. Tenemos que darles tiempo para dejar salir la energía que se acumula en ellos antes de que podamos sentarnos a discutir algo.

Esto puede hacerse afuera, en la Naturaleza, durante un paseo por el bosque, en un parque o realmente en cualquier sitio. Digamos que visitaron un zoológico, un río y algo ocurrió entre ellos – deberían sentarse y hablar de ello inmediatamente.

Y discretamente nos grabamos desde lejos. Cuando observamos algo especial, la persona que graba inmediatamente toma nota. Después veremos esta parte de la grabación y hablaremos sobre lo que pasó, cómo y porqué.

En este proceso cada persona se eleva sobre sí misma, explica por qué paso esto en su interior y trata de evaluar todo de forma absolutamente objetiva, con nuestra ayuda. Además, cada persona desempeña varios roles. Todo esto tiene que ser intercalado con varias tareas de cocina o de limpieza

Durante este período, se muestra a los niños que una persona debería tratar de no abandonar nunca esta nueva actitud hacia los demás. Lo más importante es el hecho de que esto no considera sólo el trabajo individual de cada persona dentro de sí misma. Construimos el entorno de un modo que influya a *cada* persona y obligue a todos a cambiar. Una persona simplemente empieza a sentir el entorno a través de su piel, como si estuviera en algún tipo de esfera que le envuelve por todas partes.

Siente la densidad de este entorno que le rodea y cómo todos le influyen y no le dejan ser diferente. Es decir, constantemente los demás lo sostienen en un estado de actitud positiva hacia todo el mundo, en un estado de otorgamiento y amor. Le ayudan a comprender instantáneamente sus impulsos egoístas internos y le enseñan a trabajar con ellos.

El niño ve su entorno como una fuerza positiva que siempre lo apoya como una madre cariñosa y lo protege de su enemigo interior: el egoísmo; un niño tiene que recibir precisamente esta sensación.

Empieza a sentirse en el medio, entre su egoísmo y el ambiente externo. Y entonces, como un juez, llega a un estado en el que constantemente decide qué camino quiere tomar. En todo momento empieza a sentir cómo la oportunidad de libre elección, de libre albedrío, aparece en él.

Este es el punto que sustenta al *humano* que hay dentro de nosotros, donde el crecimiento constante del egoísmo y la influencia constante del entorno nos permiten analizarnos y elegir siempre qué camino tomar, con qué conectarnos y si queremos relacionarnos con nuestro egoísmo o adherirnos a la sociedad, contra el egoísmo.

LA ROTACIÓN ES NECESARIA

– AU: Digamos que creamos este tipo de campamento y tenemos niños de diferentes edades que están preparados para participar y que ya están imbuidos con este método de educación integral. Hay muchas cuestiones de organización: ¿deberían los grupos de niños ser fijos? Es decir ¿debería un niño estar en un grupo durante todo el campamento o podemos mezclarlos?

– ML: Definitivamente mezclarlos. Ni siquiera importa si los niños se conocen o no por sus nombres porque estamos haciendo que se acostumbren a la sociedad integral mundial, así que no les debería importar cuál es el nombre de alguien. Ni siquiera me preocupo de su personalidad, sus pensamientos o sentimientos.

Todo lo que sé es que su actitud hacia mí es la misma que la mía hacia él. Estamos intentando unirnos, elevarnos por encima de nuestro egoísmo y tratarnos unos a otro con amabilidad. Pero cómo se maneja a sí mismo en su interior y qué siente mientras lo hace, cómo batalla consigo mismo, es su asunto personal.

Simplemente tengo que ayudarlo. Debo mostrarle deliberadamente mi buena actitud. De esa forma lo ayudo a sobreponerse a los estallidos de egoísmo que le suceden y a elevarse por encima de ellos hacia mí con la misma cordialidad y amistad.

– AU: ¿Cómo interactúan entre sí los niños de diferentes edades en estos campamentos?

– ML: Esto es difícil. A pesar de que están aprendiendo el mismo método, aún tienen actitudes diferentes hacia el mundo, una comprensión de la vida y una estructura interna diferentes. Por lo tanto, no se pueden formar grupos sin tener en cuenta la edad.

Sin embargo, podemos crear diferentes combinaciones con estos grupos. Por ejemplo, podemos traer a un grupo de diez o quince niños de diez años y a cinco adolescentes de quince años, a quienes permitimos y ayudamos a ser los organizadores y educadores de los niños más jóvenes. Después los niños más pequeños, aprenderán de forma natural de ellos, y se sentirán orgullosos de tener esta oportunidad.

Es decir, no mezclamos el grupo. Solamente aprovechamos el hecho de que los niños más jóvenes aprenden de forma natural de los mayores y se sienten muy orgullosos cuando los niños de más edad les prestan atención.

EL AUTOSERVICIO COMO MEDIO PARA LA UNIDAD

– AU: ¿Qué nivel de comodidad debe tener este sitio? ¿Debería ser como un hotel de cinco estrellas o como una tienda de campaña en medio del campo? Y en consecuencia, ¿debería ser de autoservicio?

– ML: Por supuesto, lo mejor es que la mayor parte sea de autoservicio, siempre y cuando el tiempo no sólo se utilice en servirse.

Tenemos que participar en el auto-servicio de tal forma que esta actividad nos sirva como plataforma de unión, dándonos la oportunidad de trabajar juntos. Nuestra meta tiene que justificar todo el trabajo.

Si pelar las papas nos quita el tiempo que necesitamos para estudiar, entonces las cosas deberían organizarse de tal forma que alguien más las pele. Pero si organizamos las actividades de manera que limpiar las papas se convierta en una actividad conjunta de unificación y en un estudio interesante, entonces por supuesto que lo usaremos. Cualquier trabajo que hacemos debe ser determinado por lo ventajoso que es para la educación.

– AU: ¿Podemos incorporar actividades manuales? Por ejemplo, podemos organizar para los niños trabajos agrícolas en el campo durante varias horas, que además podría ser la primera vez que hacen algo así en sus vidas.

– ML: Por supuesto. ¿Por qué no? Lo más importante es que cualquier tarea debe percibirse como común, para que todos vean que el éxito depende de cada persona individualmente y de todos en conjunto, del apoyo mutuo. Esto es necesario. Es posible trabajar en una línea de montaje donde el resultado depende de todos. Merece la pena meditar sobre los trabajos que deberíamos organizar para ellos.

APRENDIENDO A SER COMPASIVO CON LA NATURALEZA

– AU: Cuando las personas van al campo, entran en un contacto más estrecho con la Naturaleza. En ese caso ¿deberían levantarse al amanecer e ir a dormir al ponerse el sol? ¿Cómo podemos utilizar estas oportunidades para mejorar la interacción del hombre con la Naturaleza?

– ML: Lo más importante es enseñarles una actitud amorosa y compasiva hacia la Naturaleza. Es muy importante para ellos sentir los niveles inanimados, vegetativos y animados de la Naturaleza y a sí mismos como un todo único.

Una persona puede utilizar todo desde los niveles más bajos de la Naturaleza (vegetativo y animado) en la medida exacta que lo requiera para su vida, pero no más allá. Así es como entramos en equilibrio y armonía y empezamos a sentir la Naturaleza como algo diáfano, que nos traspasa.

Lo sentimos profundamente y a través de ello sentimos toda su fuerza única, el plan que nos ha desarrollado a lo largo de millones de años y que todavía nos está desarrollando, llevándonos hacia adelante. Comenzamos a entender lo que nos sucede si nos fundimos con la Naturaleza. Pero esta unión no sucede en el nivel primitivo, sino precisamente a través de nuestra unificación y actitud compasiva hacia la Naturaleza, nuestro amor por ella.

– AU: Así que cuando nos sentamos en un prado o en un boque ¿seguimos hablando de la unificación en el nivel humano? ¿Siempre es prioritaria la comunicación entre las personas, mientras que la Naturaleza es solo un telón de fondo?

– ML: Sí. Pero deliberamos cómo y en qué medida una persona puede usar y explotar la Naturaleza y qué límites nos impone. Los animales se devoran unos a otros y nosotros también consumimos animales y plantas para alimentarnos. ¿Hasta qué punto está este consumo equilibrado y hasta qué punto es considerado excesivo? Tenemos que definir estrictamente estos límites y deben ser inculcados en nuestras impresiones.

Así es como enseñamos a un niño a ser un miembro de la nueva sociedad –la sociedad del consumo inteligente– a la que debemos llegar ya, porque estamos agotando los recursos del planeta.

TOMAR LA MOCHILA Y SALIR A CAMINAR

– AU: ¿Tiene algún sentido organizar excursiones y viajes de varios niveles de dificultad, tales como un paseo en bicicleta, una caminata o una excursión en un bote de remos? Todas estas actividades pueden utilizarse como retos que permiten la expresión de la unificación en forma de acción más que verbalmente.

– ML: Sí por supuesto. En estas condiciones, queremos mostrarles las expresiones de ayuda e interacción mutua. También podemos llevar a las niñas, en cuyo caso los instintos e impulsos están a flor de piel y surgirán todo tipo de relaciones, que no serán examinadas por encima del egoísmo, sino dentro del mismo. Pero tienen que convencerse de en qué medida tienen control de sí mismos y en qué medida no lo tienen, con el fin de crear una ayuda masculina común para el grupo de mujeres para que se puedan expresar como hombres; esto es útil.

– AU: ¿A partir de qué edad deberían organizarse estas marchas y excursiones?

– ML: Empezando desde los once o doce años, no antes. Y desde los trece o catorce, los viajes podrían hacerse en grupos mixtos.

— AU: ¿Es mejor permanecer en un solo lugar o viajar a un lugar distinto cada dos o tres días?

— ML: Podemos cambiar de lugar muchas veces. Pero si llevamos a cabo un trabajo interno intensivo, entonces realmente no notaremos el cambio de escenario porque éste se sentirá más internamente, es decir, de qué forma están más cerca o más lejos unos de otros; estarán más centrados en sus sentimientos y relaciones.

El cambiar un campo por otro, o una cabaña de madera por una tienda de campaña, se notará poco, como condiciones externas irrelevantes. Si hay oportunidad de estar junto al mar o un río, después en un bosque y luego en las montañas o el desierto, entonces sí existe una gran diferencia entre estos lugares. Y esto afectará sus interacciones también. Pero si sólo es un cambio de lugar, no importa.

EMPEZAR CON GRUPOS PEQUEÑOS

— AU: Existen diversos tipos de campamentos –campamentos muy grandes, con miles de niños, o campamentos pequeños, locales o de verano e invierno. ¿Cuál es mejor? ¿Cuál es más conveniente para el principio integral?

— ML: Depende del nivel de preparación de los niños. Creo que al principio no debemos empezar con algo grande. Necesitamos grupos pequeños donde todo el mundo entienda el objetivo que queremos alcanzar.

Además de los educadores, es necesario preparar al personal que atenderá el lugar. Estas personas tienen que pasar por un entrenamiento especial para que se comporten correctamente entre ellos y entiendan cómo tiene que ser el escenario y el espíritu en este campamento. Es un lugar en donde un niño se sumerge en un marco completamente diferente quizás durante varios meses, e incluso antes de eso, previamente al viaje, se le enseña a estar conectado con los demás creando la comunidad virtual adecuada, cuyos integrantes se apoyan y ayudan mutuamente.

Para esto no se necesitan grandes campamentos de niños. Tenemos que avanzar en pequeños grupos, comunidades pequeñas que estarán completamente preparadas para fusionarse con comunidades más grandes, sin perder la orientación correcta hacia todos; pero tenemos que empezar con grupos pequeños.

– AU: ¿Deberían los niños que asisten a este tipo de campamentos recibir una preparación previa o pueden pasar por una "preparación intensiva" en las instalaciones? ¿Puede el propio campamento ser una preparación para las otras actividades?

– ML: Depende de lo que vaya a durar el campamento. Si se acepta a un niño por dos o tres meses, entonces puedes aceptar a cualquiera. Por ejemplo, supongamos que hay cincuenta niños. Estos cincuenta niños son divididos en cinco grupos que a veces funcionan como cinco grupos y a veces se unen. Pero se deben tener en cuenta muchos parámetros: ¿Tienen los niños edades, orígenes sociales y mentalidades similares? Si coinciden según sus parámetros cotidianos externos, entonces en dos o tres meses se podrá transformar a un niño en alguien nuevo. En este caso, se puede aceptar a cualquier niño.

Sin embargo, es preferible tener una base. Además de los educadores, es bueno tener niños que ya están preparados. Es como la levadura que proporcionará una formación totalmente diferente, un producto de una correcta fermentación, que al final tendrá la consistencia necesaria.

Es necesario contar con dos profesores por cada diez niños y es necesario tener al menos un grupo "más avanzado" entre estos cincuenta niños, es decir, niños que ya están preparados. Entonces no habrá ningún problema en admitir a cualquier niño. Los "veteranos" rápidamente organizarán a todos los demás.

APRENDIENDO DE LOS OBSTÁCULOS ARTIFICALES

– AU: Usted dijo que el espacio temporal de un niño debe estar bien organizado. ¿Cuál es la mejor manera de hacerlo?

– ML: La jornada de trabajo o la jornada escolar tiene que estar organizada de tal forma que el elemento educativo esté presente en todas partes, en cada actividad y en la rutina diaria. Por ejemplo, disponer las cosas para que haya sólo un sitio para lavarse y observar si se pelean por él o no. Y comenzar a elevarlos allí mismo y en ese momento. O montar un lugar muy estrecho para distribuir la comida o un número insuficiente de sillas y observar cómo se comportan.

Es necesario que se les acomode en una situación en la que tengan que adaptarse a regañadientes al método y sumergirse en nuevos modelos de relación; de lo contrario, no serán capaces de soportarlo.

Un niño tiene que sentirse cómodo en cualquier circunstancia desagradable precisamente porque se eleva por encima de su egoísmo y trata a los demás de modo diferente.

Existen muchas oportunidades para emplear los obstáculos deliberadamente colocados para darles a entender que frente a cada dificultad, frente a la barrera que se levanta delante de ellos, tienen que elevarse a sí mismos al nivel humano y entonces todo parecerá diferente.

Y deben crearse muchas barreras de esta clase durante todo el día, como en los juegos y en las excursiones, donde no pueden arreglárselas los unos sin los otros. Quizás tengan que echarse unos debajo de los otros porque esa es la única manera en que serán capaces de superar un obstáculo.

Esto está bien implementado en el ejército y es un concepto que merece la pena adoptar de los militares. Quizás de repente alguien necesite que se le transporte en una camilla o las dificultades pueden aparecer de tal forma, que una persona tenga que tenderse y todos los demás correr por encima de él.

Los obstáculos especiales deben seleccionarse y colocarse en todas partes y en cada momento. Pueden ser físicos o morales y su objetivo es hacer que los niños choquen constantemente entre ellos y después se eleven por encima; se trata de una sesión de entrenamiento constante.

AVENTURAS NOCTURNAS

– AU: La siguiente pregunta que tengo es sobre la noche. Sabemos que en lugares como estos, la mitad de todas las aventuras ocurren después de que "se apagan las luces". ¿Cómo se puede organizar esto? Después de todo, es imposible obligarlos a irse a dormir. ¿O no debería existir este "toque de queda"?

— Bueno, por supuesto, hay que determinar estas situaciones muy claramente. Tienen que apagarse las luces, pero hay que lograr que los niños estén completamente agotados sobre todo antes de irse a dormir para que estén tan cansados que disfruten del sueño y el descanso. Pero si alguien no se puede quedar dormido y todos los demás están durmiendo, entonces no tiene ningún derecho a molestarles. Tiene que levantarse sin hacer ruido y debe tenerse una habitación especial donde pueda ir y reunirse con los "noctámbulos" como él. Allí se pueden sentar, conversar o ver nuestro programa en la televisión o en el ordenador. Y esto es lo único disponible. Pero después habrá que averiguar lo que les pasa durante el día.

Así que en este sentido también les permitimos "desahogarse" y evitar "domarlos" con la rutina diaria, dejándoles disponer más o menos de una hora por la noche para ellos mismos, como hacen en casa.

— AU: Con respecto a la habitación en la que duermen ¿es mejor que sea una habitación grande para diez niños, o tener de dos a cuatro niños en cada cuarto?

— ML: Es mejor cuando todo el grupo duerme junto y los educadores están muy cerca, a cierta distancia. Por ejemplo, que la puerta donde duermen los niños se mantenga abierta y los educadores duerman al lado. Hay dos educadores y diez niños que comparten un apartamento o una casa.

De nuevo, todo esto se va combinado, incluyendo a los niños que están en el grupo y a los educadores. Tienen que dejar de verse. Esto es muy importante. No debería existir un escenario en el que uno sienta: "Este es mi amigo". ¿Y los demás? ¿Acaso no son también sus amigos? En otras palabras, no importa quién esté a mi lado porque todos son mis amigos.

"NOSOTROS" ES LO MÁS IMPORTANTE

– AU: ¿Cómo debemos realizar esta mezcla? ¿Puede llevarse a cabo como un juego o mediante un sorteo?

– ML: Debería suceder arbitrariamente y de forma constante. Puede hacerse mediante un sorteo o con un ordenador a través de una selección aleatoria como con una máquina tragamonedas. Podemos hacer sorteos de diez personas usando un conjunto de números aleatorios.

Los niños deberían entender que no importa quienes estén en sus grupos. Al contrario, cuanto más inesperada y extraña sea la persona que acabe estando junto a mí, mayor es mi oportunidad para sensibilizarme de forma diferente a través de él, para sentir las cosas de modo distinto y ascender.

– AU: ¿Qué pasa si el niño no quiere cambiar de entorno?

– ML: Cambiará de cualquier modo. ¿Qué puede hacer al respecto? La máquina ha repartido la suerte y ahora estas diez personas son sustituidas por otras diez y después por otras diez, de modo que nunca habrá repeticiones.

Pero si hubiera un determinado período de tiempo en el que se está llevando a cabo alguna formación específica, por ejemplo, si se presentó ayer una situación que hoy se quiere discernir, entonces por supuesto que es necesario mantener el mismo grupo. Pero unos días después el grupo ha de ser cambiado. Es mejor rotar los grupos tan a menudo como sea posible y eso incluye a los educadores. Un niño tiene que sentirse cómodo en cualquier sociedad y tiene que ser capaz de conectar con ella. Y todo el mundo debe influir a cada persona correctamente.

– AU: Pero los niños no siempre coinciden entre sí en sus cualidades. Además, incluso si los mezclamos, seguirán pasando su tiempo libre con las personas más afines a ellos. ¿Cómo deberíamos actuar al respecto?

– ML: Por supuesto, no deberíamos intervenir porque se sientan atraídos entre ellos debido a sus aficiones o su misma procedencia; al fin y al cabo son niños.

Pero esto requiere un enfoque creativo por parte de los educadores. Tenemos que enseñar a los niños que lo ideal es tener una actitud absolutamente igual hacia todos. El mundo está construido de tal modo que tenemos que alcanzar el nivel de equilibrio total con todo el mundo.

Por supuesto, todavía estamos lejos de este ideal, pero tenemos que guiarles hacia ello. Está claro que esta persona en particular es tu amigo y pasas tu tiempo libre con él. Ambos se ayudan y quieren estar juntos, dormir cerca, ir de excursión con el mismo grupo y así sucesivamente. Pero al mismo tiempo deberíamos ayudarlos, de algún modo, a separarse uno del otro.

Hasta cierto punto, una persona tiene que ser como un individualista, sintiendo que no está apegado a nadie. Está apegado a la sociedad, pero a nadie en particular. Esto es muy importante porque uno puede eclipsar a otro. "Nosotros" es lo más importante. No yo y tampoco yo con mi compañero. "Nosotros" somos sólo nosotros, una determinada superestructura común a toda la humanidad. En principio no tiene rostro. Es una imagen común del hombre.

– AU: Lo que usted acaba de decir difiere fundamentalmente de lo que plantea la psicología.

– ML: La psicología se basa en animar a la persona, en aportarle la energía egoísta para transformar su interior. Se le dice: "Ama tu ciudad, preocúpate de mantener tu calle limpia…Ama lo que es tuyo y a ti mismo y respeta lo que es mío". Es decir: "Intenta seguirle el juego al egoísmo". De este modo, los psicólogos intentan llevar a una persona hacia algo más social en vez de individualista. Pero esto no servirá. Nuestro objetivo es lo contrario: tenemos que elevar completamente a la persona.

– AU: ¿Los niños deberían tener tiempo libre? Y si es así ¿para qué?

– ML: Los niños no necesitan tiempo libre. No necesitan nada. Por el contrario, siempre están jugando y conectando unos con otros. Si deja solo a un niño ¿qué haría? De cualquier forma seguirá jugando con alguien.

– AU: Sí, recuerdo lo que me aburría durante mi tiempo libre. No tenía nada que hacer.

– ML: Por supuesto. Es horrible. ¿Qué vas a hacer? ¿Pasear en el bosque en un campamento? No hay absolutamente nada que hacer. Un niño no debería tener tiempo libre, incluso si lo quiere. Un niño siempre debería estar jugando.

LA COMUNICACIÓN CON EL MUNDO EXTERIOR Y CON LOS PADRES

– AU: ¿Cómo se establece la comunicación con el mundo exterior y con los padres? Es muy importante sumergir al niño en este entorno especial ya que permanecerá allí durante un largo período de tiempo. Pero aun así ¿debería tener una conexión externa a través de la red de Internet o del teléfono? ¿Puede relacionarse con sus parientes y las personas cercanas a él?

– ML: Los niños pueden ver, escuchar y hablar con sus padres cada día mediante plataformas de comunicación de la red. El campamento, sin duda, debe ofrecer esta posibilidad. Si el campamento está situado en algún lugar del campo, se puede ir a algún sitio donde cada persona tenga la oportunidad de hablar con sus padres durante cinco minutos, pero nada más. En cuanto a la conexión con otras sociedades egoístas y no corregidas, es completamente innecesario en este momento.

Tenemos que comprender que si estamos creando una nueva sociedad, preparando a un nuevo ser humano, entonces tiene que mirar siempre hacia adelante y nunca hacia atrás. Al fin y al cabo, los niños no quieren escuchar a sus padres. Quieren hacerlo todo a su manera y avanzar, mientras que los padres se quedan detrás.

Los padres sólo deberían proporcionar al niño el marco adecuado y la dirección correcta y hacer todo lo posible para que los niños puedan avanzar. Nunca deberían tratar de arrastrarlos a su propio mundo. Al contrario, deberían crear nuevas condiciones para ellos, para que los niños se desenvuelvan solos y desde ahí seguirían hacia adelante.

Por eso tenemos que educar a los padres de antemano, antes de que esta pequeña persona regrese a su familia, dándoles una explicación de cómo deberían expresarse en relación con sus hijos. No estamos intentando reeducarlos. Esta es una tarea completamente diferente que sólo puede hacerse a través de los medios de comunicación.

Pero pueden proporcionar la rutina correcta a los niños y apoyarles todos los días y facilitar que tengan presente la misma rutina en el colegio, es decir, en el mundo de sus hijos en su conjunto; esto es lo que tenemos que ofrecerles.

– AU: ¿Qué sucede si los padres quieren ver físicamente a sus hijos, especialmente si el campamento está destinado a durar un período largo de tiempo? ¿Deberíamos organizar días para los padres?

– ML: Sí, esto se puede hacer. Naturalmente, no tendrán que ver a sus hijos "a través de una reja". Tiene que transcurrir de forma generosa y placentera. Por ejemplo, podemos hacer juntos un picnic donde los niños pueden actuar y a la vez estar al lado de sus padres.

Un niño quiere acurrucarse a su madre y sentarse junto a ella y ella quiere ver a su querido hijo. Todo esto es obvio y natural y desde luego no prohibimos esto para nada.

Pero, no obstante, esto requiere de una sesión informativa para los padres. Por ejemplo, no deberían lamentarse delante de su querido hijo y decir "¡Ay no! tiene la piel quemada por el sol o se ha lastimado..."

Los padres tienen que alentar a los niños e incluso admirarlos por estar en un campamento tan especial, esto es muy importante para los niños.

– AU: ¿Y con qué frecuencia debería celebrarse el "día de los padres"?

– ML: No creo que deba hacerse a menudo. Quizás una vez cada dos semanas y desde luego no todo el día. Y durante estos días los niños deberían realizar prácticamente el mismo trabajo que en un día normal, mientras que los padres pueden estar junto a ellos y observar cómo se hace todo esto sin intervenir, incluyendo juegos, debates, audiencias, canciones, bailes y comidas. Y un par de veces al día se les debería dar como media hora o una hora de tiempo libre. Es necesario mostrar a los padres de qué se trata esto.

Así es como enseñamos también a los padres a comprender más adelante lo que está sucediendo con sus hijos. Tenemos que organizar estos días de modo que sean jornadas educativas para los padres. Cuando su hijo vuelva a casa, serán capaces de comprender cómo deberían identificarse con diversas cosas y qué "producto" han recibido después de dos o tres meses de campamento.

El niño es una persona completamente distinta, con una perspectiva diferente del mundo y de la vida. Los padres tienen que estar preparados para esto. Por lo tanto, durante estos días debería haber cursos muy intensivos para los padres.

Tenemos que entregar a todos los padres un folleto y un CD que tendrán que estudiar como tarea de preparación para la próxima visita. En general, esto es un intenso trabajo mutuo que nos ofrece la posibilidad de representar literalmente una reconstrucción de la sociedad en torno a este tipo de campamentos. Y no sólo pueden venir los padres, sino también los abuelos y otros parientes.

– AU: ¿Pueden los padres trabajar en el campamento o es preferible que el personal esté compuesto por personas sin relación de parentesco?

– ML: Creo que en el futuro seremos capaces de crear algún tipo de complejo para padres e hijos, donde todos puedan participar en sesiones de entrenamiento y pasar por una restructuración psicológica mutua, desarrollando una nueva actitud hacia la sociedad, para formarse y crear una nueva comunidad entre ellos.

Pero esto ya sería el próximo paso. Sólo puedo imaginarlo ligeramente, pero es prematuro hablar de ello hoy.

NIÑOS QUE "NO COOPERAN"

– AU: ¿Qué tan rigurosa debería ser la disciplina?

– ML: ¡Todo debe ponerse sobre la mesa para debatirlo! Incluso tenemos que buscar razones para discutir con todos más adelante. Pero tiene que ser un debate ¡no una condena! En estas discusiones cada niño se pone en el lugar del otro –primero es el acusado, después es el acusador, a veces defiende a los otros y luego se defiende y así sucesivamente. Es decir, deberíamos ayudar a una persona a salir de sí mismo. Todos estamos librando una batalla contra nuestra naturaleza, que es un mecanismo interno extraño, por encima del cual tenemos que ascender y utilizarlo en el sentido opuesto; eso es lo importante.

– AU: Para solucionar los conflictos ¿tiene sentido crear un comité de trabajo de educadores e instructores que se reúnen por la noche, por ejemplo, para hablar sobre el día que han tenido y las dificultades que se produjeron? ¿O debería hacerse todo conjuntamente con los niños?

– ML: Los educadores sin duda deberían reunirse y discutir las cosas. Pero en su mayor parte, todo el trabajo sobre educación, organización y regulación de todas las relaciones internas, deberían constantemente tener en cuenta a los niños.

En términos prácticos, al final de nuestro trabajo en el campamento, los niños deberían conducir todo su trabajo y ser capaces de trabajar en sí mismos de forma independiente.

– AU: A veces un niño destroza el espacio que le rodea y no se adapta. De hecho, interfiere en el proceso. ¿En qué circunstancias se le debe expulsar?

– ML: Existen varias posibilidades. Si es un niño difícil y no entiende nada porque simplemente no escucha, no es culpa suya. Es su forma de ser y habrá que asignarle un niño mayor que pueda influirle correctamente. Esto es lo mejor.

Esto no lo puede hacer ningún educador adulto. El niño percibe al adulto como "un mueble", algo caduco. Pero un niño que es tres o cuatro años mayor es todo para él y hay que aprovecharlo. Un niño de más edad puede dirigirse a este niño que "no coopera" y pedirle que ayude en la cocina o en otra responsabilidad. De ese modo lo mantiene ocupado durante un tiempo, lo saca del colectivo y trabaja con él de forma individual.

Quizás a esta niño que "no coopera" le gusta aserrar, lijar la madera o clavar clavos. Y a través de esto poco a poco irá incorporándose al ambiente general. Y después, bajo la influencia del niño mayor, empezará a comprender y a sentir qué es lo que está pasando aquí. Definitivamente este tipo de oportunidades se deben crear.

Expulsar a un niño del campamento y enviarle a casa es un caso extremo. Sólo es posible hacerlo si ya no es un niño, sino un joven adulto que psicológicamente no puede adaptarse. Existen personas que son así, pero son muy pocas.

– AU: Existe la costumbre de que si una persona no se adapta, se le expulsa y ya está.

– ML: ¡Rotundamente no! No podemos hacer eso. Siempre recurrimos a los niños mayores y al entorno de más edad en relación a los más jóvenes y ponemos nuestro mayor esfuerzo. Este tipo de niño incluso puede ser trasladado a un grupo de más edad. "¡¿Tienes doce años y así es como eres?! Te trasladamos con los quinceañeros y veremos cómo te comportas allí". Los niños mayores en seguida le "encauzarán" y adoptará la forma correcta.

– AU: ¿Cómo deberíamos organizar la interacción entre los niños de este entorno, del campamento y los niños "incultos" de la localidad?

– ML: No tenemos niños locales o niños "incultos". Claramente debemos seleccionar y saber lo que estamos haciendo. Recibimos la materia prima que son los niños y tenemos que entregarlos como humanos.

– AU: Pero supongamos que hacemos una excursión donde hay población local.

– ML: No debería haber ninguna población local. Tiene que darse un aislamiento total.

SENTARSE CON LOS AMIGOS ALREDEDOR DE LA FOGATA

– AU: ¿Debería izarse la bandera por la mañana y cantar el himno al final del día? ¿Deberían vestir uniformes y demás?

– ML: Deberíamos tener nuestra propia bandera en estos sitios, pero no uniformes. Quizá podrían usar gorras o camisetas distintivas, pero ni siquiera tienen que ser idénticas. Quizá cada grupo puede tener la suya propia. Pero esto no es necesario porque los grupos serán mezclados de todos modos.

No obstante, deberíamos tener un estandarte que represente a la futura humanidad, o algo así. No debería hacerse por orgullo, como si dijéramos: "Aquí estamos, en contra de todos los demás". Ese tipo de sentimiento definitivamente no debe existir allí. Al contrario, debemos volvernos hacia todo el mundo con la cara radiante y el corazón abierto.

La palabra "Nosotros" tiene que aparecer escrita en la bandera. Y "Nosotros" no es nuestro ni de ellos, es todo el mundo unido, la humanidad común.

– AU: ¿Deberíamos comenzar la jornada reuniéndonos para izar la bandera con música?

– ML: Creo que estaría bien. Los niños deberían tener la oportunidad de sentirse orgullosos y que se les recuerde su gran misión.

– AU: ¿Se pueden invitar grupos musicales de adultos a estos campamentos?

– ML: ¿Para qué? Crearemos conjuntos musicales allí mismo, en el terreno. Los niños deben recibir clases de guitarra. Todos estarán contentos de aprender. No deberíamos dejar que personas ajenas entren aquí. Después de tres meses habremos creado estupendos grupos musicales. Esto ayuda enormemente a las personas a desarrollarse. Dejen que toquen la batería tanto como quieran.

– AU: ¿Deberíamos celebrar allí fiestas? Y si es así ¿qué deberíamos celebrar?

– ML: Tenemos que celebrar nuestras propias fiestas. Digamos que fuimos de excursión a pie. Después de la caminata hacemos una representación, tenemos una comida festiva y repartimos helados y dulces. Y esto será una fiesta para nosotros. Puede incluir canciones e incluso una fogata.

No debería haber ninguna fiesta nacional o popular. Al menos no debería celebrarse de forma evidente y ostentosa, esto distrae a todo el mundo.

LO MÁS IMPORTANTE ES LA SOCIEDAD INTEGRAL

– AU: Usted ha mencionado las fogatas. ¿Puede explicar el significado de este fenómeno en el que las personas se reúnen en torno a un fuego?

– ML: Es un instinto humano ancestral. Una persona no puede apartarse de un fuego, dejar de mirarlo y de sentir su calor. A veces tenemos que utilizar estas circunstancias. Pero en principio, debe hacerse con el fin de que los niños puedan planificar y dirigir esta velada por anticipado, incluyendo sus propias canciones o aquellas que fueron escritas antes por nuestros amigos, específicamente para este tipo de encuentros. En principio, es una reunión de amigos en torno a una fogata; pero también puede suprimirse el fuego.

– AU: Cuando la gente se sienta alrededor de una hoguera, a veces se crea una atmósfera muy cálida, se forma un entorno muy especial. ¿Podemos recurrir a eso?

– ML: Sí, pero creo que la gente no notará especialmente la diferencia de si sucede alrededor de una fogata o en cualquier otro contexto. Creo que estos niños comenzarán a tener tal sensación de unidad que no dependerá de las condiciones externas.

SER TU PROPIO PSICÓLOGO

– AU: ¿Deberíamos finalizar los eventos sacando algún tipo de conclusión o mostrando alguna clase de producción como una película, o simplemente es un proceso, de modo que terminamos este evento para entrar en otro proceso?

– ML: Esto es un proceso por el que pasamos todos los días. Seleccionamos los momentos más valiosos, los más útiles para adquirir más conciencia y hacemos una película con ellos. La película puede durar incluso horas porque estuvimos allí durante varios meses.

Recopilamos todo tipo de incidentes divertidos, momentos especiales, sus propósitos y así sucesivamente y todo el mundo se lleva esta película a su casa.

Además, cada niño debería llevar un diario. Repartimos diarios especiales a todos y cada niño tiene que escribir todos los días. Debería incluir gráficas específicas: mi actitud, la actitud de ellos, yo soy así y ellos son diferentes, algo particular que ocurrió, cómo resolver una situación dada, etcétera. Es decir, una persona debe conducir su propio examen psicológico y registrarlo a diario; después de todo, estamos estudiando la naturaleza humana.

La idea es que lean en voz alta frente a todos lo que han escrito. Pero esto debería suceder de forma progresiva y no inmediata. Nos estamos convirtiendo en psicólogos. Estamos trabajando para conocernos y el diario tiene que reflejarlo.

La persona tiene que salir de este proceso con una comprensión más profunda del individuo que vive en él, cómo debería relacionarse con el mundo: ¿desde la perspectiva del pequeño animal que existe en mí o desde el punto de vista de la persona que quiero crear en mí?

Se debe escribir literalmente todos los días y ocupar una a dos páginas. Debería incluir párrafos marcados de antemano que describen cosas específicas.

– AU: ¿Debería el niño escribir este diario a lo largo del día, o al final, antes de ir a dormir?

– ML: No creo que deba hacerlo antes de ir a dormir. Con los niños, todo cambia muy rápido. Están sometidos a unas impresiones internas tan fuertes que no podemos pedirles que acumulen todo hasta el final del día y sólo entonces volcarlo en el papel. Tenemos que darles la oportunidad de escribirlo poco a poco.

– AU: ¿Cuán intensos deberían ser estos eventos? A veces es necesario hacer una pausa para verdaderamente poder sentir algo. ¿Cuántas actividades debería haber en un día?

– ML: Depende de en qué medida nos estimula el entorno. Puede que sea necesaria una pausa, o más precisamente, un cambio de actividad. Y es posible que algunos de los grupos necesiten una siesta durante el día, o algún tipo de descanso, por ejemplo, sentarse simplemente y ver algún programa, hacer una actividad más tranquila.

Pero, en principio, creo que todo depende del entorno. Los niños pueden asimilar cantidades enormes de información, absorberla y adaptarse a todo. No se cansan de ello. Un niño puede jugar veinticuatro horas al día. Todo tiene que incorporarse en forma de juego. Así no se cansará, sólo habrá que variar los juegos.

CHICOS Y CHICAS

– AU: ¿Deberíamos tener campamentos separados para chicos y chicas o deberían estar en un solo campamento? ¿O deberíamos llevar a los chicos y chicas a sitios diferentes durante un mes?

– ML: Creo que la última opción es la mejor. En principio, la unidad sólo puede darse entre los hombres. Entre las mujeres las cosas suceden de otro modo. Los dos géneros se unen bajo fundamentos completamente diferentes.

– AU: ¿Cuál es la diferencia fundamental entre estas dos formas de organizar un espacio?

– ML: Todo lo que hemos hablado generalmente está destinado a los chicos. Ha de haber un enfoque y un método especial para las chicas que debe discutirse aparte; esto no es sencillo.

La sensación de sí mismo y del colectivo, la unidad, la conexión, "nosotros" en vez de "yo", es completamente diferente para las chicas, que son pequeñas mujeres. Y tenemos que desarrollar un planteamiento completamente diferente para ellas.

De una forma u otra somos diferentes, de hecho completamente opuestos en la naturaleza. Por lo tanto, la organización de un campamento para chicas debe ser diferente.

En términos generales, crear un campamento para niñas es muy problemático.

Los hombres tienden a unirse unos con otros. Quieren estar en un equipo, necesitan ayudarse entre sí y apoyarse en el amigo. La atracción entre ellos y hacia un grupo se les inculca desde la infancia.

Pero las mujeres no tienen esta tendencia. No pueden relacionarse entre ellas a no ser que sea a través de algún tipo de comunidad que les ayude a organizar mejor su vida. En ese caso se ponen de acuerdo en torno a algo común. Por lo tanto aquí el planteamiento debe ser diferente.

Su individualidad permanece. Y tiene que expresarse y recibir apoyo, en vez de eliminarla. Cuando trabajamos con chicos el propósito es hacerles ver al colectivo como superior al individuo. No podemos hacer esto con las mujeres. No deberíamos quebrantar la Naturaleza, sino ir junto a ella.

La mujer ayuda a los hombres y los acerca más a la unidad, mientras que su participación es relativamente pasiva, transmitiéndoles el deseo que tiene de una nueva sociedad que le proporcione una mayor seguridad y realización; pero ella personalmente no participa en su construcción.

El hombre construye la nueva sociedad, mientras que una mujer le ayuda. Sin el deseo femenino, el hombre no haría nada. El hombre es el constructor, la mujer es la fuerza que le impulsa a construir.

Ahora mismo lo más importante para nosotros es formar al tipo de hombre correcto.

– AU: Además de tener un día de los padres ¿es posible organizar un día en que los chicos preparen las cosas y las chicas los visiten y tengan algún tipo de actividad mutua?

– ML: Si ambas partes se encuentran preparadas, entonces por supuesto que esto puede hacerse. Pero depende de sus edades. Antes de los once o doce años no tiene sentido hacer estos encuentros porque ninguno lo necesita. Los chicos se sienten bien solos y las chicas también.

A partir de los doce años (a este respecto, mucho depende del ambiente social y de otros factores), empiezan a mostrar interés entre ellos. Esto llega hasta tal punto en que todas sus vidas, todo su tiempo, todos sus pensamientos y deseos los llena el sexo opuesto. Este es el período del rápido desarrollo hormonal. Tenemos que entenderlo y tenerlo en cuenta.

Entre la edad de once y catorce años, o incluso quince, podemos organizar actividades de mutuo interés, como juegos, debates y canciones. No necesita nada más que esto. Esta es una edad en que la comunicación es sobre todo verbal, puramente externa.

A una edad mayor comienzan a tener otros tipos de comunicación, incluyendo las relaciones sexuales y todo lo demás. Si imaginamos lo que podrían ser las consecuencias, tenemos que decidir si permitirles o no estar en contacto entre ellos.

Esto depende de la sociedad, de sus costumbres y del acuerdo mutuo de los padres para que los organizadores de estos eventos no tengan problemas más adelante. Esto requiere un planteamiento muy riguroso y reflexivo y un consenso previo.

Pero no estamos pensando sólo en cómo organizarles juntos en su entorno estrecho y cerrado. Tenemos que adaptarles a la vida, así que es necesario crear progresivamente (después de un mes de preparación) un entorno realista, similar a la calle, el hogar, el patio del recreo y el colegio.

Prácticamente tenemos que llevarlos a la vida real, creando un contexto lo más parecido posible "al campo de batalla".

Es similar a cómo se entrena a los espías en condiciones que se parecen a los lugares donde realizarán el trabajo real. Por ejemplo, en Estados Unidos, probablemente construían pueblos siberianos y en el área de Moscú seguramente recreaban algo que recordara a Manhattan.

Por lo que debemos crear las condiciones adecuadas para ellos. Y naturalmente, en estas condiciones, que se parecen a la vida real, definitivamente tiene que haber mujeres.

INSTRUCTORES DE LA EDUCACIÓN INTEGRAL

- Teoría y práctica para los educadores
- La salvación de la Humanidad
- Las cualidades personales del educador
- Qué debería registrarse en el expediente del estudiante y por qué
- El problema del desgaste profesional
- El departamento mundial de educación
- Una clase magistral para los educadores

TEORÍA Y PRÁCTICA PARA LOS EDUCADORES

– AU: ¿Cómo pueden convertirse los educadores en buenos especialistas para crear el entorno correcto para los niños?

– ML: La preparación de los educadores tiene que ser algo diferente a la preparación que reciben los maestros de escuela regulares, porque estamos hablando de educación más que de enseñanza. Esto requiere ampliar los estudios, incluyendo los siguientes temas:

- La psicología infantil y la psicología grupal
- La convivencia en un mundo integral

- Las características de la Naturaleza integral que se revela en nuestros días
- El libre albedrío y en dónde radica el derecho a elegir
- El comportamiento egoísta y altruista del hombre
- La oportunidad de cambiar la conducta egoísta por una conducta altruista bajo la influencia del entorno social.
- La creación de una sociedad que pueda cambiar a una persona
- Cómo cambia una persona bajo la influencia social, con el objetivo final de alcanzar la integración total de una persona en la sociedad.

Los educadores tienen que estudiar rigurosamente todos estos temas como una preparación teórica para el trabajo posterior con los niños. Además deberían tener dos tipos de estudios prácticos. El primero: los educadores deberían mantener discusiones, debates y hacer discernimientos entre ellos, mientras que comprobamos hasta qué punto comprenden los principios básicos de la nueva sociedad.

El segundo: tienen que simular diversos estados, "vestirse en" los personajes de los niños y de los demás e imaginar su intervención en la vida de un grupo de niños sin que destaque su presencia, impidiendo así que los niños actúen con naturalidad. Deben desarrollar la capacidad de guiar a los niños siguiendo la línea necesaria de discusión, discernimiento o con un discreto análisis, como "agentes secretos".

De este modo pueden pasar sin problemas del rol de los niños al rol de los educadores, representando a ambos. Esto será muy útil en su trabajo.

Y eso es todo. Pero no es nada fácil. En primer lugar, es necesario encontrar personas que tengan esta capacidad. Me refiero a los hombres porque los problemas surgen sobre todo con los chicos. Hay menos problemas con las niñas y para ellas es necesario preparar a educadoras e instructoras.

– AU: En dos o tres minutos ha descrito prácticamente todo lo que yo he preparado en cinco páginas.

– ML: Considerémoslo una introducción, una descripción concisa de los principios básicos. Y ahora vamos a pasar a las respuestas más detalladamente.

LA SALVACIÓN DE LA HUMANIDAD

– AU: Hay una pregunta sobre el prestigio de la profesión de educador; actualmente no está de moda.

– ML: Cuando yo era joven tenía un amigo que era mayor que yo y que acababa de terminar la escuela con los más altos honores. Según las normas de entonces podía ir a cualquier institución académica, incluyendo la Universidad Estatal de Moscú sin hacer ninguna prueba de admisión, pero eligió el instituto pedagógico local.

Muchos años después le pregunté: "¡¿Qué elegiste!? ¡Podías haber ido a donde hubieras   querido! Física, química, biología –tenías todo a tu disposición, cualquier profesión". A un simple muchacho de una ciudad de provincia le bastaba con presentar su diploma con las más altas calificaciones y ya podía ser ¡un estudiante de la Universidad Estatal de Moscú! Y contestó: "La profesión de un educador es tan honorable que no tuve ninguna duda acerca de adónde ir a estudiar, ya que tuve la oportunidad de entrar en un instituto pedagógico sin ningún tipo de prueba de admisión".

Yo era siete u ocho años más joven que él. Durante estos años las preferencias habían cambiado y la enseñanza se convirtió en una profesión completamente despreciada. Las personas que acudían a los departamentos de pedagogía eran aquellos que querían obtener una educación superior pero que temían no ser aceptados en ningún otro lugar. El único departamento que se consideraba peor que el pedagógico era el de humanidades. Recuerdo esta jerarquía de "honor".

Pero ahora estamos enfrentando una crisis de la que sólo podemos salir formando a la nueva generación de educadores. Hoy en día no hay nadie más importante que un educador, pero un educador (no un maestro), que comprende el estado actual de la humanidad y el siguiente que tenemos que alcanzar si queremos sobrevivir. Él forma teórica y prácticamente a la joven generación y enseña a toda la humanidad el nuevo nivel positivo. Es el salvador de los tiempos modernos.

Todo depende de la medida en que podamos mostrar, a través de los medios de comunicación, que la crisis tiene una única solución. Y sólo estas personas —los educadores— son nuestra avanzada, nuestros líderes.

Se necesitará mucho trabajo previo para explicar esto a un amplio círculo de la población. Pero creo que con el contexto de fondo de la crisis en la enseñanza y la educación, la situación de las familias y los problemas, como la alta incidencia del consumo de drogas o la depresión, no será difícil destacar la importancia de la educación correcta.

– AU: Por el momento un educador o un maestro desafortunadamente no ejerce una profesión de prestigio. Y es muy raro observar a hombres de verdad en los ámbitos de los niños, hombres educados y fuertes, que tienen una auténtica personalidad, que parecen y son personas sanas. Por cierto, su centro es diferente en este aspecto porque los hombres que trabajan allí son hombres de verdad, educados. Este es el primer sitio así que he visto.

– ML: ¡¿Cómo podría ser de otra forma!? ¡Encomendamos nuestros hijos a estas personas, lo más valioso que tenemos, el futuro del mundo! En diez años estos niños serán adultos y nos sustituirán. Hoy estamos construyendo el nuevo mundo – nuestros hijos y nietos. ¡No hay nada más importante para una persona que asegurarse de que sus hijos seguirán el camino correcto y que estarán bien, a gusto y seguros en su mundo!

Incluso los animales eligen dónde reunirse, forman sus manadas y construyen guaridas sólo con el fin de salvaguardar a sus crías. Para ellos es lo más importante. Todas las investigaciones del reino animal demuestran que su conducta está dirigida a propiciar la seguridad de los cachorros.

¿Y nosotros? ¡Al menos estemos a la altura del nivel de los animales! Por supuesto, también ascenderemos más, pero al menos vamos a ofrecer este nivel por ahora.

Pero mientras tanto los padres se ven obligados a lanzar a sus hijos a los caprichos del destino, a colocarlos en instituciones de enseñanza donde ignoran lo que se les está haciendo. ¡Los chicos comienzan a salir de la influencia de las mujeres sólo a los dieciocho años! Y después van al ejército (en Israel), donde todo resulta completamente opuesto a su experiencia previa. Pasan por tremendas crisis internas, una conmoción. La vida parece completamente diferente porque comienza a organizarse de un modo masculino y no de una forma femenina. Y como no están adaptados a eso, se ven obligados a rebelarse.

No deberíamos criar espartanos, pero sí deberíamos prepararles para una adecuada relación entre ellos. Las mujeres no pueden transmitir esto a los hombres porque su interacción es especial, femenina, y existen cada una por sí misma. Pueden animarse por alguna actividad común, pero siguen manteniéndose diferenciadas.

Para los hombres, el avance sólo sucede con la cooperación, la amistad y la unidad. Por lo tanto, los chicos no están preparados en absoluto para el estado futuro, en el que están conectados integralmente, constituyendo una sola humanidad, "nosotros" en vez de "yo". ¡Las mujeres no los pueden preparar para eso!

Es necesario disponer de educadores masculinos formados y fuertes, que comprendan bien la psicología integral, que sepan cómo sensibilizar a cada niño por separado y a todos juntos hacia la cooperación, que puedan demostrar a cada paso del camino, que no podemos lograr ninguna meta sin unidad y que cualquier solución sólo puede alcanzarse a través de una gran unidad entre nosotros.

Cuando una persona enfrenta algún reto, debería tener de inmediato la reacción correcta hacia éste. Debería pensar inmediatamente: "Con el fin de resolverlo, tengo que unirme con los otros y sólo en la unidad con ellos hallaré el camino correcto".

– AU: ¿Cómo se le puede dar un giro a esta situación para que los hombres cultos y educados, sin embargo, comprendan la importancia de este trabajo y empiecen a educar a los hijos?

– ML: La crisis está evolucionando y nos está demostrando la necesidad vital de esta profesión.

Actualmente existen siete mil millones de personas en el planeta. La mitad son mujeres, que se convertirán en educadoras.

Pero de la otra mitad de la población, la parte masculina, alrededor de un 30% son niños. Todos necesitan educación, pero estamos hablando de los niños ante todo. Esto significa que el 20

% de la población mundial que necesita educación, son niños de diferentes edades, hasta la edad de dieciocho años. Resulta ser que más de mil millones de personas son niños. Si tenemos en cuenta que tiene que haber un educador por cada cinco niños, entonces ¿¡puede imaginar cuántos educadores necesitamos!? Unos 300 millones. Y esta es una profesión que requiere una buena preparación y personas adecuadas, que han de ser seleccionadas.

¿Estamos hablando del desempleo, sobre el hecho de que no sabemos qué hacer con el exceso de población de la Tierra? Entonces transformemos a toda esta población, logremos que el consumo sea razonable, sin excesos en un lugar y sin hambruna en otro. Encuentren a estos 300 millones de educadores, que tienen que ser los verdaderos restauradores del mundo. ¡Y entonces verán una estructura completamente diferente de toda la civilización humana! Esto es a lo que deberíamos aspirar.

Naturalmente, la UNESCO, la ONU y todas las organizaciones internacionales y gobiernos deben tomar parte en este proceso. Todos los recursos deberían destinarse a la restructuración de las relaciones interpersonales y para fundamentarlas en unos principios completamente diferentes.

Lo más importante es la preparación de los educadores, los instructores que educarán a la próxima generación. Por primera vez en la historia, estamos trabajando en la realización de un ser humano, criando al ser humano que existe en el hombre.

¡Una persona es ante todo una unidad integral de la sociedad! Integral, no individual, que es lo que actualmente consideramos como lo más valioso.

La crisis nos está obligando a reconstruir toda la sociedad. Preocuparnos por el futuro, por la generación condenada, se convertirá en la razón para la corrección de la humanidad. Así es como los hijos elevarán a sus padres, obligándoles a cambiar.

LAS CUALIDADES PERSONALES DEL EDUCADOR

– AU: Al igual que cualquier otra profesión, la del educador implica una deformación profesional. Es decir, cualquier actividad que una persona hace lo cambia, distorsiona su personalidad y le moldea ciertos rasgos.

– ML: Salvo esta profesión, ya que todas las personas del mundo tendrán que convertirse tanto en sus propios educadores como en estudiantes de sí mismos. Y cada uno tendrá que posicionarse de la misma forma en relación con los demás. Una persona erige a la sociedad, al entorno y éste consta de todo el mundo, así que todo el mundo debería ser un maestro y un niño.

– AU: Durante muchos siglos los maestros recibían el título de oficial. Se paseaban con armas y otros atributos masculinos. La mitad de los educadores en su organización también son ex oficiales del ejército; son hombres serios y atléticos.

– ML: Muchos de ellos sirvieron en el ejército y algunos tienen títulos de oficial de alto rango.

– AU: ¿Es adecuado restaurar la masculinidad en el colectivo de hombres para diferenciar a los hombres de las mujeres, reformar la sociedad "unisex" que existe ahora?

– ML: ¡No debería haber nada "unisex"! Los chicos se tienen que sentir como hombres, como los dueños del mundo, preparándose para verdaderamente poseerlo. Y no sólo el planeta, sino todo el universo. Esto es necesario.

En nuestros grupos estudiamos la naturaleza del hombre, su libre albedrío, la oportunidad de llevarlo a cabo y la influencia que una persona ejerce sobre el mundo. Al estudiar esto, vemos que no podemos conquistar la Naturaleza por la fuerza. Actualmente, el hombre no está haciendo más que mutilarla, creando un entorno inhóspito para sí mismo. Así que es poco probable que los niños respeten la fuerza física de sus educadores y maestros.

Los chicos tienen una tendencia física por los deportes y juegos. Esto les aporta una válvula de escape físico que les permite desahogarse cuando lo necesitan. Y hay educadores que se encargan de estas sesiones. Pero por supuesto, no influyen a los niños con su fuerza física.

– AU: Hemos dicho que los educadores tienen que alternarse y un chico tiene que estar acostumbrado a la expresión de cualidades completamente diferentes en los educadores. Pero en lo que respecta a nosotros, no estamos lo suficientemente bien educados y por lo tanto, sin darnos cuenta, un educador automáticamente reprime al niño. ¿Qué podemos hacer para que esto no suceda?

– ML: Todo tiene que estar destinado a fomentar que los niños se eduquen a sí mismos, para que se organicen y mantengan sus propias discusiones y asambleas. El educador es como un "agente secreto" en medio de ellos, guiando sutilmente estos procesos.

Pero si la situación se exalta y los niños son incapaces de arreglar las cosas por su cuenta, entonces este es el único caso en que el educador puede mostrarse como un organizador y un educador, ejercer su autoridad y obligarlos a recuperar el estado correcto.

– AU: ¿Cómo podemos evitar que la influencia autoritaria del educador se convierta en una razón para temerle?

– ML: El uso de la fuerza física ¡ni siquiera es un tema de debate! Los niños tienen que ver que el educador interviene sólo con el fin de restablecer de nuevo los límites; y para conseguir esto, sólo puede utilizar explicaciones.

En cada grupo de diez niños, debe haber dos educadores. Y si cualquier niño es desobediente e interfiere con el estudio de los demás, debería ser influido a través del grupo inmediatamente. Cada niño debería ser constantemente formado por el grupo. Esta es la única forma en que debería hacerse.

Por supuesto ¡esto es un arte! Pero es un arte cautivador, que le ofrece la oportunidad de ver los frutos de su trabajo inmediatamente.

Se expresa en los niños muy rápidamente y permanece en ellos de forma natural. Inmediatamente se adaptan y se olvidan instantáneamente porque el egoísmo crece de forma continua, sobre todo durante la infancia. Estalla como si nada hubiera sido creado un momento antes, borrando todo al instante y tienes de nuevo a un egoísta delante de ti. Así que ¿dónde se fue todo? No se fue a ningún sitio. Es sólo que un egoísmo más grande ha salido ahora a la superficie. Está creciendo constantemente y un educador tiene que transformarlo en una actitud altruista integral hacia todo el mundo.

– AU: Usted ha dicho que para un instructor es muy importante tratar a un niño como a un adulto, pero un niño no es un adulto.

– ML: No se le debería tratar como a un adulto sino como una persona independiente y responsable. Sin embargo, esto debería hacerse sin forzarlo ni presionarlo. Tiene que hacerse desde el nivel de comportamiento del niño de acuerdo a su edad.

– AU: Con respecto a esto hay una dificultad. Por un lado, me identifico seria y respetuosamente con su opinión, pero al mismo tiempo, siempre tengo que recordar que sigue siendo un niño. ¿No es así?

– ML: Toda nuestra vida es un juego. ¿Qué significa esto para nosotros? Tenemos que enseñar a los niños cómo nos identificamos con ellos y el tipo de comportamiento que esperamos de ellos. Una vez que estamos convencidos de que han comprendido y aceptado nuestro planteamiento, que lo han visto, les pedimos que hagan esto mismo con los niños más pequeños, lo que nos permite comprobar hasta qué punto lo han comprendido. Es decir, comprobamos si pueden "adaptarse" a nuestro carácter, entendernos y demostrárselo a los niños más pequeños. Esto debería hacerse con cuidado y con ternura, encauzándolos de forma imperceptible.

¿A quién estamos erigiendo en un niño? A un educador. Cuando sabe lo que significa ser un educador de un niño más joven, también me entiende mejor a mí como su educador. Así, desarrollamos una relación entre iguales. Cuando le enseño, entiende por qué estoy actuando de esta manera y dispone su comportamiento en consecuencia. Unos días después, irá al grupo de los más jóvenes y mostrará el mismo comportamiento.

Dentro de cada persona estamos creando su "ser", su yuxtaposición con el nivel superior —el educador— y con el nivel inferior —los estudiantes—, con respecto a los que él es el educador. Resulta que cada persona es un estudiante del nivel superior y un educador del nivel inferior.

La sensación de ser un eslabón en esta cadena tiene que ser algo natural para cada uno de ellos. Estos son los fundamentos para la integración de la sociedad, con cada uno de sus miembros anulándose a sí mismo como estudiante y educador. Esto se estudia como parte de los fundamentos de la interacción grupal.

Con el propósito de alcanzar una sociedad integral, tengo que rebajarme frente al entorno de forma consciente, prácticamente anulándome ante la sociedad. Y por otro lado tengo que elevarme con el fin de sentir que la sociedad depende de mí e influirla con la importancia de la meta.

El nivel inferior y el superior tienen que hacerse realidad en cada persona. Y la diferencia entre ellos determina el alcance interno de una persona.

– AU: ¿El educador debería estar también en estos dos niveles? Además ¿debería tener una parte infantil y alegre que se expresara claramente en él?

– ML: Por supuesto.

– AU: Muy a menudo las personas que se incorporan a esta profesión tuvieron una infancia problemática y desean compensarla a través de los niños.

– ML: Entiendo. A menudo las personas que se convierten en educadores carecen de autoestima. Se dedican a un grupo de niños con el fin de rescatarse a sí mismos, de compensar su sensación de falta de seguridad y confianza.

Pero para nuestro sistema educativo ¡tenemos que elegir personas completamente diferentes y formarlas! Yo aceptaría en este curso a cualquiera que quisiera participar. Como mínimo, una persona aprenderá algo y se acercará a la nueva sociedad integral. Algo penetrará en él y lo cambiará. Después, deberían seleccionarse a los instructores buenos de entre ellos, personas que puedan trabajar y orientarse bien.

En el lugar de su "yo" tienen que situar la importancia de la meta. El "Nosotros" tiene que ocupar el lugar prioritario en ellos. Este tipo de personas no deberían tener miedo o sentirse avergonzadas de no tener un "yo". No es como un gallo que desea dominar a todos. Se siente orgulloso porque su trabajo es necesario para el colectivo, porque hallaremos la verdad y nuestra nueva existencia en nuestra unión.

– AU: Existen varias formas de determinar las aptitudes de las personas que trabajan con la gente. Nombraré tres de ellas.

Una es mediante exámenes. Cuando una persona los pasa, recibe un diploma y puede empezar a trabajar.

La segunda es cuando una comunidad de educadores decide que la persona es apta para ello. La opinión "él es uno de nosotros" es suficiente para considerarle un profesional calificado. Así es como son acreditados los psicoterapeutas.

Y la tercera opción se da cuando los propios niños deciden si un determinado educador es adecuado para ellos o no.

En su opinión, ¿cuál debería ser el criterio para decidir si un instructor está preparado para hacer este trabajo? ¿Qué debería capacitarle lo suficiente para que la gente le confíe los niños?

– ML: Cada hombre tiene que ser un padre y cada mujer una madre. Cada persona tiene que entender lo que es una sociedad integral y cómo interactuar con ella, tanto con adultos como con niños. Por lo tanto, todos tienen que completar estos cursos y deberían impartirse en todas partes.

Todos los medios de comunicación deberían hablar de esto constantemente. Es necesario liberar a cada trabajador durante un cierto número de horas al día para estudiar estos cursos.

Si un adulto que ha terminado de estudiar estos cursos, y comprende su importancia, se siente impulsado a trabajar con niños, puede ser seleccionado para aprender a ser un educador. Pero incluso aquellos que no son seleccionados para esto, se convertirán en mejores padres y en mejores miembros de la sociedad, porque comprenderán la necesidad de la interacción entre todos.

Durante el estudio nos damos cuenta de qué personas, de entre todos los estudiantes, son capaces y están dispuestas a ser educadores. El proceso de selección en este caso es muy sencillo porque no hay muchas personas que deseen ser educadores. Trabajar con niños no es fácil. Requiere paciencia, atención y la capacidad de estar constantemente sometido a presión con los niños.

¡Esto no es un trabajo, sino una vocación! Sólo el amor y un sentido de responsabilidad pueden proporcionar la fuerza y la paciencia para hacerlo y hacer que se opte por esto; es el lugar donde creamos una nueva humanidad.

Espero que no haya problemas con la fuerza de trabajo. No es difícil decir si una persona es apta para este tipo de trabajo. Quizás tengan que diseñarse algunas pruebas, pero no creo que deban ser exámenes teóricos o pruebas de respuesta múltiple; de preferencia debería ser práctico.

Se necesitarán muchos educadores para niños y adultos de todas las edades y de todos los niveles de preparación. Creo que habrá trabajo para muchas personas en este ámbito. Esto puede solucionar el problema del desempleo que se agravará alrededor de todo el mundo a medida que recortemos la producción de productos superfluos.

– AU: ¿Deberíamos prestar atención a la opinión de los niños sobre si les gusta o no un educador o instructor?

– ML: Sí. Tenemos que tener en cuenta la reacción de los niños y junto con ellos discutir por qué les gusta un educador o por qué no les gusta otro. Los educadores también deberían explicar por qué actúan de la forma en que lo hacen. No deberían ocultar los métodos de su influencia, tener secretos o ¡manipular sigilosamente a los niños! ¡Rotundamente no!

Educadores y niños pasan juntos por este proceso. Estamos creando una nueva sociedad y trabajando juntos en nuestro mal —nuestro egoísmo, tratando de conferirle la cualidad opuesta del otorgamiento y amor.

Esto no puede ni debería implicar ningún secreto o manipulación. No debería existir un salón de reunión para los profesores donde se mantengan conferencias a puerta cerrada o pausas cortas para tomar café. Al contrario, podemos debatir todo con los niños de forma totalmente abierta. ¡Esto es un planteamiento de la vida completamente diferente!

Estamos frente al reto de la Naturaleza. Nos creó como egoístas y nos está encomendando una misión: transformarnos. ¡Este es nuestro problema común! Y en la medida en que cada uno de nosotros sienta que está participando activamente en su resolución, en vez de esperar a que llegue esta corrección pasivamente, en la medida que se forma independientemente a sí mismo y al entorno, el proceso será creativo.

Será importante para todos, cada persona sentirá su responsabilidad y no podrá eludirla. En este sentido, los niños y los adultos son iguales.

QUÉ DEBERÍA REGISTRARSE EN EL EXPEDIENTE DEL ESTUDIANTE Y POR QUÉ

— AU: Usted ha dicho que es necesario llevar un registro, un archivo personal de cada alumno donde se guarde información sobre él. ¿Qué información debería incluir y en qué medida debería ser accesible para el niño?

– ML: Creo que en este archivo no debería haber nada secreto. Los educadores registrarán allí sus observaciones y los niños también tendrán diarios donde anotarán las fases evolutivas de la transformación del animal al humano.

Aunque caminemos sobre dos piernas aún somos animales, porque estamos completamente sometidos por la fuerza de la Naturaleza. Sin embargo, al elevarnos por encima de nuestro egoísmo y construir una naturaleza altruista por encima de él, nos elevamos por encima de la Naturaleza y nos convertimos en personas.

El nivel "humano" no existe en la Naturaleza. Como psicólogo, usted lo sabe. Los biólogos y genetistas también lo confirman. Un ser humano es lo que creamos desde nuestro interior Así que las fases del desarrollo de un ser humano en cada uno de nosotros son muy interesantes.

Cuando le pregunté a mi Maestro sobre esta oportunidad, él respondió: "Sí, merece la pena hacer registros concisos sobre tus principales descubrimientos internos. Te permitirá llegar a conocerte mejor. Más adelante podrás ver por lo que pasaste". Hoy puedo leer este diario o ahondar dentro de mi diario interno para ver las fases por las que he pasado.

Mirando a mis estudiantes, veo que ellos atraviesan prácticamente por las mismas etapas. Naturalmente cada persona las pasa a su manera, porque entre nosotros diferimos en ciertas cosas. Estos registros serán útiles para el auto análisis si cada niño se analiza a sí mismo de este modo. Pero no es más que para el análisis de uno mismo.

Nuestro progreso tiende hacia la comprensión de uno mismo y la realización del mundo entero a través de nosotros mismos. Al desarrollarnos nosotros mismos, vemos al mundo más evolucionado, más amplio e intenso.

Para un educador el expediente del estudiante es un espejo de su labor. No examina al niño a través de este, sino que se escudriña a sí mismo. "¿De verdad actué bien? ¿Está avanzando el niño por el buen camino? ¿Existe algún círculo vicioso que se esté repitiendo en el niño de manera continua?" Es decir, el expediente del estudiante es ante todo un registro sobre el educador.

– AU: Si el niño está interesado ¿pueden estos registros ser un motivo más para hablar con el educador?

– ML: ¡Por supuesto! Todos somos personas y aquí no hay ningún secreto. Cuanto más abiertos seamos, más nos comprenderemos unos a otros y más tendremos que conocernos entre nosotros y saber que simplemente tenemos que unirnos.

EL DESGASTE PROFESIONAL

– AU: Un problema muy importante de las personas es "quemarse" profesionalmente. Muchas personas que trabajan con niños y con adultos "se queman" después de un año o dos. Simplemente no tienen ánimos para ir al trabajo. Una razón para ello es que una persona no utiliza toda su personalidad cuando interacciona con los niños. Sólo emplea una parte limitada de la misma. Cuando sucede esto, todo lo demás que hay dentro de esa persona no se activa, provocando con el tiempo una incapacidad para continuar haciendo el trabajo.

Usted está diciendo que un educador tiene que ser ante todo una persona. Tiene que tener una "mitad adulta" y una "mitad infantil". ¿Es posible que los educadores también se "quemen" después de un año o dos? Si es así, ¿cómo podemos superar este problema?

– ML: Quieres extrapolar el modelo de sus instructores al de nuestros educadores, pero no funciona así.

– AU: Sí ya lo veo.

– ML: Y no funcionará. Para nosotros el educador es el miembro más importante de la sociedad. Vive la misma vida que los padres de los niños y sus abuelos, que los medios de comunicación y todo lo demás. ¡Lo vive! No es alguna pequeña parte de él que pueda desgastarse porque no puede expresarse a sí mismo. Participa en el proceso más creativo del mundo. ¡La vida entera está conectada a él, a los niños que él forma, sus padres y toda la sociedad en general! Estamos formando una nueva generación, el próximo nivel e incluso yo diría que una nueva dimensión en la que está entrando la humanidad.

Tenemos que entregar todo lo que tenemos. No tenemos una vida personal, la vida privada de nuestra familia o la nuestra, la de nuestros propios amigos. Todos los aspectos se unen en un todo. Aquí no puede haber ninguna fatiga ni parcialidad porque estoy totalmente inmerso en ello. Dentro de este entorno, tengo que seguir adelante con mis costumbres e intereses, mis relaciones con mis padres –incluso si soy un adulto, con mis hijos, con mi familia y con toda la sociedad que me rodea.

No veo esta profesión como algo segregado del mundo. Al contrario, estoy en su núcleo. Conjuntamente con toda la humanidad, trabajo en la transformación de mí mismo, en llegar a equilibrarme con la Naturaleza, que nos está mostrando la interconexión integral universal de todas sus piezas. Y esto lo estoy formando junto con los demás.

Llevamos a cabo encuentros, conferencias e intercambiamos experiencias. La sociedad vive todo ello, ¡así que no hay lugar aquí para el desgaste profesional! Esta es nuestra *vida* y continúa siendo como es.

Sin embargo, si una persona sufre desgaste profesional, debería ser transferido, ofreciéndole la oportunidad de educar e impartir cursos de formación en empresas. O debería ser transferido a otro tipo de trabajo, como a la manufactura. Pero no creo que este tipo de problema pueda surgir aquí.

EL DEPARTAMENTO MUNDIAL DE EDUCACIÓN

– AU: ¿Deberían las personas poder incrementar sus conocimientos profesionales viajando a otros países para intercambiar experiencias?

– ML: Creo que es necesario crear un Consejo Supremo de Educadores, similar a la UNESCO o como parte de la UNESCO. Debería tener una gran autoridad y ser altamente respetado. Entre sus tareas estaría el desarrollo de metodologías y recomendaciones, manteniendo contacto con el mundo entero y adaptando el método de la educación integral a las distintas partes de la sociedad.

La sociedad humana actual está compuesta por siete u ocho civilizaciones cuyo contacto es muy negativo y conflictivo. Deberíamos crear un método de educación para cada una de estas civilizaciones que suavizara el contacto entre las mismas, hasta que llegaran a incluirse completamente las unas en las otras. Esto en una labor enorme que sólo puede llevarse a cabo por un gran número de especialistas. Pero tiene que haber un cerebro central.

– AU: ¿Qué es ese cerebro central? ¿Cómo está estructurado?

— ML: Estaría formado por personas que entienden lo que está sucediendo en la Naturaleza y en la sociedad humana y que tienen la capacidad inequívoca de discernir qué cualidades en nosotros pueden ser corregidas utilizando nuestro libre albedrío, qué cualidades podemos realmente cambiar con el fin de convertirnos en una parte armónica de la Naturaleza.

Estas personas pueden percibir lo que nos aleja de la Naturaleza –los conflictos, la separación y el antagonismo. Perciben nuestra resistencia frente a la Naturaleza muy profundamente y pueden, por lo tanto, discernir qué deberíamos cambiar y cómo podemos hacerlo.

Estas personas existen y tienen que ser educadas. Conformarán el pilar fundamental del Ministerio de Educación de la humanidad.

— AU: Un gobierno de sabios siempre ha atraído a las personas. A lo largo de toda la historia las personas soñaron con una sociedad que sería regida por sabios.

Usted dijo que existen varias civilizaciones y que los conflictos entre ellas pueden ser suavizados mediante la educación. ¿Puede darnos un ejemplo de al menos dos civilizaciones y cómo imagina que sucederá su unificación?

— ML: Hoy en día hay conflictos entre los europeos, los norteamericanos, los sudamericanos, los africanos y las civilizaciones asiáticas dividida en: China, la India y los Países Árabes.

Esta es una enorme concurrencia de civilizaciones que están coercitivamente conectadas y entremezcladas y entre las que hay fricciones. De forma displicente, estamos conectados por una tecnología común y estamos obligados a estar en contacto unos con otros.

Antes estábamos separados. En cada una de estas civilizaciones, el egoísmo funcionaba correctamente, las personas se entendían unas a otras, conocían las condiciones de una coexistencia sin conflictos y todo era normal. Pero hoy en día las civilizaciones están empezando a colisionar y a tener roces entre ellas, con aristas afiladas. Por ejemplo, miren lo que está pasando entre la civilización europea y el Islam.

China está en auge, como un grupo desconocido que está presente a lo largo de todo el mundo bajo la forma de cientos de millones de inmigrantes chinos. Sólo hace unas décadas ¡éste era un país completamente cerrado! Pero en nuestros días es al contrario. Está abriéndose a todo el mundo y está llegando a todos los países

El mundo está cambiando a una gran velocidad, mientras que nuestra educación se está quedando atrás con respecto a estos cambios. La Naturaleza nos está uniendo, mientras que somos reacios a comunicarnos entre nosotros. Esto es particularmente evidente en Europa, que está siendo invadida por otras civilizaciones. Viven allí en refugios aislados, implantando sus culturas y deseando vivir a su manera. Pero Europa no puede asimilarlos de esta forma y como consecuencia, surgen fricciones. Por ahora estamos intentando suavizarlos de algún modo, pero es una situación explosiva. Cuando estalle, será una explosión muy potente que retumbará en todo el mundo porque estas mezclas inadecuadas existen en todas partes.

– AU: ¿Así que está diciendo que la educación integral hará que los niños de las diferentes civilizaciones sean similares entre sí?

ML ¡No habrá ninguna diferencia entre ellos! Estamos haciendo esto en nuestros grupos y no existen diferencias entre los niños. Pero este tipo de educación no puede ser impuesto por la fuerza; las personas tienen que *desearlo.*

Todo tiene que someterse al "nosotros" en común, la unidad que nos muestra la Naturaleza. Y no hay otra opción. Quienquiera que esté en contra de ello, es un enemigo de la Naturaleza (pero no el nuestro, o el mío, o tu enemigo personal). Simplemente no tiene el derecho a seguir existiendo en esta forma ¡tiene que cambiarse a sí mismo!

– AU: En estos momentos estamos presentando y ofreciendo este método a diferentes sociedades. ¿Lo aceptarán para su educación?

– ML: No podemos ir en contra de la Naturaleza porque existimos dentro de ella. No podemos inventar nuestras propias leyes si existen las leyes de la gravedad, de la conservación de la energía, la informática, etcétera.

Es necesario discernir claramente las leyes de las relaciones interpersonales adecuadas en el mundo integral. Y si alguien no quiere estudiar o guardar estas leyes, no aceptaremos a dichas personas en nuestro sistema. Entonces se darán cuenta de que es imposible ir en contra de la Naturaleza, o simplemente verán el tipo de sufrimiento y las pérdidas a los que esto nos conduce.

El futuro tiene que ser integral. Esto es lo que estamos descubriendo en nuestros días.

– AU: ¿Será así de evidente?

– ML: Se pueden encontrar en los buscadores de la red de Internet miles de artículos de investigadores en cualquier campo de la ciencia, describiendo en qué se está convirtiendo nuestro mundo. Todos explican que el mundo es completo e integral, que todas sus piezas están interconectadas y entremezcladas entre sí y que sólo la humanidad es egoísta, opuesta a la Naturaleza. Sólo sobreviviremos si nos posicionamos correctamente, equilibrándonos con la Naturaleza.

Estas no son mis teorías personales. He leído sobre ello en cientos de artículos escritos por científicos acreditados que investigan este problema desde diferentes perspectivas y puntos de vista. Entre ellos hay representantes de las diferentes civilizaciones y no son unos fanáticos. Comprenden que tenemos que secundar a la Naturaleza en vez de ser obstinados y resistentes a ella.

UNA CLASE MAGISTRAL PARA LOS EDUCADORES

– AU: Al describir la labor de un educador con los niños, veo que es muy parecido al modo en que trabaja con sus estudiantes. Entiendo que no es pura teoría, sino al contrario, una ciencia absolutamente práctica. Sólo tengo una pregunta: ¿Cómo puede ser adaptada y difundida lo más ampliamente posible? ¿Podría celebrar sistemáticamente, quizás de forma virtual, una clase magistral para los grupos que están empezando?

– ML: Por supuesto. Todos los problemas que surgen en los grupos tienen que ser grabados en vídeo. Después puedo verlos y dar consejos. También estaré encantado de mantener estudios prácticos con los adultos y los niños

Cuando los niños aprenden a comportarse correctamente y se relacionan entre sí de forma positiva, funcionan muy bien en un grupo. Pero de repente hay una crisis, un enorme estallido de egoísmo y no les sucede sólo a uno o dos niños, sino a todos a la vez. Es como si alguna clase de virus infectara a todo el grupo al mismo tiempo. ¿Qué deberían hacer en ese caso?

¡Grabarlo inmediatamente en vídeo, estudiarlo y enseñárselo a otros! Estamos tratando con la vida, con la materia que exige corrección, plenitud y curación. Me gustaría participar en estas situaciones críticas y dramáticas. Esto es interesante.

– AU: Los educadores avanzados que ya están trabajando con niños tienen muchas preguntas. ¿Sería posible organizar clases magistrales prácticas para ellos?

– ML: Sí. Para los educadores, la práctica es lo más importante. Reciben los fundamentos teóricos muy al principio de la formación, pero después la teoría y la práctica tienen que darse simultáneamente. Es decir, durante varios años, deberían reunirse regularmente para sus estudios y hablar de lo que sucede en los grupos en los que trabajan; esto es necesario.

Por supuesto, también puedo tomar parte en esto. Tengo que establecer una retro alimentación con ellos con el fin de conocer lo que está pasando en los grupos de los niños.

Creo que podemos dar clases a través de la red de Internet para toda nuestra organización educativa mundial. De hecho, esto es lo que estamos haciendo. Enviamos todos nuestros materiales, impresos y en vídeo. Si esto no es suficiente, podemos mantener debates interactivos donde hacer preguntas y recibir respuestas.

– AU: Creo que aclarará más las cosas si hablan sobre situaciones específicas que fueron filmadas en vídeo.

– ML: He aquí un ejemplo. Hace unos días, el instructor jefe de nuestro centro educativo fue a verme y me contó una situación que sucedió en una clase de niños de diez a once años. De repente, un tremendo estallido de egoísmo surgió de la nada, destruyendo instantáneamente la buena relación que se había formado entre los niños.

Ambos estuvimos de acuerdo en analizar esta situación, discernir los detalles hasta el máximo, hablarlo con todos y después decidir qué hacer. ¡Y esto definitivamente debería hacerse con los niños en vez de actuar sus espaldas!

Es posible que una vez que filmemos estos momentos en vídeo, se los mostraremos a los niños. Después les pediremos que intercambien sus lugares para que cada uno de ellos interprete el papel de su contrario y ver qué le está sucediendo, cómo lo perciben los demás. Entonces les pediremos que desempeñen el rol del educador y les solicitaremos consejo sobre cómo deberíamos actuar en esta situación, diciéndoles, con énfasis: "Adelante, solucionen este problema, queremos ver cómo lo abordan, son hombres, así que háganlo".

– AU: Usted dijo que es necesario crear un método de educación integral literalmente para todos y así todo el mundo ascendería a un nivel común. ¿Es posible que los padres y abuelos tomen parte en esto junto a sus hijos?

– ML: Como ejemplo tomemos una familia en la que conviven tres generaciones: niños, padres y abuelos. Están conectados unos a otros y con el resto de la sociedad porque cada uno de ellos se relaciona con sus compañeros. Descubrir nuestra vinculación a través de las conexiones que se dan en el seno de una familia es muy importante e interesante.

LA ESENCIA DE LA EDUCACIÓN INTEGRAL

- En la cima del egoísmo
- La salvación de la Humanidad está en el estudio de las leyes de la Naturaleza
- La ley de la interacción universal
- Estamos hablando de la supervivencia
- Un búnker no nos salvará del "tsunami" integral
- Del "Yo" al "Nosotros"
- La necesidad de crear una organización global
- Sin descuentos por edad
- El idioma de la relación interna
- Ideas integrales para las artes creativas
- El deseo femenino lo corregirá todo
- Unámonos

– AU: ¿Puede explicar lo que es la educación integral y en qué se diferencia de lo que todo el mundo entiende normalmente por enseñanza y educación?

EN LA CIMA DEL EGOÍSMO

– ML: En nuestro mundo cualquier similitud o proximidad de un objeto con las condiciones que le rodean, aportan estabilidad al mismo. La Naturaleza aspira al equilibrio del entorno donde se desarrolla un objeto (en términos de temperatura, presión y diversos parámetros). Lo mismo se puede aplicar a la sociedad humana. Siempre estamos adaptándonos al entorno, éste nos obliga a hacerlo.

Pero somos menos sensibles a la Naturaleza. No deseamos estar en consonancia con ella y preferimos, en cambio, rodearnos de un entorno ficticio. Construimos casas, enfriamos algunas cosas y calentamos otras y creamos muchas cosas artificiales.

Existe un problema similar en la sociedad. Nos desarrollamos gradualmente, mediante la formación. Pero hoy en día hemos alcanzado un nuevo estado en el que la Naturaleza, que nos obligó a salir de las cavernas, nos está forzando a crear una forma de vida social integral en el planeta.

Hemos pasado por todas las etapas que estaban basadas en el desarrollo del egoísmo. El egoísmo creció constantemente en nosotros, obligándonos   reiteradamente a evolucionar y a adaptarnos al entorno.

Ahora nuestro egoísmo ha alcanzado la cima. Parece que está perdiendo su rumbo, sin espacio para seguir desarrollándose. Como resultado, la mitad de la humanidad está francamente deprimida y probablemente muchos más están sufriendo depresiones enmascaradas. Además, tenemos el terrorismo internacional, los abusos familiares, los problemas económicos, el agotamiento de los recursos naturales de la Tierra, la hiperactividad en los niños, etcétera.

Hemos alcanzado un cierto límite que ha sido explicado en líneas generales por los sociólogos y otros científicos. Los médicos están notando un drástico aumento de la inestabilidad psicológica de la población.

En las últimas décadas, la Naturaleza ha manifestado claramente su carácter integral. Lo queramos o no, para sobrevivir y existir más o menos cómodamente, los individuos y la sociedad en su conjunto deben estudiar este nuevo estado. Desde el exterior, todo el entorno que nos rodea nos está cubriendo con un manto y tenemos que adoptar su forma.

¿Qué significa el "estado integral" de la humanidad? Es la interconexión de todas las personas. Vemos que de un modo u otro, todas las personas acaban estando interconectadas, pero no por su propia voluntad. Se resisten a ello, mientras que la Naturaleza les obliga a hacerlo. Por eso aparecen las crisis, incluyendo los problemas en los ámbitos político, económico y de gobierno, e incluso entre padres e hijos. Nuestra falta de voluntad por asemejarnos a la Naturaleza, suscita cataclismos ecológicos y desastres naturales que nos amenazan.

De acuerdo a numerosas investigaciones, hemos cruzado el punto sin retorno, no hay vuelta atrás. ¿Hacia dónde nos dirigimos? ¿Qué deberíamos hacer?

LA SALVACIÓN DE LA HUMANIDAD YACE EN EL ESTUDIO DE LAS LEYES DE LA NATURALEZA

Mi primera profesión fue la Biocibernética, y por medio de ella estudié en qué consisten los sistemas. En los sistemas cerrados, un sistema integral analógico requiere que todas sus partes estén en completa interacción con las demás. El sistema sólo puede funcionar de forma eficiente cuando sus componentes interaccionan de forma coordinada.

Cuando a un sistema le afecta un elemento externo, se suceden procesos oscilatorios que progresivamente le devuelven el equilibrio. Una vez que el equilibrio del sistema se restaura, éste reacciona sin parar a la influencia externa.

Nuestra tarea es volver a este estado de equilibrio mientras reaccionamos a las señales de la Naturaleza que recibimos en todos los niveles. En un sistema cerrado, las influencias externas se encuentran con resistencias. Las personas que controlan este sistema, normalmente compensan la influencia externa intencionadamente. Así es que ¿qué deberíamos hacer con nosotros? ¿Cómo podemos hacer que se acople correctamente nuestro sistema de ruedas dentadas de modo que gire de forma coordinada?

Este es todo el problema de la humanidad. Y tendremos que solucionarlo. Muchos especialistas escriben sobre ello de forma muy convincente, pero ¿cuál es la respuesta?

En nuestro centro de investigación estamos trabajando en este problema, tratando de resolverlo teóricamente y en parte de forma práctica, en pequeños grupos experimentales, incluyendo los grupos de niños, adultos, hombres, mujeres y grupos mixtos. Estamos intentando discernir las tendencias específicas, las posibilidades de una solución y los accesos directos, porque parece que a la humanidad no le queda mucho tiempo.

Trabajar en un grupo experimental está muy alejado de la vida real, donde nos encontramos con personas que no quieren saber nada del planteamiento metódico del sistema, no lo entienden y se oponen al mismo. Pero tendremos que establecer contacto con ellos de alguna forma. Es como intentar explicarle a una persona gravemente enferma que necesita tratamiento, que no debería pensar que podrá seguir viviendo como antes, o no pensar en nada en absoluto, pase lo que pase.

Estamos intentando resolver este problema, pero, en principio, es el problema concerniente al futuro estado integral de toda la humanidad.

¿Seremos capaces de resolver este problema mediante la educación? Supongamos que nos quedan diez o veinte años. Nos dirigiremos a la sociedad a través de los medios de comunicación, los gobiernos, la UNESCO y la ONU.

Nos deberíamos orientar por los niños de ahora, aquellos que hoy tienen unos cinco años. Deberíamos trabajar en educar a la joven generación que está bajo nuestra influencia. Teniendo en cuenta que los jóvenes entran a formar parte de la vida entre los quince y veinte años, nos quedan diez o quince años para trabajar con ellos.

Durante estos diez o quince años ¿podemos transformarlos en las personas de la nueva generación, que ya no está tan lejos en el futuro porque los elementos naturales nos están cercando y nos estamos quedando atrás?

Todo depende de qué tipo de programa o método educativo utilicemos para llevar a cabo nuestro trabajo, junto con la preparación de educadores expertos y llamando la atención de los medios de comunicación, los gobiernos y los organismos internacionales. Para que todo comience a funcionar a pleno rendimiento, todo el mundo debe reconocer la urgencia de esta labor. Después, en diez o quince años, tendremos verdaderamente una nueva generación, adaptada a las nuevas condiciones de la Naturaleza. Este es el reto que debemos abordar en lo que respecta a la educación integral que necesitamos poner en práctica.

LA LEY DE LA INTERACCIÓN UNIVERSAL

– AU: ¿A qué se refiere cuando dice "las leyes de la Naturaleza"?

– ML: Me refiero a las leyes de la Naturaleza que ésta nos está revelando en nuestros días, porque de todos los elementos de la Naturaleza, el hombre es el más evolucionado. Es necesario comprender que existimos en el seno de la Naturaleza y no por encima de ella. Nos sometemos a ella. Por lo tanto, deberíamos estudiar las leyes de la Naturaleza y seguirlas. Si lo hacemos, siempre estaremos en un estado satisfactorio y nos sentiremos bien.

Este enorme sistema nos impregna con diferentes fuerzas. Todos nuestros pensamientos y deseos provienen de él. Por "Naturaleza" nos referimos al sistema de fuerzas que controla toda la materia, la energía, la información, todo –desde las partículas subatómicas hasta las gigantescas constelaciones y más allá- y también los niveles de la Naturaleza que no hemos alcanzado y que esperamos descubrir en el futuro.

Cuanto más estudiemos la Naturaleza, más nos será revelada como integral, como un todo único. Y por lo tanto, el planteamiento integral en el mundo se está convirtiendo en algo muy solicitado.

– AU: ¿Puede darnos un ejemplo de alguna de las leyes de la Naturaleza?

– ML: La ley de la interacción universal de todas las fuerzas, todas las leyes, todos los elementos de la Naturaleza. En la Naturaleza todos estos siempre existen en correspondencia total.

El sistema contiene una infinidad de ecuaciones con innumerables parámetros variables y todos deben llevarse a la unidad con los demás, a un conjunto integral único.

Estas ecuaciones entrañan una incógnita principal, un parámetro –el hombre– a quien se le ha dado el libre albedrío y que puede ser partícipe, de forma voluntaria o coercitiva, de la acción de llevar todo lo existente al conjunto integral común.

Hoy en día la humanidad sigue sopesando si debería o no unirse a esta unificación integral de la Naturaleza, que Ella está comenzando a llevar a cabo en nuestros tiempos. Tenemos que ingresar en el sistema de la Naturaleza de forma consciente, voluntaria e independiente, avanzando al unísono con Ella. Así es como aprenderemos de la Naturaleza. Alcanzaremos esta unificación conjuntamente, de un modo coordinado. Al comprenderlo, crearemos una sociedad diferente y un sistema de relaciones diferente entre nosotros.

Comprenderemos qué es la Naturaleza integral y cómo opera. Veremos todo el sistema y descubriremos sus facetas ocultas, que nos influyen pero que aún son desconocidas el día de hoy. Seremos capaces de sentir la profunda y secreta razón de todo lo que existe en nuestro pequeño planeta y en el cosmos. Descubriremos las razones de nuestros estados internos y las condiciones para lograr el bienestar absoluto – las causas de la vida y la muerte, de toda la evolución que están comprendidas en la Naturaleza y el plan común de la Creación.

Los astrofísicos perciben el universo como un pensamiento. Y nosotros seremos capaces de descubrir ese pensamiento si voluntariamente lo buscamos, es decir, sin resistirnos y sin permanecer como pequeños y miserables animales en la superficie de nuestro planeta. Si sentimos el deseo de estudiar con el fin de transformarnos, seremos capaces de comprender verdaderamente todo el sistema del universo y resolver todas estas ecuaciones. Esta maravillosa y apasionante idea, nos elevará a nosotros y a toda la humanidad hasta el nivel humano.

Sin embargo, si nos resistimos, la Naturaleza de cualquier forma nos llevará hasta allí, pero lo hará ejerciendo presión, mediante grandes sufrimientos, cuyos comienzos ya estamos empezando a sentir. Entonces nos veremos obligados a reducir nuestro egoísmo, comenzar a reunirnos en grupos y aprender a convivir entre nosotros. Es bien sabido que el sufrimiento acerca a las personas. De este modo, a través de influencias negativas —y la Naturaleza tiene muchas reservadas para nosotros en diferentes niveles—, aún se nos llevará a un estado en el que nos elevaremos por encima de nuestro egoísmo y alcanzaremos la interacción correcta e integral

Pero el precio será tremendo: guerras, sufrimiento y pérdidas. Y como resultado, los vestigios de la humanidad que sobrevivan aún tendrán que llegar a ser semejantes a la Naturaleza.

HABLAMOS DE SUPERVIVENCIA

– AU: La mayoría de las personas tiene una mente práctica y mundana. Este tipo de persona preguntaría: "¿Cómo me puede afectar esto personalmente?"

— ML: Estamos hablando de la supervivencia de todas y cada una de las personas. Los ecologistas, los políticos, los científicos y los biólogos dicen todos que estamos viviendo el calentamiento global del planeta. Hemos agotado prácticamente sus recursos y en los próximos diez o quince años no quedará nada de su riqueza natural. Ya ni siquiera es riqueza. Todo está en el pasado. Bajo la superficie de la Tierra, no queda ya oro ni plata para la producción, sin que nos estemos refiriendo a la joyería. No hay petróleo, gas ni metales preciosos y hay escasez de agua potable. Estamos hablando de la supervivencia de una persona normal, mientras que esa persona no quiere ni pensar en ello.

Pero esta persona no está lo bastante desarrollada para preocuparse por el destino del mundo y de la humanidad. Y lo entiendo. No podemos condenar a la gente, pero sí tenemos que reprobarnos a nosotros mismos y debatir cómo sería posible llegar hasta ese tipo de persona.

En la medida en que será necesario integrarlo en este mecanismo, tendremos que convencerlo, enseñarlo y encausarlo para que pueda participar y comprender – en el grado preciso – que a través de esto lleva a cabo una valiosa labor y se está salvando él mismo.

No tenemos que asustar a nadie, pero sí tenemos que decirle a la gente la verdad sobre lo que está pasando. No podemos ocultarlo y cerrar los ojos ante ello. No podemos mantener la actitud de comer, beber y divertirse. Debemos mirar al mundo de forma racional. Si no hubiese ningún remedio, entonces todo lo que nos quedaría por hacer sería estar de fiesta hasta el final. Pero ya que existe un remedio ¿por qué ir hacia el sufrimiento cuando podemos ir ya hacia otra parte? Y esto ni siquiera nos costará nada. Simplemente tenemos que prestar atención a la interacción entre nosotros.

Tendremos que cumplir con la consigna de "Ama a tu prójimo como a ti mismo", que es común a todas las religiones y a la que nadie se opone. Es sólo que en realidad nadie puede realizarlo. Pero la Naturaleza nos obliga a hacer justo eso.

– AU: ¿De qué forma y quién puede dar esta información a la persona promedio sin espantarla?

– ML: Los medios de comunicación deberían empezar a divulgar progresivamente esta información de la forma adecuada, guiados por psicólogos, sociólogos, politólogos y personas que saben cómo tratar a la sociedad. Hay que acercarse a las personas con cuidado, sin causar pánico porque eso no ayudaría.

La solución de este problema depende de todos y cada uno de nosotros y de todos nosotros juntos. El problema es puramente social, por lo tanto el gobierno no puede resolverlo con medidas enérgicas, sino sólo mediante explicaciones y educación. Por esa razón, toda la responsabilidad recae en los sociólogos, psicólogos y los medios de comunicación.

No estamos asustando a nadie, ni gritando a los cuatro vientos, aunque estemos sintiendo una gran agitación, un tsunami que se nos viene encima. Problemas por la falta de agua limpia potable, la escasez de alimentos, problemas con los niños, asuntos domésticos y en general, complicaciones en todas los ámbitos de la existencia humana. No harán más que intensificarse y todo esto está causado sólo por nuestra interacción indebida con los demás.

Estos problemas se han estado gestando desde hace mucho tiempo, pero no eran tan evidentes para la persona promedio. En los años sesenta, el Club de Roma ya alertó sobre ello. Y hoy en día muchos organismos internacionales están haciendo sonar las alarmas, pero aún no han llegado a las mayorías. Y lo más importante, las medidas necesarias para remediar la situación aún no se han puesto en práctica. Tenemos que empezar a aplicarlas, pero sin asustar a nadie.

UN BÚNKER NO NOS SALVARÁ DEL "TSUNAMI" INTEGRAL

— AU: En la actualidad estamos observando un nuevo fenómeno que está ocurriendo a gran escala: las personas acaudaladas están empezando a acaparar propiedades en las montañas de Suiza, comprando casas en algún lugar de la tundra. Sienten que en efecto algo está a punto de pasar y han decidido: "Me alejaré rápidamente y esperaré en las montañas a que pase".

– ML: Esta es la tendencia natural de un egoísta: acumular todo lo que sea necesario en algún lugar en un búnker y esperar a que pase la guerra que arrasará al mundo entero. "Allí, en la superficie, la guerra destruirá todo y una vez que haya pasado, saldré al exterior. Aves de vistoso plumaje estarán cantando sobre frondosos árboles, en una tierra renovada y todo estará bien".

Pero eso es imposible, porque la cuestión en juego es un cambio de paradigma para toda la sociedad humana, de su estado interno y de las relaciones de las personas entre sí. Cada uno de nosotros tendrá que concordar internamente con el campo común de la Naturaleza que exige de nosotros la integración.

Si me siento en un búnker con todo preparado de antemano, en un clima artificial durante mil años (la persona piensa que es inmortal), seguiré sintiendo mi resistencia hacia el campo único integral porque en el interior no me transformé para ajustarme y confundirme con él.

Ningún búnker podrá ayudarme. Mi cuerpo animado de todas formas sufrirá. Aparecerán situaciones nuevas que me destruirán, no permitiendo que sobreviva en ninguna incubadora o en ningún caparazón porque en el interior, por mis parámetros, pretensiones y cualidades, no estaré en concordancia con el "tsunami" integral del momento que está instalando dentro de mí. Es una ola con la que tendremos que estar en consonancia. Si lo hacemos, la surcaremos con placer, en el seno de la Naturaleza. Si no, nos borrará de la faz de la tierra.

Por primera vez en la historia, nos estamos encontrando con nuestra discrepancia con la Naturaleza, no en el plano físico, sino en el nivel interno, psicológico, mental y moral y tenemos que alcanzar ese nivel. Esto no es una salvación física, sino una interna.

Tenemos que llegar a ser similares a la Naturaleza, no en los parámetros físicos, sino a través de la red integral interna de conexiones entre nosotros, que está descendiendo y presionando a nuestro mundo. Si no entramos en concordancia con su forma, simplemente nos destruirá.

DEL "YO" AL "NOSOTROS"

— AU: Si entro en consonancia con ella ¿llevaré algún tipo de existencia miserable sólo para sobrevivir? ¿O hay algo bueno reservado para nosotros, algo que sea mejor que lo que tenemos ahora?

— ML: El estado al que llegaremos es uno que no puede ser superado por nada. Es un estado en el que todos los problemas y conflictos están resueltos, en el que el hombre alcanza los niveles más profundos de la Naturaleza y de sí mismo.

Es una expansión de la mente, las emociones, las cualidades y los sentidos del hombre a través de los límites de la Naturaleza infinita, donde incluimos a todos los mundos, estados y dimensiones que actualmente no comprendemos ni sentimos. La conexión integral entre nosotros tiene que llevarnos a ese estado.

Y lo más importante, una vez que estemos incluidos en la cualidad general de la Naturaleza, comenzaremos a sentir su eternidad y perfección, y esta sensación se convertirá en nuestras vidas. Tenemos que ascender desde el estado del "yo" hasta el estado del "nosotros", que es infinito, eterno y perfecto. En dicho estado, dejaremos de sentir nuestra individualidad y percibiremos sólo nuestra inclusión en los demás.

Es como si una persona se elevara por encima del problema de la vida y la muerte y comenzara a sentir un nivel superior. No simpatiza con el cuerpo, este estado animado, sino con la energía o conocimiento que está en el campo único que nos incluye a todos.

Nosotros en realidad estamos incluidos en un único campo de energía, pensamientos, mente, deseos e intenciones. Y este campo no está dentro de nuestros cuerpos; es lo que hay entre nosotros, lo que nos conecta.

Dentro de de este campo, tú sientes lo que yo siento; otra persona piensa lo que yo pienso y así sucesivamente.

Los científicos han investigado este tema y han aprendido que en realidad estamos en un organismo de carácter informativo. Cuando ingresamos a este nivel de interconexión, comenzamos a sentir que no estamos viviendo la vida animada (la vida de nuestro cuerpo), sino la vida de esta información, la comunicación única. Y entonces una persona siente que no simpatiza con su vida animada, sino con la vida eterna y perfecta.

Allí dentro reside el programa de la Naturaleza: para llevar a nuestro componente interno, llamado "humano", que nos diferencia del nivel animado, a su verdadera forma o verdadero nivel – la interacción total dentro de la sensación de eternidad y perfección de la totalidad de la Naturaleza.

LA NECESIDAD DE CREAR UNA ORGANIZACIÓN GLOBAL

– AU: ¿Es este campo de información algo ajeno o simplemente tenemos que revelar lo que se ha instilado dentro de nosotros?

– ML: Está instilado dentro de nosotros. Esta capacidad fue expresada en ciertos individuos a lo largo de diferentes épocas.

Son personas que anhelan este estado, que desean investigarlo, para difundirlo y de alguna forma realizarlo.

Son los filósofos del pasado, los utopistas y hasta cierto punto los socialistas. Son científicos, investigadores, políticos y empresarios. Como sabemos, el núcleo del Club de Roma constaba de empresarios y políticos importantes. Estas personas son completamente diferentes, pero como norma, todos son ilustrados y con visión de futuro. Son personas con una visión amplia de las cosas, que pueden sobreponerse a sus intereses personales y sentir cierta presión interna. En la actualidad hay muchas personas en el mundo con estas cualidades.

Es necesario crear una organización mundial que incluirá a todas estas personas, independientemente de su origen, de sus convicciones políticas o sociales para que puedan reunirse, desarrollar un sistema único de educación integral y ofrecérselo al mundo.

Nuestra organización está trabajando en ello y nos gustaría colaborar con cualquiera que apoye esta idea; no requerimos condiciones previas.

– AU: Usted ha dicho que tendremos que hacer realidad en la práctica los principios de la integralidad durante los próximos diez años. Específicamente ¿qué deberíamos hacer y cómo podemos empezar a realizar lo que describe?

– ML: La realización tiene que ocurrir a través de varios canales. Es necesario tomar en cuenta la mentalidad de cada grupo de población y acercarse a cada uno de ellos de forma diferente, considerando el tipo de actividades que efectúan y sus edades. Tenemos que involucrar a todos los sistemas de los medios de comunicación masiva por medio de un desarrollo paulatino y llevando a cabo seminarios diariamente en los lugares de trabajo de las personas. Los desempleados tendrán que acudir a eventos especiales y clubes donde puedan estudiar. Será como una universidad mundial donde cada persona del planeta deberá tomar este tipo de cursos para convertirse en "un nuevo ser humano", exponiéndole en términos sencillos todo lo que hemos hablado. También es necesario participar en todo tipo de estudios prácticos.

La mitad de la jornada escolar debe estar dedicada a este tipo de estudios. Tiene que llegar a ser un asunto de máxima importancia para la sociedad. Esta idea debe penetrar en cada persona desde todos los frentes, utilizando los medios de comunicación, la conexión, la interacción y la ayuda mutua. Pero antes que nada, la persona debe estar internamente dispuesta a ello. Tenemos que reconstruir progresivamente todo el sistema.

La industria y la producción tienen que ser reformadas porque somos desiguales a la Naturaleza, no sólo en nuestros pensamientos, sino también a nivel material. Tenemos que pasar a un consumo razonable, tomando de la Tierra sólo lo que necesitamos para la vida. No tenemos que vivir de forma restringida, sino al nivel del consumo normal de una persona y no más allá. Así es como seremos compasivos con la "madre tierra".

Tenemos que enseñar a las personas. Poco a poco, a través del colegio, el trabajo, la televisión y la red de Internet, todo el mundo comenzará a entender lo que significa la integralidad. Todo debe funcionar en pro de nuestro objetivo: la supervivencia.

SIN DESCUENTOS SEGÚN LA EDAD

– AU: ¿En qué debería consistir este curso? ¿Quién debería impartirlo?

– ML: Tenemos que formar a un gran número de educadores e instructores, aunque en las condiciones de hoy en día, las clases se pueden celebrar también de forma virtual.

Se enciende una pantalla en una corporación, las personas entran en una sala, se sientan y empiezan a ver películas, participan en juegos y debates. Y a través de la red de Internet, la transmisión puede reproducirse para todo el planeta.

Pero, además, es necesario preparar a la gente. La profesión de educador es la que mayor demanda tiene en la actualidad.

Siempre hemos trabajado en la enseñanza, pero ahora tenemos que enfocarla de manera diferente y trabajar teniendo como objetivo la educación, elevar moralmente al hombre hasta el nivel del "humano". Esto requiere de esfuerzos conjuntos.

Cuando le explicas a una persona que no hay ninguna otra forma de seguir adelante y que la educación es la mayor necesidad de nuestros días, comienza a entenderlo, aunque por supuesto no sucede inmediatamente. Después, mediante los esfuerzos conjuntos de nuestra organización y de muchos otros que actúan en el mismo sentido, seremos capaces de hacerlo; no tenemos otra opción.

– AU: ¿Cómo debería desarrollarse un encuentro entre un especialista en educación integral y, por ejemplo, un director ejecutivo de una compañía interesada?

– ML: No creo que esto debiera requerir la anuencia del director ejecutivo. Todo tiene que suceder bajo el amparo de la ONU y de la UNESCO, que emitirán las políticas y normas a todos los gobiernos. Y cada gobierno legislará con respecto a los cambios en las jornadas laborales, en el proceso de estudio de las escuelas y así sucesivamente.

Nadie está exento de la inclusión en este sistema. Los jubilados no reciben su pensión a no ser que en sus documentos se especifique que han tomado este curso. ¡No hay descuentos por edad!

Hoy en día hay que atraer a las personas de edad avanzada hacia este proceso de acuerdo a sus capacidades, ya que nos incluimos en ello con nuestros deseos de estar correctamente conectados entre nosotros, por lo tanto la edad no importa. Todo el mundo cabe en este sistema.

Cualquier persona que viva en este planeta tiene que aspirar a este estado. Así despertaremos la simpatía de la Naturaleza, su respuesta positiva. Por esto estamos hablando de toda la humanidad.

Será necesario crear el banco de datos apropiado: sesiones informativas, conferencias, debates y charlas aprovechando todo tipo de películas, documentales, etcétera. Tiene que ser supervisado y difundido progresivamente, llevando la información a la población.

Será necesario contar con una gran multitud de educadores que visitarán las empresas. En los organismos de enseñanza, los educadores tendrán que trabajar constantemente de la mano de los profesores.

Habrá que fundar clubes, centros comunitarios, lugares donde se den consultas gratuitas, se celebren veladas interesantes, así como concursos, reuniones y conciertos. Todo debe hacerse dentro del espíritu de unidad, enseñando a cada persona cómo incorporarse internamente a este sistema, cómo empezar a sentirlo, y lo más importante, la manera de acercarse a la percepción de esta red de información sensorial y racional que existe entre nosotros.

Al fin y al cabo, todos somos uno, una sola imagen humana. ¿Cómo puedo comenzar a sentirlo? Para ello contamos con los rudimentos de las cualidades internas, pero tenemos que desarrollarlos.

Tan pronto como las personas comiencen a sentirlo, instintivamente comenzarán a actuar conjuntamente. La red empezará a vivir dentro de ellos y a controlarlos. De modo que voluntariamente y de buen grado seguirán esta dirección común. Entonces descubriremos una humanidad que está interconectada en un único y sano organismo.

EL LENGUAJE DE LA RELACIÓN INTERNA

– AU: ¿Cómo se pondrá de manifiesto esta conexión?

– ML: Las personas aún no sienten la conexión interna entre ellas, lo que significa que tenemos que mostrar qué acciones son las más apropiadas. No podemos mostrar las acciones internas correctas, pero de alguna forma se pueden poner de manifiesto externamente.

Por ejemplo, yo le hago un regalo a alguien y así le manifiesto externamente mis sentimientos internos. Como psicólogo entiendes muy bien cuándo existe congruencia o no entre la interioridad y la exterioridad. Esto es importante en la educación de los niños con el fin de que ellos lo comprendan correctamente. Así, mediante el discurso y el lenguaje corporal, desarrollaremos el idioma de las relaciones internas entre nosotros.

Cuando realmente lleguemos a este tipo de relación, no necesitaremos ordenadores o la red de Internet. Tendremos una relación interpersonal en el nivel de los campos informativos, sensoriales y racionales y ascenderemos hasta un nivel donde nuestros pensamientos y deseos se encuentran en contacto perpetuo. Ahí es donde tenemos que crear algo en común que se llama "la nueva humanidad".

A una persona se le puede conducir hasta ello mediante diversos ejercicios externos como por ejemplo juegos, concursos, debates, pláticas, grandes espacios abiertos para esos eventos, películas, conciertos y espectáculos teatrales.

Cualquier forma externa de expresión que las personas hayan creado con el fin de manifestar su esencia interna puede ser utilizada. Sólo tenemos que añadir estas formas de expresión al nuevo instinto, el estímulo interno.

Por último, escritores, dramaturgos y guionistas tendrán ideas productivas e infinitas posibilidades de ser creativos.

IDEAS INTEGRALES PARA LAS ARTES CREATIVAS

– AU: Tengo un amigo que es cineasta y guionista. ¿Qué debería proponerle? ¿Sobre qué debería tratar el guión y cómo debería diseñarse para que incluyera ideas integrales?

– ML: Es necesario escribir sobre una persona que realmente desee comprender lo que es la naturaleza integral, sobre los problemas psicológicos internos de interacción consigo mismo. Describir sus conflictos con las personas que le rodean, cómo está intentando hacer algo pero no entienden por qué actúa de la forma en que lo hace. Exponer sus intentos por entrar en este sistema, la imposibilidad de lograrlo, cómo se expresa y así sucesivamente. Explicar los problemas entre padres e hijos, cómo se resuelven y la interacción del hombre con la Naturaleza. Pero sobre todo, debe tratar sobre las relaciones de una persona consigo misma y con el entorno. Todas las obras de arte y de la cultura están basadas en esas relaciones.

Estamos proponiendo a las personas creativas la idea de que como ciudadanos del mundo tienen la obligación de crear un tipo de arte que explique nuestra nueva situación.

Tenemos muchas ideas. Pero como siempre carecemos de los recursos y de los artistas para ejecutarlas. Pero estamos abiertos a las personas creativas y con gusto compartiremos nuestras ideas con ellos para ver cómo es posible presentar a diferentes niveles este nuevo estado, la emoción y la visión del mundo.

Todos los temas universales como el amor y el odio, los conflictos humanos y todo lo demás pueden ser representados desde esta óptica y verdaderamente serán útiles para todos.

– AU: ¿Significa eso que representamos una situación dramática y que al final todos los personajes que intervienen tienen que alcanzar un consenso?

– ML: No necesariamente. Pero sí tienen que discernir algunos elementos de la sociedad integral. No tiene por qué haber necesariamente un "final feliz". Somos realistas y no queremos introducir ilusiones en la cabeza de las personas.

Tiene que ser una acción que esté muy cercana a la vida, una manifestación de nuestros problemas apremiantes y sus posibles soluciones. Pero sobre todo, no se trata de sus decisiones sino de su conformidad o falta de ella y cómo se desarrolla esto con distintas personas, en sus relaciones con los demás, en diversos conflictos.

– AU: Cuando hablamos de los niños, observamos que es muy importante que un niño entienda que cada una de sus acciones se refleja en las personas que le rodean. ¿Es esto lo que quiere decir?

– ML: Sí. Después de todo, la sociedad humana es un amplificador muy potente de mis pensamientos y sentimientos. Cualquier pensamiento o sentimiento que tengo influye a la sociedad y el sistema automáticamente me lo devuelve, reflejándolo en mí.

La sociedad humana es absoluta y perfecta en lo que respecta a cada uno de nosotros. La única persona que no es perfecta soy yo a causa de mi inclusión incorrecta al no estar integrado a ella.

Soy como una pieza en una red electrónica o un esquema que en algún aspecto funciona mal. Así fui creado. Y estoy incluido en este sistema, pero no funciono en forma coordinada con él. Y en la medida que introduzco interferencias, el sistema las multiplica. Debido a que lo perturbo y causo su desequilibrio, estas fallas se vuelven hacia mí. ¿Puede imaginar la proporción en que mis errores se incrementan? ¡En miles de millones de veces más!

Se manifiestan en mí a través de enfermedades, problemas familiares, problemas con mis hijos y en los negocios. De repente mi banco quiebra o sucede algo en mi empresa.

Soy como un diminuto insecto en este sistema. El sistema completo está compuesto de un gran número de pequeños insectos como yo y estamos todos conectados absolutamente con toda la humanidad en todos los niveles; se debe mostrar esta adecuada interacción.

Cuando una persona observa esto, siente un deseo puramente egoísta de protegerse de la conexión inversa negativa de la cual no se puede escapar. Esta sumergido y sintonizado con ella y no se puede ir a ninguna parte. Si cometes un error de 1 voltio, el golpe que regresará hasta ti será de 1.000 voltios.

De manera práctica, este es el estado al que nos estamos acercando. Por decirlo sutilmente, la Naturaleza nos está enfrentando a un reto muy complejo.

– AU: Introduzco cierta interferencia en el sistema y recibo una respuesta sólo cuando todo se ha calmado. Es decir, no veo la conexión entre la causa y el efecto. ¿Es este el problema?

– ML: Pero no puedes culpar a nadie por nada. Estás en un sistema ideal. Es ideal en relación contigo y en relación con todo el mundo. Recibes una respuesta negativa del sistema que te presiona para que veas dentro de ti y te incluyas en el programa de forma correcta.

Esta reacción de la Naturaleza no está aquí para dañarte, sino para corregirte, para mostrarte que aún no estás en concordancia con el sistema.

EL DESEO FEMENINO LO CORREGIRÁ TODO

– AU: Exactamente ¿qué puede y que debería hacer una mujer que le ha escuchado y ha comprendido lo que ha dicho? En general una mujer intenta "cambiar" inmediatamente a su marido.

– ML: Como psicólogo has localizado el punto correcto de influencia –la mujer. De hecho, esto es correcto porque en nuestro sistema educativo, si le hablamos a una mujer de las prometedoras perspectivas que hay para la humanidad, ella se encargará del resto. El deseo y la presión femenina lo corregirán todo. Un hombre es mucho más pasivo en este sentido. Pero una mujer tiene tanta influencia sobre sus hijos y su marido que les obligará a trabajar en la corrección de sí mismos.

Por lo tanto, y ante todo, se debería poner el énfasis en enseñar a la parte femenina de la población del planeta porque es muy receptiva a ello. Es necesario encontrar el planteamiento correcto para las mujeres, la conexión correcta con ellas y despertar su interés. Esto nos dará acceso al programa educativo.

Aquí nadie está despreciando a las otras partes de la población. Pero sabemos que si una mujer quiere algo, los demás a su alrededor empiezan a caer poco a poco bajo su influencia.

– AU: Supongamos que una mujer que acaba de ver nuestro programa se reúne con su marido por la noche. ¿Qué debería hacer? ¿Cómo debería empezar a convertir en realidad esta idea?

– ML: ¿Cómo suele influir a su marido? Entendemos que a la larga, lo quiera o no, en cierto sentido, el hombre está sometido a su mujer. ¡Así es la Naturaleza y no deberíamos avergonzarnos de ello!

Cada hombre ve a su mujer como a una madre en algún aspecto y le tiene algo de miedo, como un niño, aunque ya sea un hombre adulto e incluso más. Proviene de la Naturaleza. La mujer da la vida. Te alimenta, te encausa y te cría. Al final, todo lo que tienes hoy es lo que ella ha hecho. A pesar de que hemos hablando de la importancia que tiene la figura del padre para un niño, él sigue estando por detrás de la madre. Ella lo es todo para un niño.

– AU: ¿Debería ella motivarle de alguna forma para que haga estas "acciones integrales"? ¿Cuál sería el primer paso?

– ML: El primer paso es que una mujer lo desee. Su deseo es suficiente, incluso sin decir una sola palabra. ¿No sabes cómo hacen esto las mujeres?

– AU: Sí, por supuesto.

– ML: Así es como ella despierta un sentimiento en un hombre. Y a los niños, ella les hablará y ellos también recibirán la nueva educación integral en el colegio. El marido también lo recibirá en el trabajo o en cualquier otro sitio donde pudiera estar. Sin embargo, con su pregunta silenciosa, que atraviesa directamente la parte masculina de la familia, una mujer sin duda aumenta y agudiza su sensación de que esto es importante.

La parte masculina carece de esta sensación de importancia. Es específicamente la mujer quien verdaderamente cuida y se preocupa del futuro.

Si ella se preocupa por el futuro, entonces todos los demás también comenzarán a darle vueltas. El hombre se dará cuenta del deseo femenino. Lo hace en la vida de todos modos, de forma egoísta; y los deseos correctos, se harán realidad aquí también.

UNÁMONOS

– AU: ¿Qué les desearía a las personas que ya están dispuestas a formar parte de este sistema?

– ML: Les recomiendo a todos nuestros espectadores que intenten comprender cómo podemos mejorar nuestras vidas.

Ya hemos entrado en un periodo de gran crisis. Pero nos ocultan la verdad y nos dicen que la crisis ha pasado. Sin embargo, las personas que trabajan en este ámbito saben que nada ha pasado. Al ocultarlo es como si estuviéramos acumulando residuos nucleares, que están empezando a arder por dentro, listos para explotar

No tenemos que ocultarlo. ¡Revelémoslo y comencemos a curar este sistema egoísta! Nos está arruinando y prácticamente no nos está dejando ninguna oportunidad de llevar una vida normal. En el interior, estamos constantemente a la defensiva frente a los demás, alejándonos unos de otros, agresivos y hostiles. Nadie sabe lo qué futuro le depara a nuestros hijos. ¡Unámonos y oigamos lo que la Naturaleza nos tiene reservado!

En realidad la Naturaleza es una madre y nos está tratando con cuidado.

Hoy en día estamos presenciando las primeras señales de nuestras discrepancias con la Naturaleza. Estas son las crisis que se están produciendo. Esto funciona como cualquier sistema común: cuando provoco una pequeña perturbación, me la devuelve con una amplitud multiplicada, de acuerdo con el principio de la retro-alimentación negativa. Pero es con el propósito de dirigirme hacia el camino correcto.

Tenemos una meta específica que alcanzar. Tenemos que vislumbrar la dirección correcta en todas las repercusiones negativas de la naturaleza. Estudiemos su lenguaje y veremos su camino, el programa a lo largo del cual nos está llevando. Las desviaciones las causamos nosotros, mientras que la Naturaleza está tratando de guiarnos de nuevo hacia el buen camino a través la retro-alimentación de los diferentes tipos de sufrimiento. Estos padecimientos son todos correctos y obligatorios para sus propósitos. Pero cuando empecemos a comprender las funciones internas de la Naturaleza, alcanzaremos la eternidad y la perfección.

Debemos estar plenamente conscientes de que por delante tenemos un maravilloso futuro. ¡Llevemos a nuestros hijos de la mano hasta él!

Apéndice 1
Lectura adicional

Niños del Mañana: *Guía para educar niños felices en el siglo XXI* (Laitman Publishers)

Niños del Mañana: Guía para educar niños felices en el siglo XXI, es nuevo comienzo para usted y sus hijos. Imagine tener la posibilidad de pulsar el botón de reinicio y esta vez efectuar la tarea con éxito. Sin dificultad, sin tensión, y lo mejor de todo, sin tener que suponer.

La gran revelación es que la formación de los niños debe estar basada en juegos, en tratarlos como pequeños adultos, y en tomar juntos las principales decisiones. Se sorprenderá al descubrir cómo el educar a los niños sobre cosas positivas, tales como la amistad y la preocupación por los demás, automáticamente repercute en otras áreas de nuestra vida a los largo del día.

Abra cualquier página y encontrará citas que invitan a la reflexión sobre cada aspecto de la vida de los niños: relaciones padres-hijos, amistades y conflictos, y un panorama claro acerca de cómo las escuelas deben ser diseñadas y cómo tendrían que funcionar. Este libro ofrece una perspectiva innovadora sobre cómo educar a nuestros hijos, teniendo como meta la felicidad de todos los niños, dondequiera que ellos se encuentren.

Rescate de la crisis mundial (Laitman Publishers)

Una guía práctica para emerger fortalecidos de la crisis. Los antecedentes profesionales del Dr. Michael Laitman lo colocan en una posición única para ofrecer un panorama vasto y esperanzador sobre la actual crisis mundial. El Dr. Laitman brinda una perspectiva real y acertada para dar respuesta a los descomunales retos que estamos enfrentando hoy día. En este libro, el autor presenta conceptos fascinantes que se entrelazan en una solución profunda y global para hacer frente a estos problemas:

La crisis en esencia no es financiera, sino sicológica: Hemos perdido toda confianza los unos en los otros, y donde no hay confianza, no hay comercio; sólo aislamiento y parálisis.

Esta enajenación es el resultado de un proceso natural que se ha venido desarrollando por milenios y el cual ha llegado hoy día a su culminación.

Para resolver la crisis, es indispensable empezar por comprender el proceso que ha generado esta alienación e informar a las personas sobre este proceso natural, a través de todos los medios posibles: libros (como Rescate de la Crisis Mundial), televisión, cine, Internet y otros. Con esta información a nuestro alcance, en este proceso curativo, podremos restaurar nuestras relaciones y reconstruirlas sobre una base de confianza, humanidad y colaboración, creando así un mundo nuevo y próspero para todos.

APÉNDICE 2
ACERCA DEL INSTITUTO ARI

NUESTRA MISIÓN

Promover una humanidad con conciencia global para enfrentar los retos del mundo interdependiente de hoy.

El Instituto ARI es una organización sin fines de lucro dedicada a promover cambios positivos en políticas educativas y prácticas a través de ideas innovadoras y soluciones para las apremiantes cuestiones de educación de nuestro tiempo. El Instituto ARI presenta una nueva forma de pensar explicando los beneficios de reconocer y aplicar las reglas de un mundo interdependiente e integrado.

A través de sus redes, actividades y recursos multimedia, ARI promueve una colaboración internacional e interdisciplinaria.

¿QUÉ HACEMOS?

- Fomentamos el diálogo entre científicos, académicos y educadores.

- Promovemos cambios positivos en políticas y prácticas educativas.

- Estamos creando un nuevo paradigma de educación integral para todas las personas.

Alentamos el diálogo sobre la crisis en todo el mundo, como una oportunidad para facilitar un cambio positivo en el pensamiento global sobre la educación de las generaciones futuras, para hacer frente a grandes cambios en el clima, la economía y las relaciones geopolíticas. Nuestro mensaje y los materiales están disponibles para todos, sin importar edad, sexo, religión, política o cultura.

El Instituto se compromete a compartir sus conocimientos a nivel internacional a través de sus canales multimedia, con el fin de aumentar la conciencia de la necesidad de conducir las relaciones humanas hacia una responsabilidad mutua y participación personal.

Hasta la fecha, el programa de educación ARI ha atraído a miles de estudiantes de lugares como Norte y Suramérica, Europa, Oriente Medio, Australia, Asia y África.

NUESTROS VALORES

Todos estamos viviendo en tiempos difíciles, frente a una crisis que se manifiesta en todos los niveles de nuestra existencia personal, social y en el medio ambiente. Estas crisis ocurren porque la humanidad es incapaz de percibir la interconexión, y lo que es más importante, la interdependencia entre todos nosotros, entre la raza humana y la naturaleza.

En un mundo donde las personas estén concientes de que su propio bienestar depende del bienestar de los demás, cuidarán uno de los otros. Entonces, términos tales como "primer mundo" y "tercer mundo" dejarán de existir. Habrá un solo mundo y personas que lo habitan.

El Instituto ARI está trabajando para mejorar la unidad y la solidaridad entre los individuos y las naciones, en congruencia con la realidad interconectada actual.

Tal como podemos aprender de la naturaleza, la unidad, la reciprocidad y la responsabilidad mutua son requisitos previos para la vida. Ningún organismo sobrevive a menos que sus células funcionen en armonía. Del mismo modo, ningún ecosistema prospera si uno de sus elementos es removido.

Abrazar nuestra interdependencia, en lugar de ignorarla o resistirnos a ella, será la clave de nuestro éxito para la construcción de una realidad sostenible para nosotros y nuestros hijos.

Precisamente porque el mundo de hoy está en una encrucijada, el ARI está comprometido con una visión positiva y optimista de que estamos frente a una oportunidad única para lograr la transformación global de una manera tranquila y agradable.

ENFOQUE EDUCATIVO

La nueva generación se enfrenta a un mundo completamente nuevo y a desafíos sin precedentes. Si nos centramos en sus necesidades, podremos ayudarles significativamente a afrontar problemas como el abuso de drogas, violencia, y el aumento de las tasas de deserción escolar, problemas que creemos no están siendo combatidos mediante los sistemas educativos vigentes.

ENFOQUE ECONÓMICO

La crisis no es ni financiera ni económica, tampoco ecológica. Más bien, es una crisis global provocada por la incorrecta relación entre nosotros. Por lo tanto, tenemos que reconocer la raíz del problema, que es nuestra naturaleza egocéntrica, y hacerle frente.

Creemos que un cambio superficial en la sociedad, no dará lugar a una solución duradera. En primer lugar, hay que modificar las conexiones entre nosotros, del egocentrismo al altruismo. Este es el principio por medio del cual operan los sistemas integrales, y hoy estamos descubriendo que la sociedad humana no puede ni debe ser la excepción.

FOROS INTERNACIONALES

ARI organiza periódicamente foros internacionales, a los que asisten grandes audiencias que participan de manera activa en conferencias y talleres. Estos foros se transmiten en vivo por Internet, cable y en redes de televisión por satélite.

FUNDADOR Y PRESIDENTE DEL INSTITUTO ARI

El Dr. Michael Laitman posee una Máster en Cibernética Médico-Biológica y es Doctor en Filosofía y Cabalá. Asimismo, recibió el título de Profesor de Ontología del Instituto de Filosofía de Moscú de la Academia Rusa de Ciencias. Es miembro del Consejo Mundial de la Sabiduría.

Pensador universal dedicado a generar un cambio significativo en la sociedad a través de una nueva educación global, la cual considera clave para la resolución de los problemas más acuciantes de nuestro tiempo.

Michael Laitman proporciona directrices concretas para vivir en este mundo actual cada vez más interconectado. Esta nueva perspectiva para hacer frente a los retos del siglo XXI atañe todos los aspectos de la vida humana: sociales, económicos y medioambientales, con un énfasis particular en los educativos. Ha estructurado un nuevo método de educación global, integrando principios, aplicaciones y valores universales con el fin de configurar una sociedad cohesionada en este emergente nuevo mundo estrechamente interdependiente.

Su nuevo método de educación fue presentado a la Directora General de la UNESCO, Sra. Irina Bukova, quien se refirió a él como "un auténtico visionario". En la actualidad, el Dr. Laitman participa como asesor de las Naciones Unidas en iniciativas relacionadas con la educación.

Su formación académica en ciencias exactas y humanas, unida a sus investigaciones en el campo de la educación hacen de él uno de los pensadores y oradores más solicitados a nivel mundial. Como miembro Consejo Mundial de la Sabiduría, ha sido invitado a numerosas conferencias internacionales en Tokio, Arosa (Suiza), Düsseldorf (Alemania), y al Foro Universal de las Culturas en Monterrey (México), entre otros.

El Dr. Laitman ha aparecido, entre otras, en las siguientes publicaciones: Il Corriere della Sera, Chicago Tribune, The Miami Herald, The Jerusalem Post y The Globe y ha sido entrevistado en diversos programas, entre los que se incluyen SKY TV (Skytg24) y Mediaset TV (Tg5), Univisión y Bloomberg TV.

Información de contacto

Sitio Web
Instituto ARI
www.ariresearch.org/es

Preguntas e información general:
info@ariresearch.org

Estados Unidos
2009 85th St., Suite 51
Brooklyn NY, USA -11214
Tel. +1-917-6284343

Canadá
1057 Steeles Avenue West
Suite 532
Toronto, ON – M2R 3X1 Canada
Tel. +1 416 274 7287

Israel
112 Jabotinsky St.,
Petach Tikva, 49517 Israel
i.vinokur@ariresearch.org
Tel. +972-545606780